現代中国語の重ね型

―― 認知言語学的アプローチ ――

張恒悦 著

白帝社

序　文

　新たな研究成果を高く評価するとき、しばしば「空白を埋めた」という表現が使われる。私も本書の評価にこの表現を用いたい。張恒悦はこの本によって現代中国語研究における大きな空白の一つを埋めることに成功した。

　現代中国語では、重畳現象と重複現象が様々な表現レベルにおいて多様な形式で頻出し、文法体系の中で極めて重要な役割を果たしている。本書は現代中国語における代表的な重ね型に対して総合的かつ体系的な記述を行い、現代中国語の重ね型の本質を解明しようとする試みである。本書が主として扱う重ね型を具体例で示すと以下のようになる。

　　数量詞重ね型：个个、一个个、一个一个、一一
　　擬声語重ね型：哗哗、哗啦、哗啦拉、哗啦哗啦、哗哗啦啦、稀里哗啦
　　形容詞重ね型：红润润（的）、漂漂亮亮（的）

　命名方式は同じく「品詞名＋重ね型」であるが、形容詞重ね型と他の二者とは異質である。形容詞重ね型は、形容詞が重畳されてできあがった形式であるというより、むしろ重ね型からなる形容詞と言うべきものである。たとえば"红润润"だと、形容詞"红润"の"润"が重畳されて"红润润"が形成されたと言うことができるが、"红扑扑"や"毛茸茸"を形容詞が重畳されてできあがった形式であると言うことはできない。この点は"漂漂亮亮"のタイプに関しても同様な論証を展開することが可能である。ここから、本書はこれらを形容詞とは呼ばず、「擬態詞」という品詞を建てることを提案している。"红润润"と"哗啦啦"、"漂漂亮亮"と"哗哗啦啦"の形式的対応と文法機能的対応を考慮すれば、本書の提案は十分な説得力をもつ。

　タイトルから分かるように、本書は認知言語学において得られた知見を用いて中国語の重ね型を分析し、解釈したもので、以下のような認知モデルを提案している。

　　統合型認知：一个个
　　離散型認知：一个一个、哗啦哗啦
　　高速離散型認知：个个、哗哗
　　始動型高速離散認知：哗啦啦（拡張→红润润）

交錯型離散認知：哗哗啦啦（拡張→漂漂亮亮）
連続不規則型離散認知：稀里哗啦

　これらはすべて新しい知見であり、その妥当性は今後の検証を待たねばならないが、本書は豊富な用例と周到、堅実な論証によって、これらの認知モデルが中国語重ね型の本質を理解する上で有効であることを明らかにした。
　本書のもう一つの大きな貢献は、中国語重ね型の研究において、品詞横断的研究の重要性を提起し、それが理論的にも可能であることを証明したことである。
　　なぜ異なる品詞性をもつ基式から同じタイプの重ね型が構成され得るのか。異なる品詞からなる重ね型は互いにどういう関係にあるのか。
　　基式の性質とは関係なく、同じ形式的操作を経ていれば、同じ文法機能を有し、また同じ意味的特徴をもつという事実から、重ね型の研究には、基式の品詞性に束縛されない、横断的研究の視点の必要性が窺える。この視点は構文文法的な視点である。本書は品詞横断的研究を進めることによって、従来の研究が抱える多くの不備を克服することに成功した。
　本書は上記認知モデルの有効性を検証するため、随所で具体的な問題の解決に取り組んでいる。たとえば、"漂漂亮亮"タイプの擬態詞（AABB）には、以下のような特徴がある。

Ⅰ　ABが意味的に均質的（homogeneous）であれば、その重ね型としてのAABBも均質性が保たれる。たとえば"干净（清潔である）～干干净净"。一方、ABが異質的（heterogeneous）である場合、その重ね型のAABBは、「入り乱れて繰り返される様」を表現する。たとえば"说笑（しゃべり笑う）～说说笑笑"。

Ⅱ　AABBは一語として認められるが、ABABは一語として認められない。

Ⅲ　二音節性質形容詞の重ね型にはAABB一種類しかない。たとえば"老实～老老实实～*老实老实；整齐～整整齐齐～*整齐整齐"。

Ⅳ　"软软颤颤"、たとえば"踩岸边儿那平平坦坦，软软颤颤的河泥儿"（川辺のまっ平らで、ぷよぷよぴくぴくした泥を踏む）は成立可能であるが、"*黑黑颤颤"（黒々ぴくぴくした）は成立が難しい。

従来の認識ではこれらの問題に統一的な回答を与えることはできなかった。作者は「AABB はなぜこのような性質をもっているのか。交錯型離散認知モードという発想を採用すれば、その理由を説明することができる」と指摘し、一つ一つの問題に明確な回答を与えている。

　一点付け加えると、最後の問題に関して、作者は「交錯型離散認知 AABB における AB は一つの単位として捉えられる。換言すれば、AB が一体化したものとして認知されていることがポイントである。AB の一体化こそ、語彙化されていない AB が AABB を構成しうるかどうかの決め手である」と述べたあと、以下のように指摘する。

> 味覚と触覚（「甘い」「柔らかい」〔食物の「歯ごたえ、舌ざわり」を除く〕）、高度と明度（「高い」「明るい」）、視覚と味覚（「赤い」「甘い」）は同一の認知領域になく、認知的に一体化することが困難なため、AABB が成立しにくい。

　ただ、このような現象に関しては、共感覚現象（synesthesia）を援用した先行研究がすでにあり、それらを参照すれば、論証の説得力が更に高まったと思われる。

　本書の欠点を言えば、論の構成と展開に重複が多い点であろう。章が改まるたびに、はなはだしくは節が改まるたびに統合型認知と離散型認知についての説明が倦むことなく繰り返される。あるいは、新理論を打ち立てるにはこれくらいの重複はやむを得ないのかもしれない。遠くない未来に、統合型認知と離散型認知に関する説明を一一繰り返さなくてもすむ日が来ることを信じて、以上、本書の豊富な内容に比し簡単に過ぎるが、序としたい。

2012 年 1 月 22 日

杉 村 博 文

自　序

　本書を著すことになったそもそものきっかけは、十数年前の中国語中級クラスにいた受講生の質問だった。
　　ここの"一个个"は"一个一个"の印刷ミスですか。
　即座に否と答えたが、疑問が頭をよぎった。
　日本語にも「個々」や「一個一個」はあるけれど、確かに「一個々」という言い方は見たことも聞いたこともない。なぜ中国語には"个个"も"一个个"も"一个一个"もあるのだろうか。
　この「なぜ」がそれ以来、ずっと頭の中にあった。
　これらと関係のありそうな辞書や文献を調べてみたが、"一个个"は"一个一个"の省略であるとする説がほとんどで、"个个"の説明に至っては、"一个个"のさらなる省略か、それらとイコールな関係にあると片づけられていた。
　中国語を母語とする者として、三者の間に差異があることは直観的に分かるのだが、納得のいく理論的な説明がどこにも見当たらない。学生たちへの説明に四苦八苦しているうちに、もしかしたら自分が足を踏み入れているのは中国語教育における未開拓の処女地であるかもしれないと気づき始めた。
　それからは暗中模索の日々が続いた。数量詞の重ね型から出発し、擬声語[1]の重ね型を経て、形容詞・動詞・名詞…の重ね型にたどりつくまで長い道程だった。本書はその道中で拾い集めたささやかな果実である。
　例文の日本語訳には苦労した。中国語の重ね型に相当する日本語がほとんどないため、直訳を中心としつつ、意訳せざるを得ないところは意訳するという方針を立てた。たとえば"幸好周围橘黄色的华灯盏盏，为她的眼睛映出点点暖色"（幸い周りにオレンジ色の灯りが点在し、彼女の瞳にいくつもの温かい色を映し出した）や"由于月亮正待上来，穹苍中也还留着一点暮色的余晖，浮云朵朵，在天空构成了一种乳白的圆顶，一线微光从那顶上反照下来"（ちょうど月が昇る前で、蒼穹にもまだ少し残照が残っている。浮雲があちこちに漂って、空に乳白色のドームを作り、一筋の光がそこから反射して地上に降りてきた）などを、そのまま訳出すれば不自然な日本語になりやすいので、原文の表そうと

する意味やニュアンスを十分吟味したうえ、翻訳が日本語らしい日本語になるように心がけた。

　大阪大学言語文化研究科博士後期課程の学生として在学中、多くの先生方のお世話になった。中でも杉村博文先生の御指導を受け、言語学の知識だけでなく研究の方法論や学問に対する態度、ひいては人間的にも多くのことを学ぶことができた。古川裕先生はユーモラスな語りでゼミナールの雰囲気を明るくし、豊かな学殖で受講生を魅了し続けた。ご講義は汲めども尽きぬ学問の源であり、本書もそこから得るものが多い。ビルマ語学がご専門の加藤昌彦先生はシナ・チベット語族に関する深い造詣をお持ちで、門外漢の私の様々な質問についても納得のいく答えを下さった。

　そして、貴重なご意見やアドバイスを惜しまれなかった明海大学の劉勲寧教授、大阪産業大学の張黎教授、関西学院大学の于康教授、同志社大学の沈力教授、神戸外国語大学の任鷹教授にも感謝したい。

　最後になったが、本書の出版にあたり、白帝社の伊佐順子さんと杉野美和さんに大変お世話になった。特に記してお礼申し上げる。

　2016 年 9 月 30 日

張　恒　悦

注1　「擬声語」と「擬音語」は同じものを指すが、本書では、「擬声語」を用いている。書名に使われているものはそのままとする。
付記　本書は「立命館大学中国語部会学術図書出版助成」の交付を受けた刊行物である。

目　次

序　文………………………………………………………………………… i

自　序………………………………………………………………………… v

第一章　プロローグ……………………………………………………… 1

第一節　研究対象………………………………………………………… 1

第二節　研究の目標と方法……………………………………………… 4

第二章　先行研究に関する整理と検討………………………………… 9

第一節　先行研究の概況………………………………………………… 9
1. 古代から近代にかけての研究…………………………………… 9
2. 新文化運動（1917 年）から
　　中華人民共和国成立前（1948 年）までの研究………………… 10
3. 中華人民共和国成立（1949 年）から
　　文化大革命前（1965 年）までの研究…………………………… 11
4. 文革後（1977 年）から今日までの研究………………………… 12

第二節　先行研究の問題点……………………………………………… 15
1. 意味分析に用いた方法が妥当ではなかった…………………… 15
2. 個々の重ね型における認知的メカニズムの解明
　　という問題意識がもてなかった………………………………… 18
3. 品詞の枠を越える横断的視点に欠けていた…………………… 20

第三章　数量詞重ね型の認知的研究……………………………23

第一節　数量詞重ね型"一CC"と"一C一C"…………………23
1　はじめに……………………………………………………23
2　先行研究の問題点…………………………………………24
3　本節の仮説…………………………………………………25
4　仮説の検証…………………………………………………27
5　結び…………………………………………………………45

第二節　量詞重ね型"CC"の認知モード……………………47
1　はじめに……………………………………………………47
2　統合型認知と離散型認知…………………………………48
3　"CC"と"一CC"の認知的差異………………………50
4　離散的認知の速度…………………………………………54
5　"CC"と"一C一C"の認知的差異……………………56
6　"周遍性主語句"における"CC"の意味制限…………59
7　結び…………………………………………………………63

第三節　数詞重ね型"一一"…………………………………65
1　はじめに……………………………………………………65
2　先行研究……………………………………………………65
3　"一一"と"一C一C"…………………………………67
4　"一一"と"CC"………………………………………71
5　"一一"の位置づけ………………………………………73
6　結び…………………………………………………………81

第四章　擬声語重ね型の認知的研究……………………………… 85

第一節　擬声語における三形式：AA、ABAB と AABB………… 85
1　はじめに…………………………………………………… 85
2　二音節擬声語 AB はいくつの音を表すのか…………… 86
3　三形式の意味的共通点…………………………………… 92
4　AA と ABAB の相違点…………………………………… 100
5　AABB の認知的特徴……………………………………… 105
6　結び………………………………………………………… 110

第二節　擬声語重ね型 ABB の認知メカニズム………………… 113
1　はじめに…………………………………………………… 113
2　先行研究…………………………………………………… 114
3　ABB と他の三形式の類似性……………………………… 116
4　ABB に対応する認知モードに関する仮説……………… 120
5　仮説の検証………………………………………………… 122
6　結び………………………………………………………… 130

第三節　擬声語重ね型 ABCD の認知論的分析………………… 131
1　はじめに…………………………………………………… 131
2　先行研究の問題点………………………………………… 132
3　「双声」「畳韻」を用いた造語法………………………… 133
4　ABCD の音韻的特徴……………………………………… 133
5　ABCD の意味機能………………………………………… 135
6　結び………………………………………………………… 143

第五章　品詞横断的研究 …………………………………… 145

第一節　形容詞重ね型 ABB は形容詞か …………………… 145
1　問題の所在 ……………………………………………… 145
2　理論的根拠 ……………………………………………… 147
3　ABB の意味構造 ………………………………………… 150
4　文法的考察 ……………………………………………… 165
5　ABB の品詞分類 ………………………………………… 168

第二節　AABB 型重ね型における認知モードと
　　　　　その生産性について …………………………… 173
1　はじめに ………………………………………………… 173
2　AABB 型重ね型に対する立場 ………………………… 175
3　動的持続性 ……………………………………………… 179
4　A と B の関係 …………………………………………… 184
5　内部構造の無界性 ……………………………………… 190
6　生産性のメカニズム …………………………………… 195
7　結び ……………………………………………………… 199

第六章　エピローグ ………………………………………… 203

用例出典 ………………………………………………………… 205

参考文献 ………………………………………………………… 206

索　　引 ………………………………………………………… 217

第一章

プロローグ

第一節　研究対象

　本書は現代中国語における各種の重ね型を対象として取り上げ、それらに対応する認知モードを明らかにしようとするものである。本論は、八つのケーススタディーからなり、十一種の重ね型を扱っているが、その選択にあたり主たる基準としたのは、重ね型における生産性（productivity）と異なる重ね型間の関係性（systematicness）である。

　擬声語の重ね型に関する先行研究の多くは、AABタイプとABABタイプやAABBタイプを同等に扱っているが、実際のところ、AABタイプは他のタイプとは異なる。"咚咚锵"（どらや太鼓の音）や"叮叮当"（鈴の音）などの例から分かるように、AABタイプは楽器音のような人工的音声の描写にしか用いられず、自然界の音を描写する使用頻度の高い擬声語としては成立しないため、生産性に欠けている。よって、本書ではAABタイプを考察対象からはずした。

　一方、数詞の重ね型である"一一"は非生産的であるにもかかわらず、本書の対象に挙がっている。"一一"が量詞の重ね型"CC"、数量詞の重ね型"一CC"および"一C一C"[1]と密接な関係にあり、数量詞からな成る重ね型を総体的かつ体系的に把握しようとすれば、"一一"を研究対象に含めることが必要不可欠だからである。

　また、本書では、動詞から構成され、"尝试"（試み）や"短时"（短時間）を表す"VV"（"看看""昕昕"）タイプの重ね型も考察外にしている。通常、"VV"は現代中国語の代表的な重ね型と目されている。にもかかわらず、本書でそれを対象外とした理由は、それが他の重ね型との間に根本的な認知的

相違があるためである。

　李宇明（1996a）は量詞の重ね型、数量詞の重ね型、数詞の重ね型、名詞の重ね型のいずれもが、それらの基式（base form）からの"増量"（数量的増加）を表すと指摘した。その上で、形容詞の重ね型は基式より程度の増幅を表し、さらに動詞の重ね型にも"吃吃喝喝"や"说说笑笑"のような、基式に比べると増量を表すものがあるとした。それに対して、"VV"はその逆の意味機能、即ち"減量"（動作の回数や動作量の減少）を示すとする。

　张敏（1997）は、現代中国語の中に動詞の重ね型に示される"小量"と形容詞の重ね型に示される"大量"が併存するのはなぜかという問題意識をもち、意味的に相反する"小量"と"大量"についての認知的解釈が難しいという見解を示した。

　陆镜光（2000）でも同様な見解が示されている。陆镜光が使用した用語は"指大""指小"であるが、それぞれ李宇明（1996a）の"増量"と"減量"、张敏（1997）の"大量"と"小量"に対応している。

　特筆すべきは、王贤钏・张积家（2009）によって報告された形容詞の重ね型と動詞の重ね型に関する心理学的実験結果であろう。それによると、形容詞からなる数種の重ね型がいずれも"増量"として認知されているのに対して、"VV"は"減量"の傾向が強いという。

　このように、"VV"と他の品詞の重ね型との間に認知的対立があることは、単に文法研究者の間で合意が形成されているだけではなく、心理学的実験によっても立証されたのである。

　これ以外にも、"VV"に"生动性"（ビビッド性）や"描写性"（描写性）がないことも、"VV"が他の重ね型とは大きく異なることを物語っている。形容詞の重ね型について、Chao（1968）はvivid reduplicatesと呼び、吕叔湘主編（1980）は"形容词生动形式"（形容詞ビビッド形式）と名付ける。そのどちらからも、形容詞の重ね型にはその基式にはないビビッドな感覚があり、それこそが形容詞重ね型における最も本質的な意味特徴と認識されていることが見て取れよう。

　朱德熙（1982b）は形容詞の重ね型に対して「状態形容詞」という独自な術語を用い、その基式である「性質形容詞」と対立させた。そして、性質形

容詞と異なる状態形容詞の際立った意味的特徴は"描写性"にあるとしている。

このように、「ビビッド性」と「描写性」は、表現は異なるものの、実際には同じ現象、即ち形容詞の重ね型によって喚起される、ありありと目の前にあるような臨場感あふれる非概念的イメージの生成である。

興味深いことに、このような「ビビッド性」あるいは「描写性」は形容詞の重ね型に限られた現象ではない。刘月华等（1983：90）は、数量詞からなる重ね型の意味機能は"描写"であり、それらを概念的にものの多さを伝える"很多"と混同してはいけないと指摘した。

李珊（2003）では、動詞から構成されるAABBタイプの重ね型に"生动化的效果"（ビビッド化効果）があるとされている。また、吴吟・邵敬敏（2001）は、名詞からなるAABBにも「描写性」があるとし、さらに張谊生（1997）では副詞の重ね型の"摹状性"（状況模擬性）が言及されている。

以上から見ると、「ビビッド性」や「描写性」あるいは「状況模擬性」は多くの重ね型に共通した意味的特徴となっていることが分かる。しかし、"VV"は意図性のある「試み」に意味的特徴があり（刘月华1983、李宇明1996b）、「ビビッド性」「描写性」「状況模擬性」を欠いているため、重ね型の中では例外的な存在だと言わざるを得ない。

"VV"におけるこのような特殊性を解釈するには通時的な視点が必要となる。范方莲（1964）によれば、"VV"のルーツは中古中国語の動詞と数量詞からなる"V一V"であり、"一"の脱落によって現代中国語の"VV"の形成に至ったという。张赪（2000）は中古中国語の資料、とりわけ晩唐五代期に現れたVが動詞から動量詞へと転じた現象に焦点を当て、范方莲（1964）と同じことを主張した。この論文では、晩唐五代期に動詞から借用した動量詞が出現し、宋代以降、同形動詞を用いた「同源動量詞」が大量に出現したとされている。借用動量詞と同源動量詞はいずれも動作の回数を表すものであり、そのほとんどが"V一V"という形で動詞との間に数詞の"一"を挟んで動作の回数（一回）を意味していたが[2]、そこから回数の少ないこと、持続時間の短いこと、また程度の軽いことを表す用法が派生し、さらに"一"の脱落が起こり、その結果として"VV"が生まれたという。この意味にお

いて、"VV" は現代中国語の形式ではVを基式とする重ね型のようだが、実質的には他の重ね型とは一線を画している。"VV" はもともと動詞と動量詞からなる "V一V'" に由来し、また "一" の脱落後も意味に基本的な変化は見られず、「動詞＋動量詞」構造の機能を保持している。即ち、中国語母語話者の心的辞書（mental lexicon）において、"VV" と "V一V'" はほぼ等しいのである（王賢钏・张积家2009）。このような理由から、范方蓮(1964) は、"VV" が中古中国語に存在し現代中国語から姿を消した単音節動詞の AA タイプ（"行行重行行"〔行き行きて重ねて行き行く[3]〕）や現代中国語の動詞からなる AABB タイプ（"吃吃喝喝"〔飲んだり食べたり〕）とは関係をもたず、後者はともに "重言" という伝統を継承したとしている。なお、尚英（2005）は大型コーパスの例文調査を通して、現代中国語における "VV" のほとんどが "V一V'" と互換できることを明らかにした。こうした共時的現象は言うまでもなく通時的変遷の結果であり、そこからも "VV" が "V一V'" に由来したことが裏付けられる。

以上のような理由により、本書は "VV" を考察外とした[4]。また、本書は名詞の重ね型については簡単に触れる程度にとどめ、副詞の重ね型についてもほとんど言及しなかった。これらの問題は今後の研究課題としたい。

第二節　研究の目標と方法

本書の目標は現代中国語における重ね型の認知的メカニズムを体系的に解明しようとすることであり、具体的には以下のような問題の解決を目指している。

Ⅰ　各種の重ね型に対応する認知モード。
Ⅱ　各種の認知モードの形成過程で働く認知原則。
Ⅲ　各種の認知モードがその文法的振る舞いに与えた影響。
Ⅳ　品詞が異なる基式で構成される同一形式の重ね型相互の関係。
Ⅴ　どのような認知原理が現代中国語の重ね型のシステムを制御しているのか。
Ⅵ　他の言語と比較し、中国語の重ね型の独自性は何か。

以上のような問題を明らかにすることは、重ね型という現象の特質に対する理解の深化につながるばかりでなく、現代中国語の文法体系における重ね型の位置づけを考える上でも重要な意義があると思われる。

　本書は、認知言語学の原理と原則を応用して現代中国語の重ね型の認知的仕組みを解明することを方法論的特徴としている。現代中国語の重ね型は、本質的に人間の視覚・聴覚を中心とする身体的経験 (physical experience) が投影され、言語化されたものであるというのが筆者の重ね型に対する基本的な認識であり、研究の出発点でもある。こうした理論的立場に立ち、まず第三章において、数量詞からなる四種類の重ね型に対応する認知モードの分析を行い、数量詞重ね型と空間認知原理の関わりを解明することによって、視覚的経験が空間認知において果たす役割を明らかにする。

　擬声語の重ね型は従来の先行研究ではおろそかにされていたが[5]、本書はそれを重ね型の中で最も重要なものとして位置づけている。なぜなら、擬声語の重ね型は実際の聴覚経験が時間的認知において言語化されたものだからである。第四章において、擬声語重ね型に対して詳細な考察を行い、合わせて五つのタイプを取り上げている。

　空間的認知様式は時間的認知様式と別々に存在しているのではなく、むしろ互いに関連しあって、相互に拡張しうるのである。また、視覚・聴覚・嗅覚・味覚・触覚の五感に関わる表現が互いの領域に拡張されていく現象も人類の言語において広範に見られる。こうした普遍的な認知原則に基づき、第五章において多様な品詞の基式からなる重ね型の ABB と AABB をめぐって、従来の品詞別の考察法を放棄し、品詞の枠を越えた横断的な研究を試みる。

　本書は、現代中国語の各種の重ね型を、主として共時的言語事実に基づいて考察する。しかし、重ね型は現代中国語にのみ特有な形態ではなく、その源を上古中国語に見出すことができる。また、唐代前後の中古中国語において中国語の二音節化が定着するにつれて重ね型も大きく変貌したため、重ね型の通時的な変化に関わる側面へのアプローチも行う。

　また、より広い視野に立って中国語の重ね型を考察するため、本書は必要に応じて日本語や朝鮮語などとの比較対照を行い、さらに南アジア・オセア

ニア・アフリカの一部の言語を対象とした、類型論による研究成果を積極的に吸収しつつ、従来にない重ね型論を目指したい。

注
1) 本書では量詞をC（類別詞を表す英語 classifier の頭文字から取った）と記し、数詞と量詞からなる四種類の重ね型を"一C一C""一CC""CC""一一"と記す。ただし、先行研究を引用、紹介する場合、その限りではない。
2) 张赪（2000）は"V一V'"を用いて数詞"一"の前後に異質同形語が現れる形式を記している。Vは動詞を指し、V'はVと同形の動量詞である。たとえば、
　　又喝一喝，拍手归众。　　　　　　　　　　　　（『五元灯会』巻十一）
　（また一喝し、手をたたいて衆生に戻った。）
3) この句の出所は『昭明文選』所収の無名氏作「古诗十九首」であり、東漢末のころに作られたとされる。詩の全文は次の通りである。
　行行重行行，与君生别离。相去万余里，各在天一涯；道路阻且长，会面安可知？胡马依北风，越鸟巢南枝。相去日已远，衣带日已缓；浮云蔽白日，游子不顾反。思君令人老，岁月忽已晚。弃捐勿复道，努力加餐饭！
　（行き行きて重ねて行き行く　君と生き別離して　相去ること萬餘里　各天の一涯に在り　道路は阻しくして且つ長し　會面　安んぞ知る可けん　胡馬は北風に依り　越鳥は南枝に巣ふ　相去ること日に已に遠く　衣帯は日に已に緩む　浮雲　白日を蔽ひて　遊子顧反せず　君を思へば人をして老いしむ　歳月　忽ちにして已に晩れぬ　棄捐てて復た道ふこと勿けん　努力して餐飯を加へよ）
　（『文選（詩騒編）四』花房英樹訳注、集英社、1974年〔昭和49年〕、222-223頁）。
4) 本書は"VV"を考察対象にしていないものの、それを完全に排除してはいない。"VV"は重ね型の一つとして他の重ね型と関係性がないわけではなく、他の重ね型と同様にイコン性（iconicity）をもっている点も確認できるため、必要に応じて"VV"に言及することもある。
5) 1950年代から80年代の初めにかけて、擬声語をめぐる研究は主として擬声語が品詞の一つとして認められるかどうかを中心に論争が繰り広げられた（王松茂1983）。80年代中期、『暂拟汉语教学语法系统』（1956年）を修正した『中学教学语法系统提要』（1984年）が発表され、新たな品詞として設けられたのをきっかけに、擬声語はようやく一品詞としての市民権を得るようになった（郭锐2002：12-13）。にもかかわらず、90年代の『中国语文』に掲載された文炼（1991）は構造主

義的立場から、"把象声词当作非语言符号，不是没有根据的"（擬声語を非言語記号と見なすことは、根拠がないわけでもない）と主張した。こうしたことを背景に、擬声語重ね型のみならず、擬声語そのものについての研究すら十分になされてこなかった。

第二章

先行研究に関する整理と検討

第一節　先行研究の概況

1　古代から近代にかけての研究

　重ね型という文法現象は長い歴史を有する。その用例はつとに『诗经』などの上古の文献に見られる。たとえば"<u>关关</u>雎鳩"（關關たる雎鳩）（「周南・关雎」）、"<u>呦呦</u>鹿鸣"（呦呦として鹿鳴き）（「小雅・鹿鸣」）、"杨柳<u>依依</u>"（楊柳依依たりき）（「小雅・采薇」）、"<u>皎皎</u>白驹"（皎皎たる白駒）（「小雅・白驹」）、"衣裳<u>楚楚</u>"（衣裳楚楚たり）（「曹风・蜉蝣」）などがそれである。重ね型は同じ漢字の反復によって構成されるという著しい形式的特徴をもっていたため、二千年以上も前からすでに言語学者の注目を集めていた。漢字の意味解釈に重点をおいて作られた中国最古の辞書『尔雅』は、「释训」において"<u>明明</u>、<u>斤斤</u>，察也"（明明、斤斤は察なり）のように二字からなる重ね型の用例を百例あまり採録している。また、漢代の経学者毛亨、鄭玄が『诗经』に注解を加えた際、重ね型に関する項目を数多く設けて丁寧な注解を施したことからも、重ね型にただならぬ関心を示していたことが窺える。その後『尔雅』の体裁を踏襲した辞書編集は次第に一つの伝統を形成するようになり、漢代の孔鮒の『小尔雅』や三国時代の張揖の『广雅』に続き、明代の朱謀㙔の『骈雅』にも現れ、中でも明代の方以智の『通雅』と清代の史夢蘭の『叠雅』は特筆に値する。『通雅』は重ね型を"重言"と命名し[1]、それを広く後世に伝えた。『叠雅』はもっぱら重ね型を扱った専門書であり、綿密な考証によって膨大な資料の収集を行い、それまでの重ね型研究の集大成とも言うべき業績を残した。

しかしながら、こうした研究の問題点はそれぞれの時代において日常の言語生活の実態とはかけ離れた言語材料を対象としたところにある。訓詁学者たちは重ね型に対して千年以上にわたって関心を寄せていたものの、訓詁学はあくまでも儒教文献をはじめとする経書の学習や解釈をするためのツールであるという共通認識のもと、研究対象を一貫して経史子集およびその注釈書の範囲にとどめ、そこから視線を逸らそうとしなかった。そのため、唐代前後に中国語の重ね型に画期的な変化が起こり現代中国語の重ね型の原型となるものが数多く出現したにもかかわらず、訓詁学者たちの研究の対象にはならなかった。

　漢代から清代に至るまでに、一般民衆に用いられる生きた言葉、即ち話し言葉に興味をもつ学者は少数ながらいた。そのため、各時代の話し言葉や俗語から語彙を収録する書籍も存在し、主なものに宋代無名氏の『釈常談』と龔頤正の『続釈常談』、明代楊慎の『俗言』、清代銭大昕の『恒言録』や銭大昭の『迩言』などがある。しかし、これらの書物はどちらかというと、二音節語、慣用句、成語およびことわざの収集に重点が置かれており、重ね型に関する記録は少なかった。この意味において、重ね型を対象とした本格的な研究は清代に至るもなお端緒についていない。

2　新文化運動（1917年）から中華人民共和国成立前（1948年）までの研究

　清末民初の新文化運動を契機として学術の領域で言語学が確立したのに伴い、重ね型に対する研究も大きな変貌を遂げた。西洋から流入してきた近代言語学の知見や方法に触発された言語学者たちは、中国語の重ね型について様々な角度から検討し始めた。

　今日、重ね型を指す文法用語として定着している"重叠"の初出は、黎錦熙著『新著国語文法』（1924年）であった。それまでの文法書では従来の"重言"や"叠字"を用いて重ね型を指すのが一般的であり、伝統的な訓詁学の域を出ていなかった。黎錦熙（1924：145）が"重叠"という用語を独自に採用したのは、用語そのものの新しさを求めるというより、"重言"や"叠字"のような伝統的な術語ではカバーできない動詞の重ね型"VV"などをも取

り込もうとするところにその目的があった。よって、"重畳"という用語が提起された背後には現代中国語の実態を踏まえ新しい文法範疇を構築しようとする意図があったと考えられる。

　金兆梓（1922：43）は英語など他言語との比較を通し、重ね型という文法現象が個別の言語の問題ではなく、世界の多くの言語に見られる普遍的な現象であることに言及した。一方、何容（1944：4）は同じく中国語を外国語と比較する立場をとったが、中国語の重ね型の特殊性に焦点を当て、語構成の角度から中国語における重ね型の重要性を指摘した。

　呂叔湘（1941：12-16）は文言と白話の文体的差異から出発し、現代中国語のみならず元曲のような中古以降の言語材料をも取り入れて重ね型の意味的特徴を分析した。呂叔湘の研究における共時的視点と通時的視点の融合、さらに方言における重ね型をも視野に入れて研究内容の一部分とした方法論は、今でも斬新に感じられる。

　この時期の重ね型に関する最も代表的な研究成果としては、まず王力（1944）が思い起こされる。この著作において、重ね型は繰り返し取り上げられ、各種の重ね型の形式や機能に関する記述が詳細になされて、従来の研究には見られなかった中国語の重ね型の全体像が提示された。

3　中華人民共和国成立（1949年）から文化大革命前（1965年）までの研究

　中華人民共和国の成立から文化大革命前までの間、重ね型に関する研究は二つの点で大きな進展が見られた。

　一つは重ね型に対する品詞別研究の深化である。大雑把に重ね型を取り上げるのではなく、研究対象を特定し、その文法的振る舞いをより深く掘り下げようとする研究が行われた。特に形容詞と動詞からなる重ね型を対象とした研究が盛んであった。冯成麟（1954）、李成蹊（1954）、朱德熙（1956）、王还（1963）、李人鉴（1964）、范方莲（1964）、呂叔湘（1965）などが代表的であるが、中でも范方莲（1964）と朱德熙（1956）は注目に値する。范方莲（1964）は中古中国語以来の言語資料に対する考察を踏まえ、動詞の重ね

型"VV"に関する歴史的な変遷を詳しく論じることで、"VV"は本来同じ動詞の繰り返しによってできた重ね型ではなく、動詞と数量詞からなる"V一V'"（V'はVと同形の動量詞）に由来することを明らかにした。この研究によって、"VV"の意味的特徴の解釈に関する重要な手がかりを得ることができた。朱徳熙（1956）は形容詞の基式と重ね型を比較して両者の文法的対立を明らかにし、前者を「性質形容詞」、後者を「状態形容詞」として下位分類し、現代中国語における品詞分類の枠組み構築に大きな影響を与えた。

上記二論文のほかに、呂叔湘（1965）も研究方法の面で独自の道を模索した。この論文は随筆家杨朔の作品集『海市』を対象として、形容詞とその重ね型の基本用法や出現頻度に関する統計調査を行い、数値化した。この研究方法は後のコンピュータ言語学の発想と通じる部分をもっている。

もう一つは重ね型への体系的なアプローチである。陸志韋等（1957）は北京方言の話し言葉に関する大規模な調査から得られたデータを踏まえ中国語の重ね型について体系的な記述を行った。この研究は文字資料に加え、話し言葉資料も研究対象とし、重ね型の文法的特徴にとどまらず、重ね型の発音上の特徴までをつぶさに観察し、記述した。太田（1957、1958）は重ね型に対して歴史的な視点から体系的にアプローチしたものである。上古時代から近代までという壮大なスケールで重ね型を捉え、各時期に出現した重ね型の種類と統語的特徴を明らかにして、この領域の空白を埋める研究となった。

高名凱（1957）は重ね型と品詞との関係を論じ、「重ね型は語の形態とは見なしにくく、品詞性とも関係がない」という独自な議論を展開し、極めて示唆的である。

4　文革後（1977年）から今日までの研究

文化大革命以降、重ね型は現代中国語文法研究の中で最も注目される分野の一つとなり、毎年数多くの研究成果が発表されてきた。全体的な状況を要約すれば、以下のような五つの傾向を指摘することができる。

4.1 研究範囲の拡大

動詞と形容詞の重ね型はこの時期においても依然として高い関心を集めている。動詞の重ね型に関する主な成果には刘月华（1983）、李宇明（1998）、朱景松（1998）、张谊生（2000）、邢福义（2000）、李珊（2003）などがあり、李珊（2003）は動詞の重ね型についての専著である。形容詞の重ね型に関する主な成果には李大忠（1984）、崔建新（1995）、李宇明（1996b、2000b）、储泽祥（2000a）、陈光（2000）、朱景松（2003）などがある。

動詞と形容詞以外の重ね型についても広く検討され始めた。名詞の重ね型の研究には储泽祥（2000b）、吴吟・邵敬敏（2001）などがあり、数量詞の重ね型の研究には宋玉柱（1978、1980）、李宇明（2000b：225-275）、郑远汉（2001）、杨雪梅（2002）、楊凱栄（2006）などがある。また、擬声語の重ね型の研究成果として朱德熙（1982a）、孟琮（1983）、马庆株（1987）などがあり、副詞の重ね型の研究成果として齐沪扬（1987）、张谊生（1997）などが挙げられる。

各種の重ね型を総合的に考察する研究成果も現れた。刘月华等（1983）、石毓智（1996）、李宇明（2000a）、华玉明（2003）などがその代表的なものであり、华玉明（2003）は重ね型を研究対象とした専著である。

4.2 方言の重ね型に関する研究の出現

中国語の方言には様々な重ね型が存在し、その調査と記述を趣旨とする研究がこの時期になって初めて見られるようになった。蘇州方言の重ね型に関する研究に刘丹青（1986）、李小凡（1998）があり、福建方言の重ね型の研究に郑懿德（1983）、项梦冰（1998）、梁玉璋（1983）がある。また、広州方言の重ね型に関しては、彭小川（2000）の研究があり、山西方言と陝西方言の重ね型に関しては、それぞれ侯精一（1988）と邢向東（2002）が挙げられる。

4.3 認知言語学と言語類型論の研究手法の導入

中国語の重ね型の研究に最も早く認知言語学の分析方法を応用したのは

Tai（1993）である。重ね型の動機づけとして「重畳動機づけ（reduplication motivation）」提起し、その拠り所を言語の形式構造と意味構造は対応関係にあると見なすイコン性（iconicity）とした点は示唆的である。劉丹青（1986）は中国語の重ね型の研究における言語類型論的手法を導入する必要性を述べ、劉丹青（1988）はシナ・チベット語族の諸言語の重ね型に見られる共通性を探求し、重ね型の研究に言語類型論を応用する先駆けとなった。しかし、全体的に見た場合、中国語の重ね型の研究に最も大きな影響を与え、かつ方法論的変革をもたらしたのは張敏（1997、1999、2001）であろう。特に張敏（1997）は重ね型と関係するイコン性などの認知言語学の基本原理を詳しく紹介し、国内外における方言や類型学による研究成果を幅広く援用したうえで、中国語の重ね型の形式的特徴と意味的特徴の対応関係、他言語の重ね型との共通性を明らかにした。当該論文は発表されるやたちまち大きな反響を呼び、その観点や結論が広く引用されたため、重ね型の研究における認知言語学と言語類型論的分析方法の普及と定着に大きな役割を果たすことになった。その後、認知言語学と言語類型論の角度から重ね型を扱う研究が多く現れるようになった。前者には陆镜光（2000）、刘云（2000）、张旺熹（2006）などがあり、後者には谭傲霜（2000）、华玉明（2010）などが挙げられる。

4.4　通時的研究の発展

　重ね型に関する通時的研究も長足の進歩を遂げた。主な研究成果は張赪（2000）、卢卓群（2000a、2000b）、石锓（2004、2005、2007、2010）、孙景涛（2008）、贺卫国（2009）などがあり、中でも孙景涛（2008）、贺卫国（2009）、石锓（2010）はいずれも著書の形で世に問われた。孙景涛（2008）は欧米における中国語の研究成果を広く吸収し、言語の音と表現された形の間における相互作用といった生成文法の理論をも参考にしたユニークなものである。

4.5　学際的な研究の動向

　中国語による情報処理技術の発展に伴い、コーパスを利用して重ね型の研究を行うケースが増えてきた。邢红兵（2000）、任海波（2001）、尚英（2005）

などはそれである。また、王賢釧・张积家（2009）のように、心理学の角度から重ね型の意味的特徴に対する実験と検証を行う研究も現れている。

このほか、重ね型を専門に扱う辞書類もいくつか出ている。代表的なものに、『现代汉语八百词』所収「形容词生动形式表」（吕叔湘主編1980）、『现代汉语重叠形容词用法例释』（王国璋等1996）、『現代中国語ABB型形容詞逆配列用例辞典』（相原・韓1990）、『汉语叠音词词典』（张拱贵・王聚元主編1997）がある。

第二節　先行研究の問題点

先行研究において現代中国語の重ね型に関する様々な課題が検討されてきた。とりわけ重ね型の分類、個々の重ね型の成立条件、およびその文法的機能についての研究成果が数多く得られている。また、海外の言語学理論を吸収することにより、重ね型への理論的アプローチも一定程度の成果をあげており、重ね型へのさらなる研究と議論の土台は築かれたと言える。以下では、先行研究の問題点を指摘してみたい。

1　意味分析に用いた方法が妥当ではなかった

全体的にいえば、現代中国語の重ね型の形式的特徴および文法的振る舞いに関する記述は、先行研究においてほぼ完成されている。たとえば、どの品詞が重ね型になりうるのか。ある品詞からなる重ね型は具体的にいくつの種類があり、どのような形式を取りうるのか。各種の重ね型とその基式の間にどのような文法的相違が見られるのか。これらについては先行研究が盛んに行われてきたため、この方面のデータはすでに豊富に蓄積されている。

しかし、各種の重ね型のそれぞれの意味的特徴は何なのか。形式的に似通った重ね型相互の間にどのような意味的差異があるのか。このような問題については、いまだ合理的な解釈を得るまでには至っていない。たとえば、同じ数量詞の基式"一C"からなる重ね型には"一CC"と"一C一C"の二形式があるが、この二形式の間にどんな意味的な違いが存在するのだろう

か。この問いに対して、従来の研究は満足のいく回答を見いだせていない。また、擬声語の重ね型のABABとAABB、形容詞の重ね型のABBとAABBの間に一体どのような意味的相違があるのかといった問題も解決されないまま今日に至っている。

　先行研究において重ね型に対する意味分析が無視されていたわけでない。むしろ多くの先行研究においてそれは議論の焦点となっていた。しかし、残念なことに、これらの議論に用いられた意味分析の方法が妥当ではなかったのである。

　第一に、ある重ね型の意味特徴を解釈するとき、この重ね型を形式的に類似した他の重ね型と比べてその相違を明らかにするのではなく、類似した形式を用いてもう一方を解釈する方法がよく採用されていた。その結果、異なる重ね型を相互に解釈しあう循環論法に陥っている。たとえば、"一CC"と"一C一C"は本質的に異なる二形式であるにもかかわらず、長期にわたって相互解釈を繰り返してきた。両形式を同一視し、前者を単に後者の"省略"と見なす研究さえ少なくなかった（胡附1957：47、宋玉柱1978、張静1980：103、刘月华等1983：89）。また、数詞の重ね型"一一"の意味解釈に数量詞の重ね型"一C一C"を用いたり、形容詞の重ね型ABBとAABBを同一視したりするケースもしばしば見られる（李宇明2000b：341、宋玉柱1978、王国璋等1996：407）。

　第二に、ある重ね型の意味機能を説明する際に、類義表現で対応させる傾向がある。たとえば、形容詞の重ね型ABBの意味を"很A"として解釈したり（『现代汉语词典（第6版。以下、版を示していないものは第6版）』、王国璋等1996：162、相原・韓1990：212）、量詞の重ね型"CC"を"每"として解釈したりしてきた（Chao1968：202、朱德熙1982b：26、郑远汉2001）。このような解釈では当該重ね型の本質を明らかにするどころか、かえって混乱を招く恐れがある。"很A"がいかなる文脈においてもABBに取って代わって成立する保証はなく、" "と"CC"がまったく等しいものでもないからである。"很A"や"每"は一般的な言語単位であり、重ね型のように形態操作を経てはいず、両者は根本的に違っている。汝淑媛（2007）の指摘のように、安易な相互解釈は、中国語研究の方法論的な問題にとどまらず、非母語話者を

対象とする中国語教育にもマイナスの影響を与えている。

　第三に、重ね型の意味機能に統一性を認めない傾向が見られる。たとえば、宋玉柱（1980）は、「単音節量詞の重ね型に統一した意味はない。意味機能はそれが充当する文成分の違いによって変わる」と主張し、量詞の重ね型が主語の位置に現れると"毎一"（どの一つも）を表し、述語の位置に来ると"多"を表すとする。さらに、"CC"が連体修飾語になる場合、被修飾語が目的語であれば、"CC"は"多"を表すが、被修飾語が主語であれば、"CC"は"多"あるいは"毎一"を表すという。そして、"CC"が連用修飾語になる場合はさらに複雑で、"CC"が動量詞の重ね型であれば"毎一"の意味となり、名量詞の重ね型であれば、時に"逐指"（非連続的）を表し、時に"連綿"（連続的）を表すという。楊雪梅（2002）も同じ分析方法を受け継ぎ、"一个个"（一つ一つ）の意味を次のように解釈している。

"一个个"作主語不表示周遍意義；作状語有時是表示動作的次序性，有"依次""逐一"的意思，有時表示出現較多的一種情況，有"紛紛"的意思；作定語有"数量多"的意思，有時含有"毎"的意思。
（"一个个"は、主語になると「一つ一つすべて」の意味を表さないが、連用修飾語になると、動作の順次性を表して「一つまた一つと」「一つずつ」を意味するときもあれば、人やものが多く出現する「次から次に」を意味するときもある。連体修飾語になった場合は「数量が多い」という意味を表し、時に「どの一つも」という意味を含む。）

　このような分析には理解に苦しむ点が多い。たとえば、同一の重ね型が同一の文成分となって、なぜ意味の不一致が生まれるのか。「時に」という表現が多用されているが、それで"一个个"の意味の成立条件を限定したことにはならない。このような意味機能に対する唯分解的分析方法では、重ね型の意味機能は整合性を失い、統一的な解釈が不可能になってしまう。

　中国語の重ね型の意味機能に関する研究の難しさは、一部の重ね型が同一もしくは似通った文法機能を有しているところにある。擬声語の三種類の重ね型 AA、ABAB、AABB を例にすれば、そのいずれもが連用修飾語、連体修飾語、述語、補語になり、互換性も高い。たとえば"河水嘩嘩（嘩啦嘩啦／嘩嘩啦啦）地流着"（河がザーザー流れている）では、どの重ね型を用い

ても文は成立する。では、三種類の重ね型の意味的な違いはどこにあるのか。このような問題提起は、もっぱら形式と分布を重視する構造主義的研究方法の対応能力をはるかに超えたものである。この意味で、前述の先行研究に見られた問題点は、実際には構造主義的研究法による意味分析の限界を示している。さらに言えば、そうした方法論的な限界が、重ね型の意味機能に関する研究の進展を阻んできた主たる原因であると考えられる。

2　個々の重ね型における認知的メカニズムの解明という問題意識がもてなかった

　第1項では、構造主義言語学が重ね型の意味分析に有効な研究方法を提供できなかったことを述べた。しかしながら、認知言語学の理論が導入されている今日でも各種の重ね型に対する意味分析に大きな進展があったとは言い難い。この点について論じようとすれば、重ね型を対象とした認知言語学的研究のあり方に触れておかなければならない。

　前述した通り、中国語の重ね型研究における認知言語学的方法の導入にあたり、张敏（1997、1999、2001）が決定的な役割を果たした。张氏の一連の論文は、認知言語学的発想をベースに言語類型論的な考えも取り入れて、中国の諸方言や多くの外国語の重ね型に関する研究成果を吸収し、個別言語を越えた重ね型という文法現象における共通性を明らかにしたものである。张氏は、重ね型に対する個別言語を越えた共通認知の基盤はイコン性にあると結論づけたが、この結論のもつ理論的意味は極めて大きく、筆者の研究もそれを踏襲している。しかし、张氏はもっぱら中国語の重ね型と他言語の重ね型の共通性を強調したため、中国語の重ね型ならではの独自性がないがしろにされてしまい、中国語の個々の重ね型における認知的メカニズムの解明という問題意識をもつに至らなかった。

　他言語の重ね型との比較研究を進めてみると、中国語の重ね型には共通性もあれば、独自性もあることが明らかになってくる。たとえば、日本語と朝鮮語のどちらにも中国語の量詞に当たる品詞「助数詞」が存在し、両言語ともに中国語の数量詞の完全重複型重ね型"一C一C"に相当するものがあ

る。たとえば、
　中国語：一个一个 [yige yige]
　日本語：一個一個 [ikko ikko]
　朝鮮語：한개한개 [hangae hangae]
　しかし、日本語と朝鮮語には中国語の数量詞の部分重複型重ね型"一CC"（"一个个"）に相当するものが存在しない。このことから、完全重複型"一C一C"と部分重複型"一CC"が併存する現象は中国語の重ね型に見られる独自な特徴であることが分かる。では、その独自性はどのようにして生まれたのか。また、そのような独自性の背後にはどういう認知原理が働いているのか。このような問題提起は、現代中国語の重ね型の研究にとって極めて重要で不可欠であると考えられるが、張氏の研究はこれに一言も触れていない。
　張敏（1997）は、中国語の重ね型の生成動機づけを以下のように概括している。
　形式元素的重复出现以图样的方式反映了意义元素的复现。
　（形式的要素の重複出現は、イコン的方式で意味的要素の重複出現を反映している。）
　しかし、このような解釈は概括的に過ぎ、個々の重ね型の具体的認知原理の解明には有効とは言えない。実際、これだけでは中国語の数量詞の重ね型に、完全重複型"一C一C"と部分重複型"一CC"の併存する理由について説明がつかないし、両者間の認知的相違を明らかにすることもできない。
　張敏（1997）は、他言語のイコン性に関する具体例も挙げてはいる。たとえば、Lakoff & Johnson（1980）によって提起された英語の「形式的に多いことは内容的に多いことである（more of form is more of content）」という原則を紹介し、より多くの要素からなる形式は、往々にしてより多くの意味に対応するとする（数量的により多く、範囲的により広く、程度的により強く）。また、この原則が実際に「数量的イコン性（quantity iconicity）」を反映すると指摘し、Greenberg（1963）によって提起された言語の普遍原則の一つ「複数形式は単数形式より長い」や、Jakobson（1965）が指摘した現象——印欧語族の形容詞は原級から比較級、比較級から最上級へと形態素の

数を次第に増やしていく——についても解釈できるとしている。

　しかし、この数量的イコン性という認知原則をそのまま中国語の"一CC"と"一C一C"に対する分析に応用することは難しい。なぜなら、"一C一C"は"一CC"より形式的に長いにもかかわらず、"一CC"に比べて「内容的に多い（more of content）」ことを決して表してはいないからである。

　張敏（1997）以後の重ね型に関する認知的研究の流れもそれほど変わっていない。陸鏡光（2000）、劉云（2000）、張旺熹（2006：65-95）などは、いずれもすべてのタイプの重ね型を一括して扱い、そこに認知上の共通性を見出すことに主眼を置いており、個々の重ね型の認知原理についての考察がおろそかになっている。

3　品詞の枠を越える横断的視点に欠けていた

　中国語の各種の重ね型を比較してみると、その基式が特定の品詞に限られていないことに気づく。たとえば、ABB式の重ね型には、形容詞の基式から構成されるもの、擬声語の基式から構成されるもの、数量詞の基式から構成されるものがある。AABB式の重ね型に至っては、基式の品詞は形容詞、動詞、名詞、擬声語、数詞、量詞、副詞、代名詞[2]の八種類に及ぶ。したがって、中国語の重ね型の生成は基式の品詞性に制約されるものではないと言える。

　高名凱（1957：72）はこの事実につとに注目し、「重ね型は語の形態と見なしにくく、品詞性とも関係がない」と指摘している。しかし、高名凱から今日までの60年にわたる重ね型研究の歴史を振り返ってみれば、その指摘はあまり重視されず、重ね型の研究のほとんどはむしろその基式の品詞性にのみ目を向けてきた。たとえば、AABBタイプの重ね型の基式には、八種類もの品詞があるにもかかわらず、「形容詞の重ね型AABBについて」とか「動詞の重ね型AABBの研究」のように、八種類のうちの一種類しか取り上げない研究が数多く存在する。また、重ね型とその基式の比較研究も盛んに行われてきた。その代表例として朱德熙（1956）の「現代中国語形容詞研究」

を挙げることができる。要するに、基式の品詞性は長期にわたって重ね型研究のテーマ設定における基準となっており、それに基づいて同一形式の重ね型が細分化されていったのである。

確かに、基式の品詞性を基準とする研究方法には研究対象を限定しやすいというメリットがある。研究範囲を狭く限定することにより、重ね型について精細で入念な記述が可能になる。そのため、前述したように、先行研究では各種の重ね型の分類と分布の記述においてすぐれた研究成果があげられている。しかし、基式の品詞性にこだわりすぎると、局部にとらわれて全体的な考察がおろそかになってしまうデメリットもある。同一品詞の基式からなる重ね型しか視野に入って来ず、品詞の枠を越えた横断的な研究の視点に欠けるからである。

なぜ異なる品詞性をもつ基式から同じタイプの重ね型が構成され得るのか。異なる品詞からなる重ね型は互いにどういう関係にあるのか。そして、その関係は中国語のどのような特徴を反映しているのか。こうした問題はいずれも重ね型の本質に深く関わる問題であるにもかかわらず、先行研究ではほとんど検討されてこなかった。こうした問題に焦点を当て、その解決策を探究するのが本書の目的である。

注

1) 本節では孫景涛（2008）の調査資料をある程度参照しているが、結論は孫景涛（2008）のそれと異なる。筆者の調査では、"重言"の用例が最初に現れたのは宋・朱熹『詩経集伝・巻之二・燕燕』である。

　　燕燕于飞，差池其羽。之子于归，远送于野。瞻望弗及，泣涕如雨。
　　（燕燕于に飛び　其の羽を差池す　之の子　于に帰る　遠く野に送る　瞻望すれども及ばず　泣涕　雨の如し）
　　　　　　　　　（『詩経　上』高田眞治訳注、集英社、1966年〔昭和41年〕、115頁）
　　兴也。燕，鳦也。谓之燕燕者重言之也。
　　（興なり。燕は、鳦なり。謂うところの燕燕は重言なり。）

しかし、一度しか使われていないため、「個々のもの（token）」のレベルにとどまっている。それに対し、明・方以智『通雅』では、"重言"で重ね型の語彙を統括させ、「タイプ（type）」を指すものとなっており、学術用語としての性質を具

有するようになった。
2)　たとえば"你你我我"（あなたあなた私私。男女が睦み合う様）のように、代名詞の基式からなる AABB は数が少なく、生産性の高いものではないが、このようなタイプの AABB も存在している事実をここで確認しておきたい。

第三章

数量詞重ね型の認知的研究

第一節　数量詞重ね型 "一ＣＣ" と "一Ｃ一Ｃ"

1　はじめに

　現代中国語において、数詞の "一" と量詞の "Ｃ" からなる重ね型には "一ＣＣ" と "一Ｃ一Ｃ" の二形式がある。

(1) a. 企鹅一对对钻出海水，登上岩屿。　　　　　　（『读者』2004 年第 1 期）
　　　（ペンギンが何組も海の中から現れて、岩礁に登った。）
　b. 企鹅一对一对钻出海水，登上岩屿。　　　　　　　　　　　　（自作）
　　　（ペンギンが一組また一組と海の中から現れて、岩礁に登った。）
(2) a. 经过长年的风吹沙累，堆成了一个个大沙疙瘩。　　　　　　　（自作）
　　　（長い年月にわたって砂あらしが吹いたため、たくさんの大きな砂の塊ができている。）
　b. 经过长年的风吹沙累，堆成了一个一个的大沙疙瘩。
　　　（長い年月にわたって砂あらしが吹いたため、一つまた一つ大きな砂の塊ができている。）

全体的に見れば、Ｃ が単音節の場合、上記二形式はいずれも成立する。下例(3)～(10)に示したように、個体量詞・集合量詞・度量衡詞・不定量詞・準量詞・借用量詞・専用動量詞・借用動量詞のほとんどが単音節であるため[1]、二形式併存のケースがよく観察される。

(3) 個体量詞：一张张　　一张一张　（张：枚）
(4) 集合量詞：一群群　　一群一群　（群：群れ）
(5) 度量衡詞：一里里　　一里一里　（里：500 メートル）

(6) 不定量詞　：一点点　　　一点一点（点：少量）
(7) 準量詞　　：一年年　　　一年一年（年：年）
(8) 借用量詞　：一桌桌　　　一桌一桌（桌：テーブル）
(9) 専用動量詞：一次次　　　一次一次（次：回）
(10) 借用動量詞：一口口　　　一口一口（口：くち）

　しかし、このような二形式併存は必ずしも普遍的な言語現象ではない。たとえば、日本語と朝鮮語にも助数詞という、中国語の量詞に相当する品詞があるが、"一C一C"しか存在しておらず、"一CC"は成立しない。
　では、なぜ中国語の数量詞の重ね型には二種類の形式が存在するのか、両形式の間にはどのような差異があるのか。本節では"一CC"と"一C一C"における視点（perspective point）の相違を手がかりに、両形式それぞれの対応する認知モードについて分析し、異なる認知の仕組みによって生じた意味的・文法的な相違を明らかにしていく。さらにイコン性の角度からその差異を掘り下げることで、両者が実質的には視覚的認知経験を言語化したものであることを主張する。

2　先行研究の問題点

　"一CC"と"一C一C"の構造と分布に関して、先行研究には相反する主張があり、意見が二つに分かれている。一つは両者を同一視するものであり、もう一つは両者を異なる言語形式とするものである。
　両形式を同一視するものとして宋玉柱（1978）が挙げられる。宋氏は「この二つの形式は本質的に同一形式である」とし、"一CC"は単に"一C一C"の省略形にすぎないと断言している。根拠は次の二点である。

Ⅰ　両种形式的句法功能是相同的。
　　（両形式の文法機能は等しい。）
Ⅱ　它们作同一句子成分时其语法意义也是相同的。
　　（両者が同一の文成分になった場合、文法的意味も等しい。）

　この宋氏の結論は言語事実に反するところが多い。たとえば、同論文の例の中に両者の互換が許されないケースが少なからず発見されるのである。以

下の二例の"一C一C"はいずれも"一CC"に言い換えることはできない。

⑾ 人们便一个一个（*一个个）陆续回去；一同回去，也不行的。

（宋玉柱 1978）

（人々はそうして一人ずつ続いて帰って行った。一緒に帰ってもいけなかった。）

⑿ 河滩上的雪，被大风卷绞得一坨一坨（*一坨坨）的。　　（宋玉柱 1978）

（川原の雪は大風に巻き上げられ、いくつもの小さな山を成している。）

　しかし、宋氏の主張は広く受け継がれ、刘月华等（1983：89）、李宇明（2000b：348）、杨雪梅（2002）などはいずれもそれに近い考えを述べている。

　郑远汉（2001）は両形式を同一視する傾向に疑問を呈し、"一CC"と"一C一C"は根本的に異なる形式であるとした。しかし、同論文は両形式における文法上の相違を検討することにのみ重点を置き、意味上の相違についてはほとんど触れていない。

　楊凱栄（2006）も両形式を異なる形式としている。しかし、同論文の主旨は両形式を含む構文の考察であり、両形式そのものには焦点が当てられていない。同論文で取り扱われた数量詞の重ね型を見てみると、特定の文法的位置に現れた特定の"C"（"个"）によるものしかない。そのため、同論文は"一个个"と"一个一个"についてイメージスキーマを提示してはいるが、それが数量詞の重ね型全般に適用できるか否かは未検証である。さらに、同論文の分析は直観レベルの記述にとどまることが多く、その直観を裏付ける理論的根拠が十分に示されてはいない。

3　本節の仮説

　Talmy（1988：188-189）は、われわれが外部世界の状況を認知する際に重要な役割を果たす視点を取り上げ、それを巨視的視点（あるいは全景的視点）と微視的視点（あるいは局所的視点）に二分し、それぞれ次のように特徴づけている。

　巨視的視点：a steady-state long-range perspective point with global scope of attention

微視的視点：a moving close-up perspective point with local scope of attention

また、対象そのものは同じであっても、話者の視点の変化により意味構造が変わってくることについて、次のような例を挙げている（下線は Talmy）。

(13) a. There <u>are</u> houses <u>at various points</u> <u>in</u> the valley.
（谷間のあちらこちらに人家がある。）
 b. There <u>is</u> <u>a house</u> <u>every now and then</u> <u>through</u> the valley.
（谷の入り口から出口までの間にさっき一軒今一軒と家がある。）

谷間にある家々を静的に巨視的に捉えるか、それとも動的に微視的に捉えるかによってイメージが大きく異なり、その反映として言語表現にも違いが生じるのである。(13a) は上空から谷間の家々を一望のもとに俯瞰する状況であるため、名詞に複数形が使用され、前置詞に静的な in が使用されている。一方、(13b) は実際に谷間に入り、家が時折（every now and then）一軒ずつ現れるのを個別に目撃する状況であるため、単数形の名詞 house と動的な前置詞 through が選択されているのである。

本節は、以上のような Talmy の観察を採用し、"一CC" と "一C一C" はともに視覚的身体経験が言語化したものであり、その差異も視点の相違に由来していると考え、以下のような仮説を立てる。

I "一CC" は複数の個体からなる集合を静的・巨視的視点から捉える表現形式である。全景的視点のもとにスキャニングが行われ、焦点は集合のある特定の個体にではなく、集合全体の状態に置かれる。したがって、"一CC" は「統合型認知」モードに対応し、図示すれば、27頁の図1の通りである（Tは時間軸）。

II "一C一C" は複数の個体からなる集合を動的・微視的視点から捉える表現形式である。局所的視点のもとにスキャニングが行われ、焦点は構成メンバーの一つ一つに置かれ、順次に前景化してゆく。したがって、"一C一C" は「離散型認知」モードに対応し、図示すれば、図2の通りである。

図1と図2を比較すると、次の二点が浮き彫りになってくる[2]。

I 集合全体に対する事態把握において、"一CC" と "一C一C" に相違

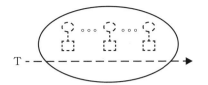

図１：統合型認知（"一CC"）　　図２：離散型認知（"一C一C"）

が存在する。"一CC"における集合は静的で持続性をもたないのに対し、"一C一C"のそれは動的で持続性を有する。

Ⅱ 構成メンバーに対する事態把握において、"一CC"と"一C一C"に相違が見られる。"一CC"における個々のメンバーは後景化して輪郭がぼやけ、無界（unbounded）的な状態[3]に近似するのに対し、"一C一C"のそれは逐一前景化して、どれもが有界（bounded）的である。

4　仮説の検証

4.1　集合の状態

宋玉柱（1978）は"一CC"と"一C一C"の文法機能がまったく同じであると述べているが、それが言語事実と一致していないことは、第２項で述べた通りである。(11)(12)の例に見られる事実のほか、"一C一C"は述語となることができるが、"一CC"には述語になる機能が欠けている[4]。

⒁ 部长一件一件（*一件件），如数家珍。
　　（部長は一つ一つ〔しゃべり続け、その弁舌は〕、よどみなかった。）
⒂ 田索梯一条一条（*一条条），头头是道。
　　（田索梯は一項一項〔指摘し〕、筋道がちゃんと立っていた。）
⒃ 吴令荣有着三寸不烂之舌，说起话来一套一套（*一套套），他自称英语八级，做外贸已经做了四年了，手头上有很多外贸单子，其中有一笔1500万的电机单子很急。
　　（呉令栄は口達者で、話し始めると、一くさり一くさり〔延々と続く〕。彼が自

ら言うには、英検八級、貿易関係の仕事に携わってもう四年、手元には外国からの注文書がたくさんあり、中には金額が1500万元にのぼる発電機の受注があって、急いで対応しなければならない。)

(17) 黄昏以前，这四五千饥民已经<u>一群一群</u>（*一群群），<u>陆续地</u>集合起来。
(夕暮れ前、四五千人の飢えた人々は一群一群〔群れを成し、〕続々と集まってきた。)

(18) 不等她大她娘返过神来，爬起来拿了扁担水桶就去挑水，<u>一趟一趟</u>（*一趟趟），把两口大缸都挑满了，满得溢到缸沿上了，<u>还挑</u>。

（王安忆『小鲍庄』）

(父さんと母さんがびっくりしている間に、彼女は起き上がり、天秤棒と水桶を手に水を汲みに行った。一往復一往復〔水を担ぎ〕、二つの大甕に水が一杯になって溢れるほどになったのに、まだやめようとしない。)

冯胜利（1996、1997）によれば、音節数という韻律的（prosodic）要素は中国語の文法体系の中で重要な役割を果たし、用例の成否に大きく関わっている。(14)～(18)において"一CC"が拒否される理由も、一見したところ、韻律的制約の視点から考える必要があるように見えるが、次の例(19)～(21)を見ると、"一CC"が述語になれないのは音節数とは直接関係のないことが分かる。なぜなら、"一CC"と同じ音節数を有する形容詞重ね型ABBと擬声語重ね型ABBは述語として問題なく機能するからである。

(19) 他此刻浑身<u>热乎乎</u>，血压准升高。
(彼はその時体中かっかと火照り、血圧がきっと上がったに違いない。)

(20) 去年春天，他们种上了芝麻、谷子，小苗一片<u>绿油油</u>。
(去年の春、彼らはゴマとアワを植えた、〔今〕その苗が一面の緑滴る青である。)

(21) 最近天上飞机<u>轰隆隆</u>，想必明年台海必有一战！　　　　　　　（百度）
(最近、空では飛行機がごうごう〔飛んでいる〕、来年はきっと台湾海峡で一戦あるに違いない。)

述語の位置にある"一C一C"を"一CC"に置き換えることができないのは、意味上の制約に起因する。"一C一C"は述語の位置に現れると、動詞述語を代替する成分として機能することが可能で、この形式に備わる動的

持続性が活かされる。たとえば、⒁の"一件一件"は話の内容を代替する数量詞"一件"を重畳することで、延々としゃべり続けるという動的持続性を表現している。⒂の"一条一条"と⒃の"一套一套"も量詞は変わっているが、人がよどみがなくしゃべり続けるという動的持続性の表現であることに変わりはない。同様なことが⒄の"一群一群"についても言える。それが後続する"陆续地"に呼応して、群れを成し続けるという動的持続性を表現している。⒅の文脈のポイントは副詞"还"が表す動作"挑"の継続であるが、その動的持続性は"一趟"の重畳によって形象化されている。一方、"一CC"は静的であり動的持続性をもたない。そのため、"一Ｃ一Ｃ"と"一CC"の間には互換が認められないのである。

以下の二例も"一Ｃ一Ｃ"を"一CC"で置き換えることができない。

⒇ 霎时，他觉得两眼一黑，浑身瘫软，不由自主地睡在地下了，紧接着一个一个（*一个个）……都象喝醉了似的，瘫痪在太阳地里。
（一瞬、彼は目の前が真っ暗になり、体中から力が抜けて、あらがいいようもなく地面に寝込んでしまった。すぐ続いて、一人一人…みんな酔っ払ったみたいに日なたの地面に崩れ落ちた。）

㉓ 到了鹿寨根，把梯子压在上面，王二虎头一个滚了过去，接着一个一个（*一个个）……小李滚到中间忽觉到耳朵嚓的一声，象是撕掉了似的，痛得要命。
（鹿寨根に着くと、はしごをその上に倒して置き、王二虎が一番に向こうへ転がって行った。続いて、一人一人…小李は途中まで転がったとき、突然耳元でシュッと音がし、引きちぎられるように、激しく痛んだ。）

㉒と㉓の"一个一个"のあとに続く省略記号"……"は未完結性を表示する手段である。"一个一个"の持続性と"……"の未完結性は矛盾しない。それに対し、"一个个"のあとに省略記号"……"を続けることはできない。"一CC"が静的で持続性のないイメージしか想起させないためである。換言すれば、"一CC"は完結性を有し、未完結性を表す省略記号とは相容れないのである。

さらに、次の例㉔～㉖が示す通り、"一Ｃ一Ｃ"は繰り返しを表す副詞"又"を用いて"一Ｃ一Ｃ又一Ｃ"という表現を構成することができるが、

"*一CC又一C"は成立しない。

⑷　小西强撑起身体刷碗，一个一个又一个（*一个个又一个），动作机械，感觉麻木，一种痛到极点的麻木。
（小西は無理に身を起こしてお碗を洗い続けた。一つ一つまた一つ、動作は機械的で、感覚は麻痺し、極限に達する麻痺であった。）

⑸　这样，一杯一杯又一杯（*一杯杯又一杯），石东根就来者不拒喝得个烂醉。
（このように、一杯一杯また一杯、石東根は注がれば飲み干し、完全に酔いつぶれた。）

⑹　什么也不做，林达莎对自己说，一遍一遍又一遍（*一遍遍又一遍），在每次她想到那生物透过壳温柔地看着她的水汪汪的黑眼睛的时候。
（何もしない、林達莎は自分に言い聞かせた。一回一回また一回、その生物が殻を通して優しく彼女のぱっちりした黒目を見つめていることに思い至るたびに。）

　この現象も動的持続性の有無と関係がある。動的持続性をもつ"一C一C"は集合としての終結点がなく、構成メンバーに対するスキャニングが連続することを表すため、そこに新しいメンバーを付け加えることは論理的に問題は生じない。よって、"一C一C又一C"が成立する。一方、静的で持続性のない"一CC"は集合の構成がすでに完結しており、新たなメンバーの追加が許されない。"*一CC又一C"が成立しないのはそのためである。

　ところで、"一C一C"の動的持続性は対象となる外部世界の事物の存在状態に束縛されるものではない。次の例を参照されたい。

⑺　只见平展展的梯地一层一层（*一层层），顺着山势，缠着山腰绵绵不断。
（ふと見ると、平らで広々とした棚田が一段一段〔重なり〕、山伝いに中腹をとり巻いてどこまでも続いている。）

　"梯地"は、客観的には静的で完結した集合である。にもかかわらず、動的持続性を有する"一层一层"をその述語とすることができ、連続性のある動的イメージが生成される。このようなことが可能になるのは、"梯地"を眺める話者の視線は連続的に動き続けることができ、"一层一层"はまさしく話者のそのような認知過程を反映したものであるからである。

以上により本稿の仮説の裏付けが得られた。"一CC"と"一C一C"は決して同一形式に由来する二つのバリエーションではなく、話者が外部世界を捉える際の異なる認知パターンがそれぞれ言語化したものであると考えられる。"一CC"は集合を一体として把握する巨視的視点を採用した言語表現であり、統合型認知に対応するものである。この認知モードは、静的で持続性のないことを特徴とする。一方、"一C一C"は、話者が微視的視点を採用した言語表現であり、離散型認知に対応するものである。認知は時間軸に沿って進行し、個体から個体へと焦点の移動が起こり、持続的な様相を呈する。

4.2　個体の状態

"一C一C"と"一CC"の文法的相違は、述語の位置だけではなく、補語の位置においても観察できる。次の例(28)～(31)において、"一C一C"は様態補語として機能しているが、"一CC"に置き換えると、文の容認度が大きく下がる。

(28) 这位太太打扮得妖里妖气，服饰考究，头发烫得一卷一卷（*一卷卷）的，手指甲经过仔细修剪，涂着蔻丹。
（その夫人はけばけばしく着飾っていた。ファッションにこだわり、髪はクルクルにパーマをあて、爪はきれいに形を整え、エナメルを塗っていた。）

(29) 林正书出乎意料地回到家中，但浑身上下全是泥土，汗水把脸冲得一道一道（*一道道）的，一股汗酸味扑鼻而来。
（林正書は突然帰ってきた。全身泥だらけで、汗の跡が何本もこびりついて、むっとする汗臭さが鼻をついた。）

(30) 他又出现在战士们的眼前：头发掉得一块一块（*一块块）的，像"鬼剃头"。
（彼はまた兵士たちの目の前に現れた。頭髪があちこち抜け落ち、円形脱毛症のようである。）

(31) 只见他满身血肉模胡，不成人形了，裤子被撕得一条一条（?一条条）的，露着的半截光腿已经成了红色。
（ふと見ると、彼は全身血だるまになり、人の形は成していなかった。ズボン

はぼろぼろに引き裂かれ、剥き出しになった半分の足もすでに赤くなっていた。)

4.1で述べたように、"一CC"は"一C一C"と違って述語になれないのであるが、そのことに韻律的制約は関係がなかった。それと同じく、"一CC"が補語になりにくいことにも韻律的制約は関与しないと思われる。音節数が等しいにもかかわらず、形容詞の重ね型ABBと擬声語の重ね型ABBは様態補語になるからである。

(32) 他们这顿宵夜吃得热乎乎的。

(彼らはこの夜食を食べて、ぽかぽかしてきた。)

(33) 她摇摇头，短短的发髮儿拂在额上，幸好头发没湿，发丝被风吹得乱糟糟的。

(彼女が頭を横に振ると、短いカールが額にかかった。幸いにも髪は濡れなかったものの、風に吹かれてバサバサに乱れた。)

(34) 承重墙都敢拆，砸得轰隆隆的，我们在楼上感觉脚下直颤。　　　（百度）

(耐力壁まで取り壊すのか、衝撃でドードーンと音が響き、階上にいる私たちは足元がしきりに揺らぐのを感じた。)

(28)～(31)において"一CC"より"一C一C"のほうが補語にふさわしい理由は、インフォーマント調査により、描写対象の状態の差異に求めることができると考える。"一C一C"の描写対象は明瞭な輪郭をもち、鮮明な視覚的イメージが得られやすい状態にあるのに対し、"一CC"の描写対象は形状が不明瞭で、識別しにくく、ぼやけた状態にある。たとえば、(28)の"头发烫得一卷一卷的"では、パーマをあてた髪のくっきりした波形が脳裏に映じる。カールの一つ一つには明瞭な境目があり、高い解像度と生き生きとしたイメージが得られる。それに対し、"一卷卷的"と表現すると、パーマの波形がぼやけ、一つ一つのカールに区別のつかない状態が想起される。(29)の"一道一道"は汗の流れた跡を一筋一筋鮮やかに描き出しているが、"一道道"とすると個々の汗の跡のイメージはぼやける。(30)は"一块一块"を用いると、一つ一つの十円禿げの輪郭が際立ち、ビビッド感もあるが、"一块块"に換えると同様な効果は得られない。(31)の"一条一条"では、引き裂かれた一本一本の布切れがくっきりと見えてくるのに対して、"一条条"では個体の境

目が曖昧になる。このような違いこそ、様態補語の位置に"一CC"よりも"一C一C"のほうが現れやすい理由であろう。様態補語とは、文字通り、言及対象の様態を描写する文成分である。描写の実現において、明瞭さとビビッド感のある"一C一C"のほうが"一CC"よりふさわしいことは言うまでもない。

では、"一C一C"と"一CC"に上記のような差異が生じるはなぜか。本節の仮説に基づけば、以下のように説明することが可能である。

カメラで写真を撮るとき、焦点の置き方によって撮影範囲が変わり、被写体の明瞭さも変わる。もし特定の個体に焦点を合わせ、その輪郭や細部をより鮮明に撮影しようとすれば、撮影範囲を狭めなければならない。逆に、撮影範囲を広げ、多数の個体を一枚の写真に収めようとするなら、個体の明瞭さを確保することができなくなる。このような撮影範囲の大小は、原理的にTalmy（1988）の言う視点と相通ずる。"一CC"は巨視的視点を反映する統合的認知に対応し、全景的事態把握が行われるため、個体が無界に近く、輪郭は不鮮明である。それとは逆に、"一C一C"は微視的視点を反映する離散的認知に対応し、構成メンバーを個別に捉えるため、個体が有界となり、鮮明な輪郭を有する。

一方、連用修飾語の位置であれば、確かに宋玉柱（1978）が指摘するように、"一C一C"と"一CC"の両者が現れうる。

(35) a. 人们便一个一个陆续回去；……
（人々はそうして一人ずつ帰って行った）
b. 人们便一个个陆续回去；……
（人々はそうしてみんな続々と帰って行った）

しかし、両者の間には依然として差異が存在する。次の例を見られたい。

(36) 人们便一个一个（*一个个）陆续回去；一同回去，也不行的。 （(11)再掲）
（人々はそうして一人ずつ続いて帰って行った。一緒に帰ってもいけなかった。）

では、(36)はなぜ"一个个"では成立しないのか。その原因は、次のように説明できる。

"一个个"は巨視的視点をとっており、その関心は個体にではなく、集合

全体の状況把握にある。したがって、"一个个"が動作行為の修飾語になった場合、集合の構成メンバーのすべてがその動作行為を行うという認知作用が働く。つまり、"一个个陆续回去"は「みんな続々と帰って行った」ことを示し、数人連れ立って帰って行った可能性が高く、後続の"一同回去，也不行的"と明らかに衝突する。

これに対して、"一个一个"は微視的視点をとっており、集合の構成メンバーの一つ一つがプロファイルされて有界である。したがって、"一个一个"が動作行為の修飾語になった場合、集合の構成メンバー一つ一つがめいめいその動作行為を完了させなければならない。(36)の状況叙述に"一个一个"が選ばれた理由はそこにある。次の例では、逆に"一根一根"が適合しないが、その理由も同様に解釈できる。

(37) 说着就在床上坐下，弯过手臂，去挠后背，肋骨一根根（*一根一根）动着。
　　　　　　　　　　　　　　　　　　　　　　　　　　　　　　（阿城『棋王』）
（…と言いつつ、ベッドに腰を下ろし、腕を後ろに回して背中を掻いた。肋骨がそれにつれて動いていた。）

もし"一根一根动着"とすれば、肋骨の一本一本がそれぞれ単独で動いているというイメージになる。これは生きた人間のあばら骨にはあり得ないことである。背骨と胸骨に付いて胸郭を形成している以上、人間のあばら骨は必ず一体的な動きを見せ、巨視的視点のもとに捉えられるのが自然である。よって、その動きを修飾するのに"一根一根"はふさわしくなく、"一根根"でなければならない。

ところで、連体修飾語は、"一Ｃ一Ｃ"と"一ＣＣ"が比較的自由に出現しうる位置である。次の(38)と(39)が示す通り、両者の互換が認められる。

(38) 当时正是下班高峰，一辆辆（一辆一辆的）汽车开得老鹰一样又猛又快，好几次我不得不拉住她，才没被疾驶的车辆撞上。
（その時はちょうど夕方のラッシュアワーだった。何台もの〔一台一台の〕車はタカのように猛スピードで走っていた。何回も彼女を止めてあげないと、車にはねられるところだった。）

(39) 看见场上一堆堆（一堆一堆的）麦子，心里真高兴。
（穀物干し場にあるいくつもの〔一つ一つの〕小麦の山を見ると、心底うれし

くなった。)

　しかし、両者が喚起するイメージは異なる。㊳の"一辆辆"は認知の焦点を特定の個体に置かず、より大きな視点から走行中の多数の車を一度に視野に収めている。それに対し、"一辆一辆"は走行中の車が逐一知覚され、一台ずつ目に入ってくるようなイメージとなる。同じく、㊴の"一堆堆"は多くの小麦の山を一望のもとに捉えているが、"一堆一堆"は視点を移動しながら小麦の山を一つずつスキャニングしている。

　上記のほか、両者における個体の状態の相違はその構造にも現れていると考える。

　"一C一C"では被観察個体がそれぞれ有界であるため、分割可能な構造を有しているが、"一CC"では被観察個体が渾然一体となっており、不可分である。そのため、㊵～㊹が示すように、"一C"と"一C"の間には動詞や介詞の挿入が容認されるが、"一C"と"C"の間には容認されない。

㊵ 沿着屋子三面墙壁一张接一张（*一张接张）地摆着桌子，桌子上摆放着今年订阅的报纸和杂志。
　（部屋の三方の壁に沿って机が一つまた一つと並べてあり、机の上には今年とった新聞や雑誌が置いてある。）

㊶ 唐抓子天天装穷，一声接一声（*一声接声）地叹气。
　（唐抓子は毎日貧乏なふりをしていて、一声また一声とため息をついている。）

㊷ 丰饶的草地一片连一片（*一片连片），有10万头牛羊在这里也不愁吃的。
　（豊饒な草原が一つまた一つ〔どこまでも続き〕、10万頭の牛と羊がいても食む草の心配がない。）

㊸ 我曾3次访问中国，印象是一次比一次（*一次比次）好。
　（私はこれまでに三回中国を訪問したことがある。印象は一回また一回と〔回を追うごとに〕よくなっている。）

㊹ 她们出现在炎热的中午，就象初开的鲜花一样，一个赛一个（*一个赛个）的美丽。
　（彼女たちは暑い昼に現れた。みな咲いたばかりの花のようで、一人また一人と〔競うように〕美しい。）

さらに、"一C一C"にのみ見られる現象が二つある。一つはそれぞれの"C"の前に"大""小""整"などの形容詞をつけることができることである。

(45) 他吃肉不喜欢精切细脍，花样翻新，要吃肉，就得一大块一大块（*一大块大块）的吃。
(彼は細かく切り刻んだ、目新しい肉料理は好きではない。肉を食べるなら、大きなぶつ切りを一塊一塊食べなければだめだ。)

(46) 饭后上了茶，毛泽东用一个大杯子，一小口一小口（*一小口小口）地喝。
(食事の後、お茶が出た。毛沢東は大きな湯のみでちょびりちょびり飲んでいた。)

(47) 科长家里这几天正在装修房子，晚上一整夜一整夜（*一整夜整夜）地忙乎，白天还坚持上班。
(課長はここ数日家の内装工事をしている。夜になるとまる一晩まる一晩と〔何日も続けて〕ばたばたしたが、日中はそれでも頑張って出勤した。)

もう一つは、それぞれの"C"のあとに名詞を付け加えることができることである。

(48) 我的生活费用全靠我一个字一个字（*一个字个字）地写。
(私の生活費はすべて文字を一つ一つ書くことによって稼いだものだ。)

(49) 他每天要进出北京火车站四五次，还要一个车厢一个车厢（*一个车厢个车厢）地检查列车卫生和工作质量，过问乘务员的工作。
(彼は毎日北京駅を四、五回出入りしなければならず、さらに、一つの車両〔から〕一つの車両と列車の衛生状況やサービスの質をチェックし、乗務員の勤務内容も尋ねなければならなかった。)

(50) 你知道那种审查是非常严格的，一句话一句话（*一句话句话）必须像编了号的链条环节一般衔接上，不然就会送掉性命或挨顿毒打。
(ご存知のように、その取り調べは非常に厳しいものであった。話したことの一つ一つが番号のついたチェーンの輪のようにうまくつながらなければならない。さもないと、殺されるかひどく殴られるかのどちらかの羽目になった。)

(51) 厂长成自申说："这些效益都是一分钱一分钱（*一分钱分钱）地算出来的。"
(工場長の成自申は言った。「これらの利益はすべて金を一分一分計算して出て

きたものだ。」）

　こうした現象が発生する原因は、やはりそれぞれの認知モードに求めなければならないであろう。“一Ｃ一Ｃ”がその中に形容詞や名詞を挿入できるのは、離散型認知に対応し、観察対象となる個体が一つずつクローズアップされ、細かく観察されてゆくため、個体の形状について“大”や“小”などを感じたり、個体の中身を明確にしたりすることが可能になるからである。一方、“一ＣＣ”は個体に認知の焦点が当てられていないため、そうした挿入を認めないのである。

　ここまで“Ｃ”が単音節の場合について見てきたが、ここで二音節の場合についても見ることとする。

　二音節の借用量詞は“一Ｃ一Ｃ”は成立するが、“一ＣＣ”は成立しない。たとえば、“一桌子一桌子（的菜）”“一麻袋一麻袋（的粮食）”とは言えるが、“*一桌子桌子（的菜）”“*一麻袋麻袋（的粮食）”とは言えない。このような違いをもたらした要因として以下の二点が考えられる。

　Ⅰ　韻律上の制約。冯胜利（1996、1997）によれば、中国語の主たる韻律の単位は二音節（foot）か三音節（super-foot）である。したがって、四音節以上の形式であれば、一息に言うのではなく、二音節ないし三音節に切り分けて話すのが普通である。

　Ⅱ　意味上の制約。前述の通り、“一Ｃ一Ｃ”は意味的に分割可能な構造であるのに対し、“一ＣＣ”は意味的に一体として把握され、構造的に分割しにくい。

　“Ｃ”が二音節の場合、“一Ｃ一Ｃ”は“一桌子／一桌子”“一麻袋／一麻袋”のように分割することができ、韻律の単位と合致するため、成立可能である。“一ＣＣ”は“一桌子桌子”“一麻袋麻袋”のように分割できない五音節となり、韻律の単位と合致しないため、成立不可能である。

　なお、“人次”（延べ人数を数える）や“架次”（フライトの延べ数を数える）などのような二音節の複合量詞は“一Ｃ一Ｃ”も“一ＣＣ”も成立しない。それは，借用量詞とは別の理由による。第一節第３項の仮説で指摘したように、“一Ｃ一Ｃ”も“一ＣＣ”も話者の視覚的身体経験が言語化したものであり、視点そのものこそ異なるものの、両者ともに視覚的イメージを表現す

ることを旨としている。しかし、"架次""人次"などの複合量詞は他の量詞と違い、個体を指し示すことができず、視覚的イメージを喚起することもできない。そのため、"一CC"形式のみならず、"一C一C"形式すら構成できないのである。

4.3 "de"による有標化[5]

ここまで"一CC"と"一C一C"の意味上の差異について見てきたが、本項では助詞"de"との関わりを中心に、両形式の文法上の相違を明らかにしてみたい。

4.3.1 連体修飾語になる場合

刘月华等（1983：89）が指摘したように、"一CC"は名詞を直接修飾し、連体修飾語となる機能を有する。

(52) 他们的一张张唱片畅销世界。
（彼らの何枚ものレコードはすべて世界中でベストセラーとなった。）

(53) 一件件牛仔服"花"起来了。
（どのデニムジャケットもみんな華やかになってきた。）

一方、"一C一C"が名詞を修飾して連体修飾語となるときは、助詞"de"を付加しなければならない。

(54) 宮殿、厅堂的天花板上一块一块的装饰，多为方格形，有彩色图案。
（宮殿とホールの天井にある一枚一枚の装飾は、多くが四角形で、カラフルな図案が描かれている。）

(55) 小林便向老婆指了指一箱一箱的"可口可乐"，上边挂着一块牌子："大减价，一块九一听"。
（林さんはずらりと並んだコカコーラの箱を妻に指差して見せた。箱には「セール！1.9元/1缶」という札が掛かっていた。）

"一CC"と"一C一C"のこのような相違は、先行研究に見られる両形式同一説に反論する恰好の材料となるのだが、本項では事実の指摘にとどまらず、やはり本節第3項の仮説に基づいてこの現象に対する合理的な説明を試みたい。

沈家煊（1995）は、陆俭明（1988）の文法構造における数量詞の働きについての考察を踏まえ、"的"の文法機能の分析に「有界（bounded）」と「無界（unbounded）」という概念を新たに導入し、"的"の文法機能は無界の概念を有界の概念に変換するところにあると結論づけた。沈氏のこの結論は名詞を修飾する際に見られる"一CC""一C一C"と"de"の共起関係を解釈するのに有効である。既述のように、統合型認知により"一CC"として捉えられた集合は有界的全体であるため、有界を特徴とする名詞を修飾する場合も、その有界性が働き、改めて有界化機能をもつ"de"を付加することを必要としない。換言すれば、"一CC"にとって連体修飾は無標の文法機能である。"一CC"が"de"を伴う場合もなくはないが、"de"の付加によって文の意味構造に変化は起こらない。たとえば、

⑸6 母亲自始至终地低头剪着脚趾甲，还从脚掌上剪下一条条的硬皮。

（方方『风景』）

（母親はずっとうつむいて足の爪を切っていたが、ついでに足の裏の硬い皮も何枚も切り取った。）

なぜなら、"一CC"と名詞の両者が有界である以上、さらなる有界化は単なる修辞的強調に過ぎないからである。

　"一C一C"の場合は正反対の様相を呈する。離散型認知を通して把握された集合の構成メンバーの一つ一つは有界であるが、集合全体は背景化され無界的全体となっている。よって、有界である名詞を修飾するには、"de"を付加することによって、まず自らを有界化しなければならないのである。

4.3.2　連用修飾語になる場合

　刘月华等（1983：90）は、"一CC"が連用修飾語になる場合、助詞"de"の付加は任意であると指摘した。

⑸7 河底下淤泥的腥味，一股股（地）泛上来。　　　（莫言『红高粱』）

（川底に堆積した汚泥の生臭い匂いが、いく筋も湧き上がってきた。）

⑸8 服务员很快上齐了冷拼，又开始一道道（地）传热炒。　（王朔『顽主』）

（ウエートレスは手早く前菜をテーブルに並べてから、炒め物を次々と運び始めた。）

⑸⑼ 村民将需要出售的瓜豆蔬菜等，都一把把（地）扎好，叠在篮子或篓内，并在旁边挂置一个竹筒。
（村人は売ろうとする瓜、豆、野菜などを次々束ねて、手提げかごや背負いかごの中に重ねて、その横に竹筒も一つ掛け置いた。）

また、"一C一C" が連用修飾語になる場合も、"de" の付加は任意であるとしている。

⑹⑽ 一个一个（地）翻弄（一つ一つもてあそぶ）
一步一步（地）走过来（一歩一歩近寄ってくる）
一件一件（地）搓（一着一着洗う）

4.3.1の連体修飾語になる場合と併せて見ると、"一CC" の後の "de" はいずれも非強制的であるが、"一C一C" では異なる。連体修飾語で "de" が必須であるのに対し、連用修飾語では任意になっている。この問題を解明するには、名詞と動詞の異なる意味的特徴に言及しなければならない。

名詞は人類が空間における事物を認知した結果だとすれば、動詞は時間における動作行為を認知した結果だと言える。石毓智（2001：309）は名詞と動詞、および形容詞のそうした特徴を次のような表にまとめた。

表1：名詞、動詞、形容詞の数量的特徴

	名詞	動詞	形容詞
離散量	＋	＋	－
連続量	－	＋	＋

この表で石氏は「離散量」「連続量」という術語を用いているが、それについて沈家煊（1995）は「石氏が用いた〈離散〉と〈連続〉という二つの術語は、われわれの〈有界〉と〈無界〉の区分と完全に一致している」と述べている。動詞の表す動作行為は、外部から見れば、時間軸に開始点と終結点を有し「離散」的に捉えられるが、内部から見ると、間断なく展開するプロセスが続いていくゆえ、「連続」的に捉えられる。即ち、動詞は有界性と無界性の両面を併せもっているということである。

"一C一C" が連用修飾語になる場合、"de" の付加が任意であるのは、上記のような動詞の特徴に対し、"de" の有無によって有界性と無界性の調

節を行うためと考えられる。比較されたい。

(61) 我去告诉你妈妈！（一块一块／一块一块地）买糖，还外带着挤鼻子弄眼睛，你自己不害臊吗？齐凌云回家去问问你姐姐，你应当这样不应当！
（お母さんに言いつけてやる。一つ〔また〕一つ〔と〕飴を買い、ふざけた表情までしてみせるなんて、恥ずかしくないの？斉凌雲、家に帰ってお姉さんに聞いてみなよ、そんなことでいいのかどうか！）

"地"を付加しない"一块一块买糖"は、飴を一つまた一つと買い続け、貪欲で飽くことを知らないというニュアンスをもつ。即ち、終わりがなくいつまでも続いていく動的持続性、石氏の用いる「連続」、無界性が読み取れる。それに対して、"地"を付加する"一块一块地买糖"は、主に「一個ずつ飴を買う」という購買行為の方式として理解される。一定量まとめて買うという普通の買い方をせず、わざと一個ずつ買うといういたずらっぽい買い方をするとの読みが優先されるのである。即ち、集合としての動的持続性がキャンセルされ、「離散」、"一块一块"における個体"一块"の有界性に認知の焦点が当てられる。同様な違いは次の例にも現れている。

(62) 一位农民拿着厚厚一摞 50 元面值的钞票，（一张一张／一张一张地）数起来。
（一人の農民が分厚い 50 元札の束をもち、一枚一枚数え始めた。）

"一张一张数起来"は、お札を数え続けるというイメージが喚起され、集合の無界性を表し、"一张一张地数起来"は、お札を一枚ずつ数え、真剣に丁寧に金を扱っているイメージが喚起され、個体の有界性を表す。

以上のことから、"地"も、沈家煊（1995）の"的"についての結論と同様、無界の概念を有界に変える文法機能を備えていると言うことができよう。

4.3.3 述語と補語になる場合

第一節 4.2 で指摘したように、"一CC"は述語と補語になれないが、"一C一C"はそのどちらにもなることができる。ただし、"一C一C"が述語と補語の位置に出現した場合、そこで文を収束させるには、"的"を付加することが必要である。

(63) 钱多着呢，一堆一堆的。

(お金はたくさんあるよ、〔積まれて〕一山一山だ。)

(64) 这种女的天安门那儿一帮一帮的。
(このような女は天安門広場のあたりには、〔たむろして〕一組一組だ。)

(65) 我们也不再客气了，便把对方的盆和桶抢过来向对方回敬，以致把许多妇女脸上的脂粉都冲得一道一道的。
(私たちももう遠慮することはしないで、相手のたらいや桶を奪って水を掛け返し、多くの女性の顔の化粧が流されて、〔化粧の跡が〕一筋一筋だ。)

(66) 我也不知道什么时候起脸很红。很多年了，那时家人还认为是营养好有血色。但是现在细看红得一片一片的。　　　　　　　　　　　（百度）
(いつのころからか私も分からないが、顔色がずっと赤かった。もう数年にもなる。家の者は最初栄養状態がよくて、血色がいいのだと思っていた。しかし、いまはよく見てみると、〔赤くなって〕一塊一塊だ。)

"的"が付加されず、"一C一C"のみであれば、文は収束せず、後続の表現が必要になる。

(67) 到了牛津街，街上的汽车东往西来的，一串一串，你顶着我，我挤着你。
(オックスフォード通りに着くと、街中車が行き交い、一つながり一つながり、押し合い圧し合いしている。)

(68) 他的嘴唇上留了一转淡青的须毛毛，看起来好细致，好柔软，一根一根，全是乖乖的倒向两旁，很逗人爱，嫩相得很。
(彼の唇の上にはカールした淡い色のひげをたくわえている。見たところ、手入れがよく、いかにも柔らかく、一本一本、大人しく両側になびき、愛らしく、初々しい。)

(69) 她把脸上的胭脂一齐洗去，又把身上穿的一件锦绣旗袍扯得一片一片，和蝴蝶一般；又翻身跪在他丈夫跟前，呜呜咽咽地哭个不住。
(彼女はすっかり化粧を洗い落とし、着ていた豪華なチャイナドレスをずたずたに破って、まるで蝶のような姿で、夫の前で跪いてオンオンと泣き続けていた。)

この現象に関しても、本節の仮説に基づいて解釈することが可能である。"一C一C"は"一CC"と異なり、微視的視点を通して個体の一つ一つを逐一捉える離散型認知のモードに対応している。よって、認知は動的持続性

を特徴とし、終結点をもたない。述語および補語として用いられた"一Ｃ一Ｃ"がそれ自身で文を言い切ることができないのは、終結点を有しないからである。終結点をもつ表現にしようとすれば、無界の概念を有界に変える"的"の付加が求められる。

4.4 イコン性の角度から

従来、"一Ｃ一Ｃ"と"一ＣＣ"が等価であると見なす先行研究は少なくはなかった。その説が成り立つには、両形式における"一"が同じ意味合いを具有していることがその前提となっているはずだ。しかしながら、次に示す言語事実から、そうした前提は成立しないことが明らかになってくる。

(70) 一个一个　　　一个个
　　 两个两个　　　*两个个
　　 三个三个　　　*三个个
　　　　⋮　　　　　　⋮

"一Ｃ一Ｃ"のほかに、"两Ｃ两Ｃ""三Ｃ三Ｃ"などの形式もあり得る。これは、"一Ｃ一Ｃ"が自然数のカテゴリーに属し、"一"は対比項として出現可能な数値(たとえば"三""五"など)と対立する自然数であり、計数機能を有しているからである。一方、"一ＣＣ"における"一"には対立する数値が存在せず、計数機能も存在しない。"一ＣＣ"における"一"は"一Ｃ一Ｃ"における"一"とは異質のものであると考えたほうがよい[6]。

なぜこのように同じ"一"が表現形式の違いによって異なる機能をもつのか。このことは言葉の形式と意味がどういう関係にあるかをわれわれに考えさせる上で極めて示唆的である。ここではイコン性の角度からこの問題を考えてみたい[7]。

言語の形式構造と意味構造は対応関係にあると見なすイコン性概念が確立して以来、従来の言語研究において無視されてきた等位的な縮約表現や重複表現[8]の表す意味が研究者の関心を集めるようになった。Haiman (1983)には以下の二例に対する比較が見られた。

(71) a. red ribbons and white ribbons
　　　 (赤のリボンと白のリボン)

b. red and white ribbons
　　　　（赤と白のリボン）

　表面的には、(71b) は重複を避けるために採用された (71a) の縮約形式のように見えるが、実際のところ、意味的に両者はかなり異なっている。(71a) は赤い色のリボンと白い色のリボンがそれぞれ存在している状態を表しているのに対して、(71b) では赤と白の二種類の色が同じリボンに染め分けてある可能性が大きいと、Haiman は言う。また、Bolinger (1977：7) にも同様の解釈が見られる。

(72) a. the ability to read and to write letters （= a reading ability plus a letter-writing ability）
　　　　（読む能力と書く能力）
　　　b. the ability to read and write letters （= a letter reading-and-writing ability）
　　　　（読み書き能力）

　(72a) は読む能力と書く能力を分けて見ているが、(72b) は読み書きの能力を一体的に見ているというのが Bolinger の分析である。

　さらに、Haiman (1983) は英語以外の様々な言語への考察を通して、等位的縮約表現と重複表現がそれぞれ異なる概念構造に対応しているのは、英語に限らず人類の言語に広く共通する現象であると指摘している。

　イコン性概念に基づき、山梨 (1995：137) は時空関係に関する表現原理を導き出した。そのうち空間関係の表現原理を以下に引く。

空間関係の表現原理：対象物の配置関係をできる限り直接的に反映する形で表現する。

$$\underline{\Phi(x) \cdot \Phi(y) \cdot \Phi(z) \cdots} \quad | \quad \underline{\Phi(x \cdot y \cdot z \cdots)}$$
　　　　〈個別的〉　　　　　　　　〈グループ的〉

　この空間関係表現原理と中国語における数量詞の二種類の重ね型の一致に注目してほしい。Φ を "一" に、括弧の中の構成メンバーを "C" に置き換えると、"一C一C" と「個別的」が、"一CC" と「グループ的」が表現形

式的にまったく同じである。朱德熙（1985：4）が指摘した通り、中国語における句の構成ルールは文のそれと基本的に一致している。それゆえ、(71)(72)のように英語において構文レベルで反映される空間関係の表現原理が、中国語においては直観的に数量詞の重ね型の対立に見出されるのである。

　ここで本節の仮説によれば"一C一C"と"一CC"は根本的に異なったものである。前者は微視的視点を取り離散型認知を行うが、後者は巨視的視点から観察対象を捉え統合型認知を行う。このような差異は空間関係の表現原理という角度からも検証が可能である。"一C一C"が重複の形を取るのは、「個別的」で離散的な認知に基づくからであり、"一CC"が縮約化された表現形式を取るのは、「グループ的」で統合的な認知に基づくからである。その背後にはイコン性が大きく働いていることを見逃してはならない。イコン性は本節の仮説を強く支持するばかりではなく、数量詞がなぜ"一C一C""一CC"の形で重畳されなければならないかを説明しうる有力な理論的根拠にもなる。つまるところ、"一C一C"と"一CC"は単なる数量詞の二種類の重ね型であると見なすよりも、中国語における空間関係の表現原理そのものであると理解すべきであろう。

5　結　び

　本節は従来の研究とは異なり、Talmy（1988）の視点の理論を踏まえて数量詞の重ね型"一CC"と"一C一C"に対する分析を試みた。両形式の意味機能、文法機能、認知パターンに対する全面的な考察を通して、"一CC"は複数の個体からなる集合を巨視的に捉え、統合的に認知する表現形式であり、"一C一C"は微視的に捉え、離散的に認知する表現形式であるという仮説が言語事実に合致することをここまで論じてきた。

　数量詞の重ね型がこのような認知パターンを反映している以上、数量詞以外の重ね型に同様な認知パターンが反映していないとは考えにくい。特に、両形式自体が空間関係の表現原理であるという点は、他の重ね型とその意味を分析する際の手がかりとなる可能性が極めて高いと考える。

注

1) 量詞の下位分類とその用語について、本節は劉月華等（1983）に従う。なお、複合量詞（"人次""架次"など）は重ね型を構成することができず、"*一人次一人次""*一人次人次"はどちらも言えない。また、"C"が二音節借用量詞の場合、"一C一C"は成立するが、"一CC"は成立しない。たとえば"一袋一袋～一袋袋"と"一麻袋一麻袋～*一麻袋麻袋"。詳細は本節 4.2 を参照されたい。

2) 統合型認知と離散型認知という概念は山梨（1995）を参照し、概念図は Langacker（1991：24, Fig.1.3）をベースに修正を行った。

3) 複数の個体からなる集合を対象として描写する場合、集合量詞を用いることもできる。たとえば、"一个一个的孩子"と"一个个孩子"以外に"一群孩子"という表現もある。ただし、"一群"は個体としての"孩子"のイメージを喚起せず、"孩子"は背景化している。これとは対照的に、"一C一C"と"一CC"では"孩子"の個体としての存在が感じられ、その存在を認めた上での対立を成している。

4) 宋玉柱（1978）は"一CC"が述語になった例として次の例を挙げている。

这樱花，一堆堆，一层层，花像云海似地，在朝阳下绯红万顷，溢彩流光。

（桜は、何個にも何層にもかたまって、雲海のようで、朝日に照らされ真っ赤に広がり、きらきらと輝いている。）

『现代汉语语法论集』（宋玉柱 1996）に収められた同論文にはもう一例加えられた。

……枝丫搭着枝丫，叶子覆着叶子，一层层，一片片，红绿相间，绿橙交错，真是绚丽至极。"

（枝と枝が連なり、葉と葉が重なり、何層も何枚も、赤と緑がまざり、緑と橙がまじり、きらびやかこの上ない）。

しかし、この二例の"一CC"はどちらも対挙形式を採用しており、単独で述語になったものではない。対挙形式を取れば、本来単独で使えない文法単位が使用可能になることがある（鈴木〔慶〕2001）。したがって、上記二例は"一CC"が単独で述語になることを証明したことにはならないと考える。

5) 本節は助詞の"的"と"地"の意味機能に同一性を見出した沈家煊（1999：291-296）と石毓智（2000：45-70）に同意する。

6) "一CC"における"一"は「渾然一体」の意味を表すと考えられる。詳しくは袁毓林（2004）を参照。

7) 最初にイコン性の概念を中国語の研究に導入したのは Tai, James H-Y.（1993）

である。同論文は中国語の重ね型に関する動機づけ（reduplication motivation）を指摘し、中国語の重ね型にイコン性を見出したが、数量詞の重ね型の認知的差異については語っていない。

8) 重複構造から等位構造への縮約を実現するための変換操作について、Chomsky (1957) は次のように説明する。

"One of the most productive processes for forming new sentences is the process of conjunction. If we have two sentences Z + X + W and Z + Y + W, and if X and Y are actually constituents of these sentences, we can generally form a new sentence Z - Y + and + Y - W." (ibid.：35)

"If S_1 and S_2 are grammatical sentences, and S_1 differs from S_2 only in that X appears in S_1 where Y appears in S_2 (i.e. S = X and S_2 = Y), and X and Y are constituents of the same type in S_1 and S_2, respectively, then S_3 is a sentence. Where S_3 is the result of replacing X by X + and + Y in S_1 (i.e. S_3 = X + and + Y)." (ibid.：36)

インフォーマント

A：男性、47歳、河南省出身。B：女性、38歳、遼寧省出身。C：女性、51歳、北京出身。D：男性、26歳、遼寧省出身。E：女性、28歳、天津出身。

第二節　量詞重ね型"CC"の認知モード

1　はじめに

　量詞の重ね型"CC"は主語の位置によく現れ、"个个都是英雄好汉"（誰も彼もみんな英雄である）のような例が多い。このため、先行研究は"CC"に対する考察を主語の範囲内に限定する傾向にあり、Chao（1968：202）、朱德熙（1982b：26）はその代表的なものである[1]。

　こうした流れの中で、陆俭明（1986）が"CC"を主語とする文を"周遍性主语句"（逐一該当性主語文）と呼び始めて以来、"CC"は"周遍性"（集合内の全メンバーが該当する）を表すというのがほぼ定説となった。石毓智（2001：170）、张敏（2001）、杨雪梅（2002）、杨凯荣（2003）といった近年

の研究のほとんどはこの説を踏襲している。

　だが、以下の言語事実が示すように、"CC"の分布は主語の位置に限らない。"盏盏"は(1)で主語、(2)で述語、(3)で連体修飾語となっている[2]。

(1) 120 盏 9 米高的路灯，盏盏都像精致的艺术品。

（『解放日報』2011 年 6 月 4 日）

　　（120 基の高さ 9 メートルの街灯は、どれもが精巧な芸術品のようだ。）

(2) 幸好周围橘黄色的华灯盏盏，为她的眼睛映出点点暖色。

（李宇明 2000b：339 例）

　　（幸い周りにオレンジ色の灯りが点在し、彼女の瞳にいくつもの温かい色を映し出した。）

(3) 这一切，是我童年生活道路上的盏盏灯火！　　（『读者』2004 年 23 期 50 頁）

　　（これらすべてが、私の幼年時代の道にともった数々の灯火だった。）

　量詞の重ね型が主語でない位置にも現れうることを指摘した先行研究も見られる。刘月华等（1983：89）、李宇明（2000b：337）などがそうである。ただ、そのいずれも主語の位置の"CC"とそれ以外の位置の"CC"を無関係なものとして扱ったため、"CC"に対する統一的な見解を示すには至らなかった。こうした事情を踏まえつつ、本節は認知言語学の視点から"CC"に関する統一的な解釈を試みたい。

2　統合型認知と離散型認知

　従来、数量詞の重ね型"一CC"と"一C一C"は主に同一形式として扱われてきた（宋玉柱 1978、刘月华等 1983：89、李宇明 2000b：337、杨雪梅 2002）。先行研究の中で郑远汉（2001）と楊凱栄（2006）は両者を異なるものとしているが、両者の相違については明確に語っていない。それに対し、張恒悦（2007）は以下のように論を展開した（第三章第一節第 3 項を参照）。

　"一CC"（たとえば"一个个"）は統合型認知に対応し、複数の個体からなる集合に対して巨視的視点（a steady-state long-range perspective point with global scope of attention）によるスキャニングを行う。全景的視点のもとにスキャニングが行われるゆえ、その焦点は集合のある特定の

個体にではなく、集合全体の状態に置かれる。

"一C一C"（たとえば"一个一个"）は離散型認知に対応し、複数の個体からなる集合に対して微視的視点（a moving close-up perspective point with local scope of attention）によるスキャニングを行う。構成メンバーの一つ一つに焦点が置かれるため、各個体が前景化し、認知は統合的ではなく、離散的になされる。

上記のような認識に基づけば、"一CC"と"一C一C"の相違を合理的に説明することができる。

(4) 苏联的工人阶级，一个个（*一个一个）都是国家的主人，不管什么事儿，没有他们举手都是通不过的。　　　　　　　　　　（陆文夫『美食家』）
（ソビエトの労働者階級はすべて国の主人公だ。彼らの挙手がなければ、何事も採択されることはない。）

(5) 田索梯一条一条（*一条条），头头是道。　　　　　　（第一節(15)再掲）
（田索梯は一項一項〔指摘し〕、筋道がちゃんと立っていた。）

(4)において"一个个"から"一个一个"への置き換えは容認されない。後続の"都"は"工人阶级"を統括し、"他们"はそれと照応する人称代名詞である。これらの要素を総合すれば、この文脈において"工人阶级"が一まとまりとして捉えられているのが分かる。集合全体に焦点を当てたこうした文脈では、巨視的視点によるスキャニングを行う"一CC"が要請される。逆に、(5)では"一条一条"が適切である。(5)は"头头是道"という後続文から分かるように、田索梯がしゃべり続けている場面を描く文脈である。離散的認知を特徴とする"一C一C"は時間軸に沿って個体を順次に捉えていくため、動的イメージが生成され、同時に持続的意味合いも生み出される。これが"一条一条"を統合型認知モードに対応する"一条条"で代替することができない理由である。

こうした言語事実は、"一CC"と"一C一C"が他の言語現象と同じくイコン性の表現原理——言語の形式的特徴はその概念構造（conceptual structure）と対応する——に則っていることを示し、"一C一C"における二つ目の"一"を自由に省略することができるとの従来の説に異論を呈するものである。さらに、これが数量詞の重ね型だけではなく、中国語における

重ね型全体のメカニズムを解明していく手がかりにもなるように思われる。
　"一CC"と"一C一C"を比較すれば分かることであるが、二つの"C"が一つの"一"を共有する前者の不均衡な構造に対し、二つの"C"がそれぞれ一つの"一"をもつ後者は構造的に均衡がとれている。形式的に均衡がとれているという点から言うと、"CC"は"一C一C"に似ている。そこで、意味的にも"CC"と"一C一C"の間に類似点があるだろうという予測に基づき、本節は次のような仮説を立てる。

　　仮説　"CC"は離散的認知スキーマに基づく言語形式である。"CC"の認知パターンは"一C一C"に類似し、統合型認知スキーマに基づく"一CC"とは対立する。

3　"CC"と"一CC"の認知的差異

　上述の仮説では"CC"と"一C一C"が同じ種類にまとめられているが、従来の研究ではむしろ"CC"と"一CC"との関係がより重要視されていた。たとえば、李宇明（2000b：334）は主語の位置にある"CC"と"一CC"がともに"周遍性"を表すとしている。この指摘に関しては二つの疑問点がある。
　まず"周遍性"という術語の理解についてである。本節の冒頭で述べたように、"周遍性"という術語は陸倹明氏が1986年に発表した論文「周遍性主語句及其他」によるものであるが、論文の意図が構文の意味を考察することにあったため、"周遍性"が構文義であることは明らかである。ところが、李宇明（2000b：335）などにおける"周遍"は量詞の重ね型"CC"自体の意味を指している。よって、構文義と文成分の意味とを混同してしまう方法論上の問題があった可能性がある。陸倹明（1986）の分析によれば、"一个人也不休息"（一人も休もうとしない）における"一个人"は典型例な"周遍性主語"であるが、もし「構文の意味＝文成分」の意味という方法論が成立するならば、"一个人"自体に"周遍性"を表す機能が存在することになる。
　二つ目は、"CC"と"一CC"を同一視することについてである。"CC"と"一CC"が主語になる場合、互いに置き換えが可能である。

(6) 镇上亲友们听到罗先生的叙述，个个（一个个）伸出援助之手，帮助解决这个难题。
　　（町の親戚や友達は羅さんの話を聞くと、この問題を解決すべく誰もが〔次々と〕救いの手を差し伸べた。）

しかし、この互換は意味的に等価なものではない。"个个"は町の親戚と友人が全員例外なく羅さんを助けようとするという状況を伝えている。それに対し、"一个个"は必ずしも親戚と友人の全員が羅さんに援助の手を差し伸べたとは限らない。羅さんを助けようとしなかった人がいたにしても "一个个"は使用可能である。杨凯荣（2003）は "CC"の機能を「集合における個々の構成メンバーに対するスキャニング（sequential scanning）」としている。これは本節の分析を支持する。

次の例において"个个"を"一个个"に置き換えることはできない。

(7) 鸡瘟还有救，灌一点胡椒、香油，能保住几只。鸭，一个摇头，个个（*一个个）摇头，不大一会，都不动了。
　　（鶏の伝染病はまだ救いようがある。少し胡椒や胡麻油を食べさせれば、何羽かは死なずに済む。アヒルだと、一羽が頭を横に振ると、すべてのアヒルが頭を横に振り、あっという間にみんな死んでしまう。）

なぜかと言うと、"个个"は離散的認知の特徴を有しており、話者は認知のフォーカスを移動させながら個体を逐一観察するため、個体の状態や性質について百パーセント確認することができるが、"一个个"は統合型認知を反映し、話者は個体への関心を寄せず、集合を一体として捉えた結果、個々の個体の状態や性質について百パーセント確認しているとは言い切れないからである。

杨雪梅（2002）は "CC"と"一CC"の混同に注意を喚起したが、力点はそのどちらが"周遍性"を表すかに置かれた。同論文は陆俭明（1986）によって示された"周遍性主语句"であるかどうかを判断する三つの基準をもとに、次のような言語現象を指摘する。

Ⅰ　"一个个"が主語となる文では、ストレスは述語に置かれるが、"个个"が主語になる文では主語自体にストレスが置かれる。
　　火箭专家们一个个▽愁容满面。

（ロケットの専門家たちはみんな浮かぬ顔をしている。）

火箭专家们▽个个愁容满面。

（ロケットの専門家たちは誰も彼も浮かぬ顔をしている。）

Ⅱ 反復疑問文において、"是不是"は主語となる"一个个"の前に置いてもよいし後に置いてもよいが、"个个"の場合は前にしか置けない。

火箭专家们<u>是不是</u>一个个愁容满面？～火箭专家们一个个<u>是不是</u>愁容满面？

（ロケットの専門家たちはみんな浮かぬ顔をしているかいないか。）

火箭专家们<u>是不是</u>个个愁容满面？～*火箭专家们个个<u>是不是</u>愁容满面？

（ロケットの専門家たちは誰も彼も浮かぬ顔をしているかいないか。）

Ⅲ 主従複文において、接続詞は従属節の主語となる"一个个"の前に置いてもよいし後に置いてもよいが、"个个"の場合は前にしか置けない。

火箭专家们<u>虽然</u>一个个愁容满面，……～火箭专家们一个个<u>虽然</u>愁容满面，……

（ロケットの専門家たちはみんな浮かぬ顔をしているとはいえ、…）

火箭专家们<u>虽然</u>个个愁容满面，……～*火箭专家们个个<u>虽然</u>愁容满面，……

（ロケットの専門家たちは誰も彼も浮かぬ顔をしているとはいえ、…）

本節はすでに"CC"も"一CC"もそれ自体が"周遍性"を表すことはないことを検証してきたので、そのどちらが"周遍性"を表すかをめぐって書かれた杨雪梅（2002）の主旨には同意できないが、論文で挙げられた言語現象が何を物語っているかについて考えることは無意味ではないと考える。Ⅰについて本節第5項において詳しく論じる。ⅡとⅢは実際は同じことを言っている。即ち、"一CC"と"CC"は述部に対する依存度が異なるということである。前者は述部から独立できるが、後者にはそうした独立性がない。この独立性の有無は両者の認知モードの異同と関係している。統合型認知に基づく"一CC"はそれが依拠する集合が有界であるため、おのずと意味上の独立性を獲得するが、離散的認知に基づく"CC"は、集合構成メンバーに対して個別にスキャニングを行っていくため、集合自体は逆に無界の状態を呈する。したがって、"CC"は述部から独立しにくく、述部と組み合わさ

れて初めて明確な意味を表すようになるのである。

　"CC"が述語になる場合、"一CC"に置き換えることはできない。

(8) 少年时代，一部《水浒传》陪伴我度过了无数个漫长的夜晚。芦苇荡微风吹过，长空中雁声阵阵（*一阵阵），水泊里鱼翔浅底……浩渺的水泊梁山深深地印在少年的记忆中。　　　　　　（徐江善『中国，车祸之痛』）
(少年時代、『水滸伝』は私の数え切れないほどの夜長に付き添ってくれた。アシの生い茂った水辺にそよ風が吹き、空に雁の鳴き声が響いては消え響いては消え、水の中を魚たちが泳ぎまわる…茫洋たる水郷梁山は深く少年の記憶に刻まれた。)

(9) 今天上午，北京市少年宫内鼓号声声（*一声声），一片欢声笑语。
(今日の午前、北京市少年宮は太鼓やチャルメラの音が絶えず、楽しそうな笑い声に包まれていた。)

(10) 幸好周围橘黄色的华灯盏盏（*一盏盏），为她的眼睛映出点点暖色。
　　　　　　　　　　　　　　　　　　　　　　　　　　　　((2)再揭)
(幸い周りにオレンジ色の灯りが点在し、彼女の瞳にいくつもの温かい色を映し出した。)

(11) 由于月亮正待上来，穹苍中也还留着一点暮色的余晖，浮云朵朵（*一朵朵），在天空构成了一种乳白色的圆顶，一线微光从那顶上反照下来。
(ちょうど月が昇る前で、蒼穹にもまだ少し残照が残っている。浮雲があちこちに漂って、空に乳白色のドームを作り、一筋の光がそこから反射して地上に降りてきた。)

　"一CC"が述語になれないのは、つまるところ、それが名詞に似通った静態性を有しているからであり、認知的視点からすれば、"一CC"は統合型認知に基づき、静的に対象を把握しているからである。それとは逆に、"CC"は離散的認知に基づき、個体を逐一観察することから動態性が生まれ、その動的持続性が"CC"に述語となる可能性をもたせるのである。実際、(8)の"阵阵"は雁の鳴き声が頻りに聞こえ、持続的に伝わってくることを描写しており、(9)における"声声"は太鼓やチャルメラの音がしきりに聞こえる状態を表現する。(10)の"盏盏"と(11)の"朵朵"は"华灯"と"浮云"が話者の視点の移動につれて空間的な拡張を続けていく状態を描いている。

連体修飾語の位置に現れる"CC"も離散的認知の特徴を示している。

⑿ 昔日的荒山，今天已经变成了层层（一层层）梯田。
（昔の荒れ山が、今では何段もの棚田となっている。）

⒀ 郝和平望着周围重重（一重重）山峦中郁郁葱葱的树木，不禁感叹道："这大片大片的树木，是前南峪人用双手一棵一棵栽出来的，花费了多少心血！……"
（郝和平は周囲の山また山に青々と茂る樹木を眺めながら、思わず感嘆の声を上げた。「この大きく広がった一塊一塊の林は、前南峪の人たちが一本一本植えてできたものだ。どれだけの心血を注いだのだろう…」）

⑿は"层层"を"一层层"に置き換えても成立する。しかし、両者の意味に違いがないわけでもない。"层层"は棚田が果てしなく何段も重なるイメージを喚起する。それは離散的認知によってであり、話者が認知焦点を移動しているからである。一方、"一层层"は話者が棚田の全景を見渡し一望に収めることを表すため、持続性をもたない。⒀も"重重"を"一重重"に置き換えても成立するが、"一重重"は広く山々を眺めて全景を静的に描いたものであるのに対し、"重重"は周囲の山々を逐一目で追っていく過程を描いたものである。

4 離散的認知の速度

ここまで"CC"と"一CC"の違いについて様々な角度から考察してきたが、"CC"と"一C一C"がどう異なるかという問題は依然として残っている。本項ではこの問題を考えてみたい。

離散的認知において、話者は対象を逐一観察し、それぞれに対し焦点を能動的に合わせていくことができるのだが、話者には焦点を移動させる速度を調節することも可能である。よって、離散的認知においては、認知速度に差が生じても不思議ではない。本項は「概念距離原則（The principle of conceptual distance）」に基づき[3]、"CC"が"一C一C"より形式的に小さいことを以て、認知速度上、"CC"のほうが"一C一C"より速いと推論し、第2項の仮説を以下のように修正する。

修正仮説 "CC" は離散的認知スキーマを反映し、統合型認知スキーマを反映する "一CC" と対立すると同時に、同じく離散的認知スキーマを反映する "一C一C" とも認知の速度の面で相違する。"CC" が反映する離散的認知は高速で進行するため、これを「高速離散型認知」と呼ぶ。

徐連祥（2002）は動詞の重ね型 "VV" と "V一V" の語用論的相違について次のようにまとめている（括弧内は筆者）。

I 焦りや苛立ちを表す文脈においては、"V一V" より "VV" のほうがふさわしい。

让我看看（[?]看一看），你伤在哪儿？

（私にちょっと見せて、どこを怪我したの。）

II 気軽な行為に対しては "VV" がふさわしく、慎重な行動に対しては "V一V" がふさわしい。

周仲伟很满意地搓搓（[?]搓一搓）手，也哈哈大笑。

（周仲偉も満足げに手を擦り合わせて、ハハと笑った。）

III ひそかに事を進める文脈においては "VV" がふさわしく、悠揚迫らず事を進める文脈においては "V一V" がふさわしい。

说着话，他偷眼看看（[?]看一看）林道静。

（話をしながら、彼はちらっと林道静を盗み見た。）

IV 断定的な語気を表す文脈においては "V一V" がふさわしく、非断定的な文脈においては "VV" がふさわしい。

明天我给你当当（[?]当一当）说客，说得转就转，说不转你自己还当单身汉！

（明日君のためにまあちょっと話をしてみるよ、うまくいけばいいが、だめだったら、君は独身生活を続けるしかないね。）

以上の四点を抽象化しようとすれば、認知の速度がその鍵となる。焦りや苛立ちを表す文脈やひそかに事を進める文脈では、心理的緊張感を反映して認知の速度を速めるのが自然な成り行きである。また、気軽に事を進める場合も、任意性や随意性が優先されるため、その際の言語行為は、慎重に物事を行う場合のややもすると遅くなりがちな認知速度とはマッチしない。非断

定的な文脈とは異なり、断定的な語気を表す文脈において認知がなされる場合は、より長い時間をかけた判断が要求される。"VV"の間に"一"を挿入する必要が生じてきた所以はそこにある。この現象は、現代中国語の重ね型における"一"の有無にも認知速度の相違が反映されているという本節の仮説を側面から支持する。

5 "CC"と"一C一C"の認知的差異

次の例を比較されたい。

⑭ 刚染过的头发看上去一片乌黑青黛，但它们的根部又齐刷刷冒出一茬雪白。任你去怎样染，去遮盖，它还是茬茬（一茬一茬）涌现。

（『读者』2004年23期）

（染めたばかりの髪の毛は真っ黒に見えるが、すぐに白髪が下から一斉に生えてくる。いくら染めて隠そうとしても、白髪は次々と〔次から次へと〕現れてくる。）

⑮ 从飞机上往下望去，就如同一个硕大的玉盆一样，盆底下面还有缕缕（一缕一缕的）青烟冒出。

（飛行機から見下ろすと、巨大な玉の盆のように見え、盆の底から黒煙が一筋一筋と立ち上っている。）

⑯ 随着黄昏吹来的风，飘过来一阵一阵（阵阵）的花香。

（『读者』2004年23期）

（黄昏の風に乗って花の香りがひとしきりまたひとしきりと漂ってくる。）

⑰ 电话铃一声一声（声声）鸣叫着，她就是不接。

（電話がひっきりなしに鳴っているが、彼女はどうしても受話器を取らない。）

⑭の"茬茬"を"一茬一茬"に換えれば、イメージ的に白髪の生えるペースが落ちてくる。同じく、⑮の"缕缕"を"一缕一缕"に換えれば、黒煙の出る速度が比較的緩やかになる。一方、⑯の"一阵一阵"を"阵阵"に換えれば、花の香りが漂ってくるテンポが速まり、⑰の"一声一声"を"声声"に換えれば、電話のベルがより速く、より喧しく鳴り響く様子がイメージされる。また、慣用表現の"祝你步步高升"（早く出世なさるよう祈ります）を"祝

你一歩一歩高升"に置き換えることはできない。それは"歩歩高升"が慣用表現だからというより、"一歩一歩"の緩慢なスピード感が人の前途を祝福する言葉に適さないところにその原因を求めるべきであろう。

　もちろん、"一Ｃ一Ｃ"と比較して"ＣＣ"の認知速度が速いと言っても、両者が表現対象とする外界の事象が同一である以上、それは決して客観的な基準においてではなく、あくまで話者の主観的な基準においてである。

　⒅　一阵秋风吹过，片片（一片一片）落叶在空中翻飞。（李宇明2000b：342例）
　　　（一陣の秋風が吹き渡り、一枚一枚の落葉が空中を舞っている。）
　⒆　繁忙的工作，镂深了他额头上的道道（一道一道）皱纹。
　　　（多忙な仕事が、彼の額の一本一本の皺をより深く刻んだ。）
　⒇　随着煤田的勘探开发，荒原上涌起座座（一座一座）煤山。
　　　（炭田の調査と開発が進むにつれて、荒野に一つ一つの石炭の山が湧いて出た。）

　⒅では、"片片"あるいは"一片一片"から連想されるのは落ち葉が散るスピードではなく、落ち葉が散る際の空間における分布状況である。"片片"は空中を舞う落ち葉の稠密な様を表し、"一片一片"は空中を舞う落ち葉が疎らな様を呈する。同じことは⒆と⒇にも当てはまる。⒆の"道道"は皺が密集した様を伝え、"一道一道"に換えると皺が疎らなイメージになる。⒇の"座座"と"一座一座"もそれぞれ石炭の山の密度の高低に対応する。

　なぜこのような違いが生じるのか。列車の車窓から飛び去る電柱を目にするときの経験を通してこれを説明しよう。電車が速ければ、電柱に対するわれわれの認知速度も速く、電柱の間隔が電車が遅いときより小さく感じられ、稠密という視覚的印象を受けやすい。逆の場合、電柱が疎らな感覚が生じる。したがって、個体間における空間的距離の把握は認知速度と深い関係がある。認知速度が速いほど個体の空間的密度が高くなる。つまり、空間における個体の分布が稠密か疎らかという現象の背後には、認知速度が強く働いているのである。このような観点に基づけば、⒅〜⒇をも修正仮説によって説明することが可能となる。

　58頁の図を見られたい。Ｇを認知の主体とし、矢印のついた破線で認知フォーカスの移動を示せば、統合型認知（"一ＣＣ"）、離散型認知（"一Ｃ一Ｃ"）と高速離散型認知（"ＣＣ"）をそれぞれ図1・図2・図3で示すことが

できる。統合的に集合を認知するため認知フォーカスが動かない"一CC"に対し、"一C一C"と"CC"は認知フォーカスが移動するという点で一致するが、両者は移動のスピードが異なる。"一C一C"に比べれば、"CC"はスピードが速いため、個体から個体への認知時間が短くなり、個体が密集しているように捉えられる。

さらに"CC"、は"一C一C"よりも主語になりやすいことに注目されたい。(21)～(24)の"CC"はいずれも"一C一C"に変換することができない。

(21) 专业寻呼网圈内人说："专业寻呼台几名寻呼小姐，个个（*一个一个）可以领班。"

(ポケットベル呼び出し業務の関係者はこう言う。「ポケットベルオペレーターをする数名の若い女の子は、誰もが一人前のマネージャーになれる。」)

(22) 上次还买了一套唱片送小弟，张张（*一张一张）是小弟爱听的！

(この前レコードを１セット買って弟にプレゼントした。どれもが弟の好きなものだった。)

(23) 有的地方的建设用地批件，几乎件件（*一件一件）越权。

(ある地方の建設用地許可文書は、ほとんどどれもが越権によるものだった。)

(24) 铁民上大学后，顿顿（*一顿一顿）是米饭咸菜。

(鉄民が大学に入ったあと、食事は毎回ご飯に漬物だった。)

一方、連用修飾語の位置には"一C一C"のほうが"CC"より現れやすく、主語の位置に現れる場合、反対になる傾向を見せている。

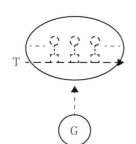

図１：統合型認知
（"一CC"）

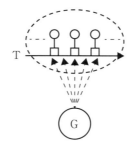

図２：離散型認知
（"一C一C"）

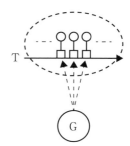

図３：高速離散型認知
（"CC"）

㉕ 大家一个一个（＊个个）说，别着急。
　（皆さん一人ずつ話してください。焦らないでください。）
㉖ 夫妻俩开始一张一张（＊张张）地检查着。
　（夫婦は一枚一枚とチェックし始めた。）
㉗ 当前的问题很多，要一件一件（＊件件）地解决。
　（いま問題がたくさんあり、一つずつ解決しなければならない。）

　この現象は、認知速度の差異が集合全体の認知にどのような影響を与えるかを明らかにすることで説明できる。㉑〜㉔のような離散的認知は、認知速度の加速によって個体間に認知上の連続性が生み出され、集合全体が一体的に認知されると考えればよい。"CC"が主語になりやすい理由はまさにここにある。逆に、"一C一C"の場合、相対的に認知速度が遅いため、集合のメンバーに対する個別的な観察は行いやすいが、個体の有界性が強化されるに従い、個体間のまとまりが弱くなると同時に、動的持続性は強化される。よって、これにふさわしい文成分は主語ではなく、持続局面を有する動作行為を修飾する連用修飾語である。杨雪梅（2002）の統計データの結果はこの結論を裏付けるものと考えられる[4]。

6　"周遍性主语句"における"CC"の意味制限

　陆俭明（1986）は、以下に示すAのような"CC"が主語になった構文（以下、「Aタイプ」と呼ぶ）だけではなく、"CC"が主語を修飾する連体修飾語となった構文（以下、「Bタイプ」と呼ぶ）をも"周遍性主语句"としている。
　Aタイプ：个个都容光焕发。（誰もが顔色がつやつやとしている。）
　Bタイプ：颗颗麦粒都很饱满。（どの麦の粒もふっくらとしている。）
　しかし、第3項で挙げた陆俭明（1986）が"周遍性主语句"に対して設けた三つの認定基準でもって、Bを検証すると、そのいずれもが十分に満たされているとは言い難い。
　Ⅰ　"一个个"が主語となる文では、ストレスは述語に置かれるが、"个个"が主語になる文では主語自体にストレスが置かれる。

▽个个都容光焕发。　　　　　　　颗颗▽麦粒都很饱满。

Ⅱ 反復疑問文において、"是不是"は主語となる"一个个"の前に置いてもよいし後に置いてもよいが、"个个"の場合は前にしか置けない。

*个个<u>是不是</u>都容光焕发？　　　[?]颗颗麦粒<u>是不是</u>都很饱满？

Ⅲ 主従複文において、接続詞は従属節の主語となる"一个个"の前に置いてもよいし後に置いてもよいが、"个个"の場合は前にしか置けない。

*个个<u>虽然</u>都容光焕发……　　　[?]颗颗麦粒<u>虽然</u>都很饱满……

　このような相違の由来を考えると、Aタイプにおいては"CC"が先行詞（antecedent）に頼っていることが重要なポイントとして見えてくる。"个个都容光焕发"の"个个"はどのような人を指すのであろう。教師、外交官、客室乗務員、観光客…そのいずれであるか明らかでない。名詞と量詞が一対一の対応関係にないため、コンテクストを離れると、"CC"が指す対象も不明になるわけである。よって、杨雪梅（2002）が指摘するように、"CC"が主語になるときは先行名詞（以下、"N"と記す）が必要となる。

⑱ 做完美发美容的姑娘们，<u>个个</u>容光焕发，煞是鲜亮可人。
　（ヘアサロンとエステから出た女の子たちは、誰もが顔色がつやつやとし、若々しくきれいになっている。）

　従来の研究では形式にウエートが置かれたため、Aタイプの構文は独立可能なものと認識されてきたが、本節はAタイプを、具体的な文脈において先行詞が省略された結果として生じた構造であると考える。

　AタイプとBタイプの差異は、表面的には"CC"が主語になるか連体修飾語になるかであるが、意味的にはより深い分析が必要となる。

㉙ 这些话我<u>句句</u>都同意。～*这些<u>句句</u>话我都同意。
　（これらの話は私は一句一句すべて賛成だ。～これらの一句一句の話は私はすべて賛成だ。）

㉚ 大娘的脸色比早先憔悴了许多，眼神也迟钝了，额前的<u>条条</u>皱纹更深了。
　～[?]额前的皱纹<u>条条</u>更深了。
　（おばあさんの顔色は以前よりずっとやつれて、眼差しも鈍くなり、額に刻まれた一本一本の皺がさらに深くなった。～額に刻まれた皺が一本一本さらに深くなった。）

㉚は"脸色"から"眼神"を経て"皱纹"へと順次に進行した描写的認知を客観的にたどっている。このとき"条条皱纹"が選択される理由は、"CCN"という語順が、量詞が名詞に先行する中国語の認知習慣に合致しているところにある。それに対し、語順を逆転させた"NCC"では、判断的認知が進行し、集合体である"N"の性質や状態を対象とする話者の主観的検証が行われる。言うまでもなく、㉙にはこの語順のほうがふさわしい。

このように、AタイプとBタイプの構文を厳密に区別する必要がある。Bタイプ"CCNV"が客観的な認知プロセスに基づいて未知の集合を描写するのに対し、Aタイプ"NCCV"は判断的認知によって既知の集合を叙述対象として検証するものであり、主観化の産物である。"CC"の上に置かれるストレスはその主観化を表すマーカーと考えられる。

石毓智（2001：172）によれば、Aタイプにおける"CC"の適不適の判断基準は、"C"の前に出る数字を他の数字に自由に替えられるかどうかにある。換言すれば、"C"は計数機能のあるものでなければならないということである。

(31) 说了一句话　　　　　　下了一阵雨
　　（一言話した）　　　　（雨がひとしきり降った）
　　说了两／三……句话　　＊下了两／三……阵雨
　　（二／三言話した）
　　句句都在理。　　　　　＊阵阵都下透了。
　　（話のすべてが道理にかなう）

上の例によって石氏の提案する基準が有効であることは証明できるが、なぜ主語になる"CC"に計数の機能がなければならないのかという問題はまだ解決されていない。これについて、本節はこう考える。計数というのは、人間が外界の事物や事象に対してその外部的要素を捨象して離散的にカテゴリー化を行おうとする最も主観的かつ基本的な認知行為である。ある事物が計数可能であるということは、当該事物が人の関心をひき、そして人から検証や評価を得られやすい性質を有するものであることを意味する。よって、主観性の高いAタイプの構文の主語としての"CC"は計数機能をもつことが求められる。

筆者の集めた例文で最も用例の多い量詞は"个"である。"个"は様々な名詞を修飾できるが、重ね型"个个"の主な働きは修飾語になることではなく、主語になることであり、生命度の最も高い人間をその主たる指示対象とする。

(32) 杨继业有七个儿子，个个都是英勇善战的虎将。
　　（楊継業には息子が七人いる。誰も彼も勇ましく戦いに秀でた猛将である。）

(33) 工人们就在这肮脏的环境里进行着火燎、蒸制、膨化等工序，个个弄得不象样子。
　　（労働者たちはこの不衛生な環境の中で炙る、蒸す、膨らます等の工程に従事し、誰も彼も汚れてひどい格好をしている。）

(34) 播音系，是广播学院最具特色的系，学生千里挑一，个个天生一副金嗓子。
　　（放送学部は広播学院では最も特色のある学部である。学生は選りすぐりで、誰も彼も美声の持ち主だ。）

　このほかに、主語の位置に出現する頻度が高い"CC"として、"句句"や"样样"などがある[5]。

(35) 患者母亲的话，句句撞击着陈新民的心。
　　（患者の母親の話は、一言一言陳新民の心を激しく打った。）

(36) 他堪称工地的机械专家，焊接、起动、维修、样样在行。
　　（彼は工事現場の機械専門家と言える。溶接、起動、メンテナンス、どれもお手の物だ。）

(37) 看展室中的展品，只见电话、座钟、办公用具、鸟兽等数百件样品，样样新颖精美。
　　（展示室の中を見ると、電話、置き時計、事務用品、鳥や獣など数百点の展示品があり、どれもユニークで精巧である。）

(38) 肉冻、黄油、肉汁、肉丸，样样货真价实，不掺任何杂质，甚至连盐都来自布列塔尼的盐田。
　　（煮こごり、バター、肉汁、肉団子、どれも本物で、いかなる不純物も含まれていない。塩でさえブルターニュの塩田から来たものである。）

　"句句"と"样样"は言葉や生活を成り立たせる技術・用品・飲食などを

指し、人間の日々の営みと密接な関わりをもっているため、話者による主観的な検証や評価を得られやすい。Aタイプに出る"CC"として、意味的抽象度の高い"个个""句句""样样"の頻度が高いということは、Aタイプが主観化を特徴とする判断的認知をその構文義としていることを物語る。

"个个"などとは異なり、"阵阵"のような描写機能のみを有し計数機能をもたない"CC"は、自然界の景観や事象を対象とする客観的な描写に多用される。この分化が先行研究における"CC"への統一した見解を妨げる要因となっていた。しかし、ここまで筆者の行ってきた分析が示すように、この種の分化は量詞が計数機能をもつか否かによる結果に過ぎず、"CC"の認知モードに起因するものではない。よって、(1)〜(3)に挙げた"C"("盏")のような、計数機能と描写機能の両方を併せもつ量詞の重ね型"CC"は、主語の位置にも現れるし、主語以外の位置にも現れる。そして、どの位置に現れても、認知モードは変わらず、それによって"CC"自体の意味機能に統一性が保証されるのである。

7　結　び

本節では"一CC"と"一C一C"との比較を通して、"CC"への認知論的アプローチを試みたが、現代中国語における数量詞重ね型の体系において、量詞の重ね型である"CC"をどう位置づけるべきか。主語になる"CC"とそうでない"CC"とは別々のものなのか。こうした問題意識が本節の出発点となった。

"CC"は離散的認知を反映し、統合型認知を反映する"一CC"と対立する一方で、離散型認知を反映する"一C一C"と認知の速度の面で対立する。"CC"と"一C一C"を比較した場合、相対的に"CC"のほうが認知速度が速いことから、本節はこれを「高速離散型認知」を反映した言語形式であると認定した。そして計数機能と描写機能の有無によって、"CC"の分布が主語かそれ以外のものかに分化しても、認知のメカニズムには変化がないのを明らかにし、"CC"に対する統一的な解釈を可能にした。

注
1)　日本語には「一個一個」「一本一本」「一枚一枚」「一軒一軒」などのように、数詞と助数詞からなる重複構造が少なくはない。それに対して、助数詞の重複構造は非生産的で、「個々」以外はほとんど見当たらない。朝鮮語の状況も日本語と変わらない。そういう意味で、中国語における"CC"の生産性および"CC"と"一C一C"の並行は注目に値する文法現象である。
2)　筆者が北京大学中国言語学研究センターのコーパスで"张张""片片""条条"を検索したところ、以下のような調査結果を得た（2006年5月21日）。"CC"が必ずしも主語として出現するとは限らないことに注目されたい。
　　张张：6例（主語）、0例（述語）、20例（連体修飾語）、1例（連用修飾語）
　　　　合計27例
　　片片：11例（主語）、13例（述語）、113例（連体修飾語）、4例（連用修飾語）
　　　　合計141例
　　条条：28例（主語）、1例（述語）、93例（連体修飾語）、0例（連用修飾語）
　　　　合計122例
3)　Haiman（1985a：106）は「概念距離原則」について次のように述べている。
The greater the formal distance between X and Y, the greater the conceptual distance between the notions they present.
（XとYの形式上の距離が遠ければ遠いほど、それらが指す概念間の距離は遠い。）
Formal distance corresponds to conceptual distance.
（形式的距離は概念的距離に対応する。）
4)　杨雪梅（2002）は文学作品1300万字に対する調査で"个个"を含む用例を223例収集した。そのうち主語として用いられた"个个"は220例あり、全体の98％を占めている。また、『人民日報』（1995年一年間）および文芸雑誌『作家』（1993～1997年）を調査し、"一个一个"を含む用例を95例収集した。そのうち連用修飾語として用いられた"一个一个"は81例あり、全体の85％を占めている。
5)　筆者が300万字の文学作品のコーパスから抽出した"个个"を含む32例のうち、主語に充当した"个个"は30例（人を指示対象とするもの24例）あり、93％を占めている。また、"句句"は8例中8例が主語として用いられ、"样样"は7例中7例が主語として用いられている。

インフォーマント

A：男性、47歳、河南省出身。B：女性、38歳、遼寧省出身。C：女性、51歳、北京出身。D：男性、26歳、遼寧省出身。E：女性、28歳、天津出身。

第三節　数詞の重ね型 "一一"

1　はじめに

　現代中国語において、数詞や量詞が単独で文成分に充当することはほとんどなく、両者が結合した形（「数量詞」）で用いられるのが一般的である。このように数詞と量詞は密接な関係にあるため、数量詞の重ね型 "一CC" と "一C一C"、量詞の重ね型 "CC" を扱う先行研究の多くは、数詞の重ね型 "一一"[1] についても言及している。

　しかし、従来の研究で "一一" と数量詞重ね型との違いが明らかになったとは言い切れない。本節では、数量詞および量詞の重ね型における認知メカニズムとの比較を通じて、"一一" における認知メカニズムを分析し、その位置づけを論じたい。また、通時的な視点も取り入れて、先秦時代に出現した "一一" が歴史的変遷を経て、現代中国語でも使用されている理由をも探ってみたい。

2　先行研究

　胡附（1957：47）は、数詞が "一" である場合、数量詞の重ね型に二タイプあり、一つは二番目の "一" を省略された形式（"一个一个" → "一个个"）であり、もう一つは二つの量詞がともに省かれた形式（"一个一个" → "一一"）であるとした。

　張静（1980：108）は、数量詞の重ね型の基本形はABABであるが、そのバリエーションとしてABB、BBとAAがあるとした。ABBはABABから三つ目の音節に当たる数詞 "一" が省かれた形式、BBは数詞 "一" が二つとも省略され量詞の重複のみが残った形式、そしてAAは量詞が二つと

も省略され数詞の重複のみが残った形式であると主張している。

宋玉柱（1978）は以下のように述べている（原文は量詞をAで代替しているが、本書の表記に合わせCに置き換える）。

"一C一C"有它的繁复形式"一C又一C", "一CC"有它的省略形式"CC"或"一一"。这样，这一系列语法格式的全貌就应该是：一C又一C ⟷ 一C一C ⟷ 一CC ⟷ CC 或"一一"。

（"一C一C"には複雑形式"一C又一C"があり、"一CC"には省略形式"CC"または"一一"がある。これらの文法形式の全貌は次のように考えるべきであろう：一C又一C ⟷ 一C一C ⟷ 一CC ⟷ CC または"一一"。）

以上のように、"一一"を単純に他の重ね型の省略形と見なし、各種の数量詞重ね型を短絡的に関係づけてしまう先行研究が多く見られる。こうした研究に対し、郑远汉（2001）は疑問を提起した。郑氏はABABを基本形式とし、他の重ね型をその変化形や省略形とすることには無理があり、それらの重ね型の間に派生関係はなく、完全な互換性も認められないと指摘した。郑远汉（2001）はその根拠として次の二点を挙げている。

一つは歴史的な事実である。AA（"一一"）とBB（"日日"等）[2]は先秦時代からすでに文学作品に登場していたが、ABABはずいぶんあとになって初めて出現したものである。変化形や省略形が先に現れ、元となる基本形式が後に出現したとする先行研究は、論理的に大きな矛盾がある。

もう一つはこれらの重ね型における機能の差である。当該論文は大量の例文を挙げ、重ね型間で互換できないケースを提示したうえで、各重ね型に見られる文法機能上の差異をも明らかにした。たとえば、BBは主語と連体修飾語になれるが連用修飾語にはなれない。AAは連用修飾語になれるが主語と連体修飾語にはなれない。

客観的に見て、郑远汉（2001）の指摘はより言語事実に近いと評価できる。しかし、当該論文は同時に重ね型の意味分析において多くの問題を抱えている。たとえば、量詞の重ね型と数詞の重ね型を比較して、両者がそれぞれ"每"と"逐一"の意味を表すとする一方で、量詞の重ね型のもつ意味は"每"だけではカバーしきれないという。その理由として、"每"は概念的な意味を表し、意味領域がはっきりしているが、量詞の重ね型の意味は隠喩的であ

り、曖昧性と弾力性を備えているため、文脈に応じて異なる意味になりうることを挙げている。このように、量詞の重ね型の意味を"毎"を用いて語彙的に解釈しながら、すぐ後にその解釈を否定するような再解釈を行っていることから、語彙的解釈に対する著者の軌道修正の跡が窺える。にもかかわらず、当該論文の結論が「曖昧性」とか「弾力性」のような検証性に欠ける表現に終始していることは、著者が問題の解決策を見つけられていないことを物語る[3]。だとすれば、当該論文における量詞の重ね型の解釈のみならず、他の重ね型についての解釈も検討する余地があることが予測される。

　"一一"がすでに上古漢語に出現し今日まで存続してきたことは、郑远汉（2001）によって提起された重要な事実である。しかし、上古時代に誕生した"一一"がなぜ今日まで存続しえたのか、この問題について鄭氏は何も語っていない。もし数量詞の重ね型"一C一C"と"一CC"が、量詞が品詞として確立された中古漢語になってから生じた形式であり、その背景に中国語の基本語彙の二音節化への定着があったとすれば、単音節の基式からなる"一一"がどうして語彙の二音節化という大きな構造変化を経てもなお生き残っているのか。この問題は中国語における数量詞重ね型を体系的に把握しようと思うなら、どうしても避けて通れない問題であるが、郑远汉（2001）ではまったく言及されていない。

3　"一一"と"一C一C"

　"一一"の意味について、中国語の権威ある辞書は次のように解釈している。

『现代汉语词典』：一个一个地：临行时妈妈嘱咐的话，他～记在心里。
（「一つ一つ」。出発前に母親が話したことを、彼は一つ一つ心に深くとどめた。）
『辞海』：逐一；一个一个地或一件一件地。『韩非子・内储说上』："韩昭侯曰：'吹竽者众，吾无以知其善者。'田严对曰：'一一而听之。'"
（「逐一」、「一人一人」あるいは「一つ一つ」。『韓非子・内儲説上』：韓の昭侯曰く、

「竽を吹く者衆くして、吾以て其の善き者を知る無し」と。田嚴對へて曰く、「一一にして之を聽け」と[4]。)

『汉语大词典』：逐一；一个一个地。『韩非子・内储说上』："齐宣王使人吹竽，必三百人。南郭处士请为王吹竽，宣王说之。廪食以数百人。宣王死，泯王立，好一一听之，处士逃。"晋陶潜『桃花源记』："问今是何世，乃不知有汉，无论魏晋。此人一一为具言，所闻皆叹惋。"宋苏轼『次韵答子由』："好语似珠穿一一，妄心如膜退重重。"老舍『四世同堂』第一部十四："在太平年月，街上的高摊与地摊，和水果店里，都陈列出只有北平人才能一一叫出名字来的水果。"……

(「逐一」「一人一人」あるいは「一つ一つ」。『韓非子・内儲説上』：齊の宣王人をして竽を吹かしむるや、必ず三百人なり。南郭の處士王の爲に竽を吹かんと請ふ。宣王之を說〔悦〕び、廩食數百人を以てす。宣王死し、湣王立つ。一一にして之を聽かんことを好む。處士逃る[5]。晉・陶潛「桃花源記」：今は是れ何の世なるかと問う、乃ち漢の有りしことを知らず、魏と晉とは論うまでも無し。此の人、一一ために具に聞ける所を言えば、皆な嘆惋せり[6]。宋・蘇軾「次韻答子由」：よい言葉は真珠のように一つ一つつながり、妄心は皮のようにはがれてはまた生える。老舍『四世同堂』第一部十四章：平和な時代、街の露店にも果物屋にも北京の人にしか一一その名前を言えない果物が並んでいた。…)

『現代汉语词典』は現代中国語を対象とし、『辞海』は古典中国語に力点を置き、『汉语大词典』は"古今兼收、源流并重"（昔のものと今のものをともに収め、語源も派生義も重要視する）(1986年版「前言」)である。このように、三つの辞書が対象とする言語材料はそれぞれ異なるにもかかわらず、三者はいずれも"一一"イコール"一Ｃ一Ｃ"という解釈方法を採用している。このような解釈方法は"一一"と"一Ｃ一Ｃ"の間にまったく違いがないという錯覚を起こさせやすく、方法論としては評価できるものではないが、ここで筆者の関心を引くのは、三者が期せずして"一Ｃ一Ｃ"をもって"一一"に対応させるという点で一致していることである。これは"一一"と"一Ｃ一Ｃ"が意味的に似通うという語感をもつ母語話者が多いことを端的に物語る。

では、"一C一C"にはどのような特徴があるのだろうか。この問題を解決するために、まず"一C一C"と"一CC"の相違を説明しておかなければならない。"一C一C"と"一CC"はどちらも数量詞"一C"を基式としてできた重ね型であるが、その認知メカニズムは大きく異なっている。

既述のように、"一CC"は統合型認知モードに対応して、複数の個体からなる集合を静的・巨視的な視点から捉え、全景的視点のもとにスキャニングが行われるため、焦点は集合内の個々のメンバーではなく、集合全体の状態に置かれる。それに対し、"一C一C"は離散型認知モードに対応し、動的・微視的な視点で集合を捉える。集合を構成する個々のメンバーに焦点が置かれるため、関係する個体が前景化され、認知は統合的ではなく、離散的になされていく。

もう少し詳しく述べると、"一CC"と"一C一C"の認知的特徴は次の二点である。

Ⅰ 集合全体を静態に把握した"一CC"に対し、"一C一C"は動的持続性もって集合が把握されている。よって、集合の構成メンバーに対する認知が一定の間隔を置きながら続けられていくイメージを表現する場合には"一C一C"のみが適用される。

(1) 隐隐的送来小販子叫卖的声音，"卖西瓜的……卖凉席的……"，一阵一阵（*一阵阵）。
（かすかに行商人の呼び売りの声がした。「西瓜売り…、寝ござ売り…」ひとしきり、またひとしきり聞こえてきた。）

Ⅱ 統合型認知と離散型認知の違いから、"一CC"が対応する集合の構成メンバーは無界的に把握され、"一C一C"では有界的に把握される。それゆえ、動作や行為が一つずつ順を追って行われることを表すには、"一C一C"のほうが適切である。たとえば、(2)において、"一个一个"を"一个个"に置き換えることは難しい。なぜならこれは一回に一人しか潜り抜けられない穴の狭さを強調する文脈であり、その動作は逐一順次行うしかないからである。

(2) 王强看着人群挤满了一厕所，可是洞口只能一个一个（*一个个）钻出去，便对老洪和政委说："这太慢了！"

(王強はトイレが人で溢れているのに、洞穴の入り口は一人ずつしか通れないのを見ると、洪さんと政治委員に言った。「これでは遅すぎる！」)

以上のように、複数の個体からなる集合の認知において、静的・全景的であり、集合全体としては有界であるか、あるいは動的・局所的であり、集合全体としては無界であるかが、認知モードを区別する重要な手がかりとなる。

以上を踏まえた上で、"一一""一Ｃ一Ｃ""一ＣＣ"の三者の関係を考えていきたい。次の例を見られたい。

(3) 以上书为例，其中列举的胡愈之同志的笔名：何谷、碌碌、胡天月、天月、巴人等，本人都一一（一个一个／一个个）加以否定。
　　(上掲書を例にすれば、その中で列挙された胡愈之同志のペンネーム：何谷、碌碌、胡天月、天月、巴人などは、本人がすべて逐一否定した。)

(3)の場合、"一一"を"一个一个"と"一个个"に置き換えてもそれぞれ成立するが、喚起されるイメージは異なってくる。"一个一个"は基本的に"一一"と同じイメージが喚起される。つまり、胡愈之がペンネームを否定したという行為が一つ一つ時間軸に沿って順次行われたことを言う。一方、"一个个"は、胡愈之がこれらのペンネームを丹念に逐一チェックすることはせず、十把一絡げに否定したイメージが強い。言い換えれば、"一个一个"における個体と"一一"におけるそれは、ともに有界であるのに対して、"一个个"の個体は無界の性格をもつ。このような違いは、離散型認知と統合型認知という二つの認知モードの対立が反映したものである。そして、"一一"はどちらかというと離散的認知を反映した"一Ｃ一Ｃ"に近似し、動作行為が時間軸に沿って順次逐一行われるイメージを有する。

筆者のこの主張は、両者の意味分析によるだけではなく、形式的特徴をも根拠にしている。"一Ｃ一Ｃ"と"一ＣＣ"の形式的相違は、前者が基式"一Ｃ"全体を繰り返し均衡のとれた構造をしているのに対し、後者は"Ｃ"のみが繰り返され、構造的にバランスがとれていない。"一一"は形式的にバランスのとれた構造であり、その点で"一Ｃ一Ｃ"と並行する。このことは"一一"が"一Ｃ一Ｃ"と同じく離散的認知に属するという筆者の主張に根拠を与える。言語のイコン性原理によると、言語の形式と意味は対応関

係にあり、その形式的特徴は意味的特徴の表出でもある。だとすれば、"一一"と"一Ｃ一Ｃ"の形式的類似性から意味的な（即ち認知的な）類似性を導き出すことが可能になる。

ただし、"一一"と"一Ｃ一Ｃ"はあくまで類似性を有するだけであり、同一のものではないことに注意しなければならない。実際、"一一"と"一Ｃ一Ｃ"には認知的違いも存在する。この点を検討するためには、量詞の重ね型"ＣＣ"について触れなければならない。

4　"一一"と"ＣＣ"

張恒悦（2006）は"ＣＣ"に対応する認知モードを「高速離散型認知」と認定し、"ＣＣ"と"一Ｃ一Ｃ"の認知的差異は認知速度の差にあるとした。離散的認知とは、動的・微視的な視点から被観察集合内の個体一つ一つに焦点を当ててスキャニングする認知モードのことである。よって、離散的認知においてはスキャニングの速度（即ち認知速度）を調整することが可能で、"一Ｃ一Ｃ"と比べた場合、"ＣＣ"の認知速度はより速い。(4)と(5)を比較されたい。

(4) 雾气逐渐消失，重叠的山峦一层一层地显现出来。
　　（霧が次第に消えていき、重なりあった山々が一つまた一つと現れてきた。）
(5) 雾气逐渐消失，重叠的山峦层层地显现出来。　　　　　　　（自作）
　　（霧が次第に消えていき、重なりあった山々が次々と現れてきた。）

この二例はともに霧が消えるにつれて山々の輪郭が次第に見えてくる情景を描いているのだが、山々の輪郭の現れるスピードに差が感じられる。"层层"を用いた(5)では、前の山が見えてくるとすぐにその後ろの山が輪郭を表すといった感じで、間隔のない山々の現れかたである。それとは対照的に、"一层一层"を用いた(4)では、山々の輪郭が現れる感覚はずっと狭くなり、前の山の輪郭が完全に明らかになったあとに背後の山が見えてくるようなイメージである。

こうした現象の背後には概念距離原則が作用していると考えられる。Haiman（1985a：106）は「概念的な距離が近ければ近いほど、それを表す

言語形式間の距離も近い」という言語のエンコードに関する原則を証明し、言語形式間の距離はそれが表す概念間の距離と並行すると指摘した。ここから、"层层"における"层"と"层"の距離は、"一层一层"における"层"と"层"の距離より形式的に縮約されているため、その意味レベルでの集合の個体間の距離が短縮されて、認知の速度がより速くなると考えられる。

　形式的に見ると、"CC"と"一C一C"の違いは語長（word length）にあるが、それは"一一"と"一C一C"でも同じである。"一一"は"CC"と同様、"一C一C"より語長が短い。よって、上述のように、"一一"も"一C一C"も離散的認知の特徴をもっているが、認知的速度の差があるという仮説が立てられる。

　この仮説は次の例に関するインフォーマント調査の結果によって支持される。

(6) 吹着吹着，西藏的高原，新疆的大漠，羊群、骏马，一一（？一个一个）地浮上眼前。
　　（吹いているうちにチベットの高原、新疆の砂漠、羊の群れ、駿馬などが次から次へと目の前に浮かんできた。）

(7) 我们紧张地注视着她翻动卡片的手指。希姆莱、赖伊、报界巨头迪特里希、戈培尔……的病历卡一张一张（？一一）地闪过。
　　（私たちは固唾を呑んでカードをめくっている彼女の指を見つめていた。ヒムラー、リー、新聞界のボスのディートリッヒ、ゲッベルス…のカルテが一枚一枚掠め去った。）

　インフォーマントによると、(6)の文脈では"一一"を用いるのが適切である。"一个一个"を用いると、笛のメロディーに乗って、チベットの高原、新疆の砂漠、羊の群れ、駿馬などのイメージが一定な間隔をおいてゆっくりと浮かび上がってくる。しかし、音楽に刺激され様々な思いが脳裡に浮かぶとき、それらは重なり合って次々と現れることが多い。その文脈に"一一"がふさわしいということは、"一一"の認知速度が"一个一个"より速いことを意味している。(7)では逆に、"一张一张"のほうが"一一"より適切である。なぜなら、カルテをめくるのは書かれた内容を確認しながら目指すものを見つけるためであるからだ。"一一"に換えると、カルテは中身が確認

できないほど速いスピードでめくられていくことになり、語用論的に容認度が落ちる。

以上をまとめると、数詞の重ね型"一一"と量詞の重ね型"CC"は基式の性質が異なるにもかかわらず、両者における認知的仕組みは違わない。どちらも高速離散型認知を反映している。

5　"一一"の位置づけ

5.1　"一一"の意味機能

現代中国語において、"一一"の文法機能は極めて単純であり、連用修飾語にしかならない。これは、文法機能の豊富な"一C一C"と著しいコントラストを成している。宋玉柱（1978）、郑远汉（2001）によれば、"一C一C"は、連体修飾語（(8)）、述語（(9)）、補語（(10)）、連用修飾語（(11)）という四種の文成分として機能する。

(8) 它背后的蓝色的天空一衬，再加上一块一块（*一一）的白云缓缓飘过，越发令人注目。
（背後の青い空がバックとなり、加えて、一つまた一つの白い雲がゆっくりと漂って過ぎると、〔それは〕いっそう際立った。）

(9) 人们一对一对（*一一），聚拢，停步，以此装点海堤……
（カップルたちは一組一組、集まり、歩みをとめ、海の堤防を彩っている…）

(10) 我好好的脸上，你们用白油漆画得一道一道（*一一）的，你要觉得美，怎么不在自己脸上画！
（私の何も悪いところのない顔を白いペンキで塗って何筋も跡をつけるなんて。きれいだと思うんだったら、どうして自分の顔に塗らないの。）

(11) 他便把他画的那些图一张一张（一一）翻着解释给灵芝看。
（彼は自分の書いた絵を一枚一枚めくりながら霊芝に説明して見せた。）

しかし、杨雪梅（2002）の調査によると、"一C一C"の四種の文法機能のうち、連用修飾語になる場合が最も多く、全体の89％に達するという。このことから、"一一"が連用修飾語となるのは、実際"一C一C"の主た

る文法機能に対応していることが分かる。

　もちろん、連用修飾語の位置に出現する"一一"と"一C一C"がいかなる状況においても互換可能であるというわけではない。"一一"の使用範囲は狭く、"一C一C"のそれに遠く及ばない。たとえば、"C"が動量詞である場合、"一C一C"を"一一"に置き換えることは難しい。

(12) 呼国庆背着两手，在屋子里一趟一趟（*一一）地来回走动。
　　（呼国慶は後ろ手を組んで、一回また一回と部屋の中を行ったり来たりしている。）

(13) 试验一次一次（*一一）地干，一试就是三年。
　　（試験は一回一回と行われ、そのまま三年も続いた。）

　また、以下のように、"C"が借用量詞や集合量詞である場合も、"一C一C"を"一一"に置き換えることは困難である。

(14) 姥姥不吭声儿，坐在那儿一杯一杯（*一一）地喝红茶。
　　（祖母は黙ったまま、座って一杯また一杯と紅茶を飲み続けている。）

(15) 犹太人像货物一样一车一车（*一一）地到了。
　　（ユダヤ人は貨物のように車で一台一台と運ばれてきた。）

(16) 瓷做的篱笆，许多的牛、羊和马，还有猪和小鸡，全都是瓷器做的，一群一群（*一一）地站着。
　　（磁器製の垣根で、多くの牛、羊、馬、それに豚と鶏もすべて磁器製で、群れを成して一塊一塊と立っている。）

　さらに、"C"が個体量詞である場合でも、"一C一C"から"一一"への置き換えが成立しないケースがしばしば見られるが、置換の可否に関わる要因は"C"の意味的特徴にあると思われる。なぜなら、"一C一C"から"一一"への置換の容易さは"C"の描写性と反比例しており、"C"の描写性が高ければ高いほど置換が成り立ちにくくなるのである。

　たとえば、次の(17)では、四角の塊状のイメージを喚起する描写性の高い量詞"块"が"C"になっているが、"一块一块"の代わりに"一一"を用いることはできない。

(17) 好像用砖一块一块（*一一）地砌墙。砌成的墙就是人的个性。
　　（まるで煉瓦を一つ一つ積み重ねて壁を築くようなことだ。作り上げた壁は即

ちその人の個性である。)

　描写性の希薄な"件"が"C"になると、(18)のように"一一"に置き換えにくい場合と、(19)のように"一一"に置き換えることが可能な場合があり、揺れが見られる。そして、(20)のように描写性が最も弱い"个"が"C"になる場合は、問題なく"一个一个"を"一一"に置き換えることができる。

(18)　她慢慢的，一件一件（?一一）的把衣服折叠起来，收进箱子里。
　　（彼女はゆっくりと、一枚一枚服を畳んで箱に入れた。）
(19)　高师爷爬了上去，将大红箱及箱边的宗卷一件一件（一一）全抱了下来。
　　（高師爺は上まで登って行き、大きな赤い箱と箱周辺の公文書を一つ一つ全部抱いて降りてきた。）
(20)　施工队员一个一个（一一）地跟上来了。
　　（作業員らは一人また一人とあとについてきた。）

"一C一C"は描写性に富み、イメージをきめ細かく作り上げることが可能である。基式"一C"から構成された"一C一C"は、語長の増加に従って認知の速度が落ちるにつれ、観察対象である集合の個体への描写はより具体的になる。一方、"一一"は認知速度の速さを保つため、数詞"一"のみを基式とした結果、量詞がもたらす観察対象との意味的な関わりが排除され、時間軸に沿って逐一的に認知を繰り返すだけの抽象的言語形式となっている。"一一"がもっぱら連用修飾語に馴染む原因はここにあると考えられる。

　ところで、"一一"を考察の対象とするなら、その文法的特徴と意味的特徴だけではなく、重ね型全体における"一一"の位置づけ、およびそれに類似した重ね型との関わり合いをも明らかにしなければならない。なぜなら、"一一"は決して孤立して存在しているのではなく、同じ認知モードを共有する量詞の重ね型"CC"との対立の中に存在するからである。5.2では"CC"と"一一"の関係について議論を進めてみたい。

5.2　補完関係にある"一一"と"CC"

　"CC"の文法機能について、先行研究の見解は一致していない。"CC"が主語と連体修飾語になれるという点においては一致しているが、連用修飾語

になれるかどうかという点で意見が分かれているのである。宋玉柱（1980）は"CC"は連用修飾語の機能を有するとし、多くの実例を挙げたが、共通認識が得られたとは言い難い。現に、当該論文で連用修飾語の例として挙げられた次の例の"回回"と同様の用例が、劉月華等（1983：89）では主語として扱われている。

(21) 你怎么回回都迟到？
　　（どうして毎回遅れてくるの？）

鄭远漢（2001）と楊凱栄（2006）は、"CC"は連用修飾語になれないとしている。

では、実態はどうなっているのだろうか。四つの"CC"（"个个""条条""片片""阵阵"）を標本として抽出し、筆者が北京大学中国言語学研究センターのコーパスで検索したところ（2008年12月14日）、以下のようなデータが得られた。

表1："CC"がなる文成分

	主語	連体修飾語	述語	連用修飾語	合計
个个	2920	40	0	5	2965
件件	244	28	0	1	273
片片	2	299	24	18	343
阵阵	0	1638	254	152	2044

以上のデータから、"CC"がまったく連用修飾語になれないというのは確かに言語事実に合致しない。しかし、そのことを過度に強調する必要もないであろう。全体的に見れば、"CC"の連用修飾語になる頻度は高くなく、特に"个个"や"件件"のような、計数性には富むが描写性に乏しい"CC"の場合、連用修飾語として機能するケースはほとんどないからである。

では、計数性の高い"CC"があまり連用修飾語にならないのはなぜか。この問題は、"CC"が主語として機能することと深く関係している。次の例を見てみよう。

(22) 知青个个是好样的。

(知識青年は誰もが立派な人である。)
⑳ 苗长青办过的案子件件信得过。
(苗長青が処理した事件はどれも信頼度が高かった。)
㉔ 阳城县制订的三条措施，条条突出一个"实"字。
(陽城市が制定した三つの対策は、どれもが実用性を重んじるものだった。)
㉕ 肖先生运气不错，刮了四张，张张有奖。
(肖さんは運がよかった。スクラッチくじを四枚削ると、どれもが当たった。)

　上の例の"CC"はどれもが動詞の前に出現し、連用修飾語の位置を占めているにもかかわらず、主語として認定しなければならないのは、"CC"が直前の先行語と同じ集合を指して言っているからである。たとえば、㉒の"个个"はその前にある"知青"を先行語とし、それに対して高速離散型認知に基づくスキャニングを行っている。㉓における"件件"もスキャニング対象は先行語の"案子"であり、もし"案子"がなければ文の意味を理解することができず、"*苗长青办过的件件信得过。"は非文となる。㉔の"条条"と㉕の"张张"がそれぞれの先行語の量詞を基式としていることは、"CC"と先行語の相互依存関係を示している。
　張恒悦（2006）は、"CC"が主語として機能するのは主観化による結果だと主張し、その理由として以下の三点を挙げている。
　Ⅰ　"CC"は先行語の後ろに出現しているが、それは量詞が名詞に先行するという一般的な認知順序に反する。
　Ⅱ　描写性しかない"CC"は主語の位置に現れない。
　Ⅲ　"CC"が主語になる場合だけ、そこにストレスが置かれる。
　しかし、主観化によって"CC"が動詞の前に置かれていても、それが連用修飾語と誤認されずに済むことは、次の二点を抜きにしては説明できないと思われる。
　一つは、"CC"が高速離散型認知に対応していることである。前述したように、"CC"は"一C一C"と比べて認知の速度が相対的に速いため、集合の個体間の連続性が保たれ、集合全体を一まとまりとして把握することが可能となる。それとは逆に、"一C一C"は認知の速度が落ち、時間軸に沿って逐次展開される認知モードであるため、その文法機能は主として連用修飾

語に充当することであり、先行語を指す主語の役割を果たすことが少ない。
⑿～㉕の"CC"を"一C一C"に換えると、文の許容度は著しく低下する。

⑿ a. ?知青一个一个是好样的。
㉓ a. ?苗长青办过的案子一件一件信得过。
㉔ a. ?阳城县制订的三条措施，一条一条突出一个"实"字。
㉕ a. ?肖先生运气不错，刮了四张，一张一张有奖。

しかし、"一C一C"を副詞"都"で総括すれば、文は成立する。このことから、"一C一C"は"CC"とは違って、それ自身では集合メンバーを一つにまとめる力をもっていないことが窺える。

⑿ b. 知青一个一个都是好样的。
㉓ b. 苗长青办过的案子一件一件都信得过。
㉔ b. 阳城县制订的三条措施，一条一条都突出一个"实"字。
㉕ b. 肖先生运气不错，刮了四张，一张一张都有奖。

もう一つは、量詞と名詞の間における意味的関連性である。中国語の名詞が特定の量詞と組み合わせて用いられることはよく知られている。個々の量詞は中国語母語話者の心的辞書において自律的な存在ではなく、特定の名詞と結ばれて存在している。量詞を手がかりにその関連名詞までたどりつくことは、ある意味では中国語母語話者の認知的慣習となっている。それゆえ、⑿～㉕の"CC"はその後ろの動詞とではなく、その前に置かれた名詞と優先的に関連づけられるのである。この意味において、"CC"が主語となる動機づけは、連用修飾語となる動機づけよりも強いと言える。

しかし、"CC"の不在によって連用修飾語の位置にブランクが生じたわけではない。前述のとおり、連用修飾語の位置は"一一"によって埋められている。"一一"は"CC"と同じく高速離散型認知に基づき、シンタックス上"CC"と補完関係にあるものである。

5.3 "一一"の歴史的変遷

郑远汉（2001）は"一一"が先秦時代にすでに現れ、他の三形式（"CC""一C一C""一CC"）より遥か以前から存在したと指摘している。この指摘は信用するに足る。中国語の量詞はおおよそ魏晋時代に現れ、唐代に定着した

ものであり（太田1957）、"一一"を除く他の三形式は量詞の発展に伴って誕生したと考えられるからである。

　唐代は中国語史における最も重要な時期であると言える。なぜなら、まさしくこの時期において、基本語彙が単音節から二音節へ変わるという構造変化が現れ、二音節語を主体とする語彙システムが確立されたからである（朱庆之1992）。このような変化を経て、さらに中古以降の変遷により、現代中国語は次のような特徴をもつようになった。即ち、語彙の基本構造は二音節であり（董秀芳2002）、韻律的に標準フットと自然フットはともに二音節からなる（冯胜利1996、1998、2000）。量詞は中国語のこのような変化を背景として誕生し、単独ではなく、数詞との組み合わせで用いるのが基本的であるという点を考慮すると、量詞は数詞を韻律的に補助し、二音節構造を作るための手段となっている側面があると言えそうである。

　唐代以後、二音節の数量詞を基式とする重ね型"一CC"と"一C一C"が新たに登場した[7]。注目すべきは、この二種の重ね型の出現とほぼ同時に、単音節の"C"を基式にした重ね型"CC"も現れたということである。このことから分かるように、基式の語長の増減は異なる認知モードに対応する重ね型の形成に関わる基本要素である。そしてこの基本要素が活きているからこそ、"一CC"や"一C一C"のような二音節語からなる重ね型のみならず、"CC"や"一一"のような単音節の基式から構成される重ね型も必要になり、その結果として、先秦時代に誕生した"一一"が淘汰されることなく今日まで存続することができたと考えられる。

　郑远汉（2001）は『韩非子・外储说右下』"善张网者引其纲，不一一摄万目而后得"（善く網を張る者はその綱を引き、一一よろずの目を摂りて後に得るにあらず）における"一一"が、現代中国語とまったく同じく連用修飾語として機能し、「逐一」の意味を表すとしている。しかし、古代漢語という枠組みの中に存在する"一一"には現代中国語と異なる点も存在する。以下に郭攀（2001）からの例文を採録する。

(26) 摇木者一一摄其叶，则劳而不遍；左右拊其本，则叶偏摇矣。

（『韩非子・内储说右下』）

（木を揺るがす者、一一に其の葉を摂すれば、則ち労して遍からず。左右より

其の本を抔てば、則ち葉偏く揺る[8]。)

(27) 是一一车驾以驷马，是一一马骏疾如风。一一车前竖立五十七宝妙幢真金罗纲弥覆其上。一一宝车复有五十微妙宝盖；一一车上垂诸花。

(『大正藏』第十二卷)

(この一一の馬車は四頭の馬に引かれ、この一一の馬は飛ぶように走る。一一の馬車の前に五十七の宝物で飾られた妙幢が立ち、黄金の糸で編まれた網がその上に掛かっている。一一の馬車は五十の宝蓋に覆われ、一一の馬車からいろいろな花が垂れている。)

(28) 今天天理昭然，一一是他亲口招承，伏乞相公高抬明镜，昭雪前冤！

(『宋元明话本小说选・错斩崔宁』、江西人民出版社、1980年)

(今日、天理が明らかになりました。一つ一つはこの男が自ら白状したものです。是非とも公正な判決を下し、冤罪を晴らしてくださるよう、伏してお願い申し上げます。)

(29) 羊参军寻至，具一一。　　　　　　　　　　　　　(王羲之『羊参军帖』)

(羊参軍が訪ねてきた。そこで詳しく書いた。)

　上記の数例のうち、(26)の"一一"だけが連用修飾語で、現代中国語の"一一"に等しい用法であるが、その他の用法——(27)の連体修飾語、(28)の主語、(29)の目的語——はいずれも現代中国語においてもはや存在しない。では、なぜ"一一"の文法機能がこれほど少なくなってしまったのだろうか。筆者は、"一一"が古代中国語から現代中国語への変遷の過程で再分析（reanalysis）を受けた結果であると考える。単音節語を主体とした古代中国語では、"一一"の基式は無標であったため、その文法機能は豊富であった。しかし、二音節化の定着や量詞の誕生に伴い、中古以後の中国語には大きな構造変化が起こった。その過程で"一一"の役割は"CC"と競合し、それによって文法機能が連用修飾語へと単一化したのである。

　この意味において、"一一"の用法には先秦時代から変化がないという先行研究の指摘は事実ではない。そして、"一一"が二音節化による歴史的な構造変化を経てなお今日まで生き残っているのは、決して偶然の所産ではなく[9]、中国語の数量詞重ね型に二つの認知モード——離散型認知と高速離散型認知——が併存するゆえであると言うべきであろう。"一一"と"CC"が

文法機能において補完関係にあることによって、高速離散型認知に対応する重ね型の文法機能が豊かになり、また、離散型認知に対応する重ね型"一Ｃ一Ｃ"とバランスよく対立しあっているのである。

したがって、共時的な視点からにせよ、通時的な視点からにせよ、中国語の数量詞重ね型を考察しようとすれば、上記の二種類の認知モードを避けて通るわけにいかず、そしてその考察の際に無視できないのが認知速度による影響である。

6　結　び

管見の限り、"一一"のみを対象とした重ね型の研究はこれまでにはなかった。それは現代語の"一一"に研究者の注目を集めるような要素が極めて少ないからであろう。文法機能が単一で、昔から何も変わらないように見えることに加えて、他の数字で置換しうる生産性もないため、鄭远汉（2001）などは"一一"を普通の単語として取り扱うべきであるという提案さえ行っている。

本書はそれには反対の立場を取っている。つまり、"一一"を一般的語彙と見なさず、中国語の数量詞重ね型の体系の中に位置づけることを試みたのである。その結果、"一一"は現代中国語文法体系の中で重要な一翼を担っていることが明らかになったばかりでなく、認知速度の差によって認知モードの重層性が形成されたという結論が得られた。

注

1) 太田（1957）は、近代中国語まで、数詞の重ね型にはAAとAABBという二タイプがあったとしているが、現代中国語においても同じ現象が観察される。しかし、AAタイプは"一一"が主たるものとなっている。"両両"はまったく使わないこともないが、一般に"両両相……"（二つ〔が／で／を〕相互に…）という形式に限定される（"……"の位置には"対""合""比""連"などの動詞が入る）。また、"万万"（決して。まったく）は数詞の重ね型ではなく、副詞の"万"（絶対に）から構成された重ね型である。

2) 郑远汉（2001）では BB を含めた例文として次の三例が挙げられている。

人人皆以我为越逾好士。　　　　　　　　　　　　　　（『荀子・尧问』）
（人人は皆我を以て越蹌して士を好むと為す。）
世世子孙，无相害也。　　　　　　　　　　　　　　（『左传・僖公二十六年』）
（世世子孫、相害すること勿かれ。）
苟日新，日日新。疏：日日新者，言非唯一日之新，当使日日益新。（『礼记・大学』）
（苟に日に新たなり、日に日に新たなり。疏：日日新とは、唯一日の新に非ずして、当に日に日に益新にならしめるべきを言うなり。）

しかし、以上の三例にある"人人""世世""日日"はいずれも名詞からなる重ね型で、量詞の重ね型とは認定し難い。先秦時代に量詞という品詞のカテゴリーがまだ成立していなかったことは周知の事実である。ゆえに、郑远汉（2001）の主張に筆者は賛成できない。

3) "CC"のような重ね型の意味をどのような方法で分析すべきか。この問題はこれまで重ね型に関する意味研究のネックになっていた。"CC"を単語で解釈するという従来の研究方法では、"CC"の意味機能がばらばらに分解されてしまうため、整合性が失われるだけでなく、矛盾も多く生まれた。たとえば、宋玉柱（1980）は"单音量词的重叠并没有统一的语法意义，而是随着句法功能而变化"（単音節量詞の重ね型には統一した意味がなく、その意味は文法機能に応じて変化する）という立場に立ち、"CC"の意味を次のように分類した。

量詞重畳	文法機能	分布位置	量詞の性質	文法的意味
AA	主語		名量詞	一つ一つが
	述語		名量詞	多数である
	連体修飾語	目的語の前	名量詞	多数の
		主語の前	名量詞	一つ一つの
				多数の
	連用修飾語		動量詞	一つ一つ
			名量詞	一つまた一つ
				ずらっと

しかし、同じく連体修飾語として主語を修飾する"CC"であるのに、なぜ一方で、「一つ一つの」を表し、一方で「多数の」を表すのか。矛盾に満ちた結論だと言わ

ざるを得ない。

　　張恒悦（2006）は、中国語の重ね型は視覚的身体経験の投影であるという角度から、"CC"の意味機能を分析し、その認知モードを「高速離散型認知」と命名した。こうした認知モードの解明によって、"CC"の意味的特徴に関する統一的な解釈が可能になった。

4) 『韓非子　下』小野沢精一訳注、集英社、1978 年（昭和 53 年）、78 頁。
5) 『韓非子　下』小野沢精一訳注、集英社、1978 年（昭和 53 年）、77 頁。
6) 『陶淵明』一海知義訳注、岩波書店、1958 年、142 頁。
7) 　太田（1958）は"一CC""CC""一C一C"について言及し、前二者は唐代前後においてすでに大量使用されていたのに対して、"一C一C"は明清時代になって初めて広まったとしている。しかし、"一C一C"の出現は他の二形式と比べてそれほど遅くないと筆者は考えている。下に挙げるのは、北京大学中国言語学センターのコーパスで検索した唐代の用例である（2008 年 12 月 14 日）。
　　一年一年老去，明日後日花開。未报长安平定，万国豈得衔杯。
　　　　　　　　　　　　　　　　　　　　　　　　（韦応物『三台二首』）
（一年一年老いて去り、明日後日に花が開く。未だ長安の平定は報ぜず、万国豈に杯を衒ふるを得んや。）
　　珊瑚席，一声一声鸣锡锡。罗绮屏，一弦一弦如撼铃。（顾况『李供奉弹筝篌歌』）
（珊瑚の席、一声一声錫錫と鳴る。羅綺の屏、一弦一弦鈴を撼するが如し。）
　　また、張美兰（2001：26）によると、三形式（"一CC""CC""一C一C"）はほぼ同時に現れたものであったという。
8) 『韓非子　下』小野沢精一訳注、集英社、1978 年（昭和 53 年）、449 頁。
9) 　郭攀（2001）は"一一"の存続した原因を"历史性和使用的习惯性"（歴史の伝承と使用上の習慣）とするが、筆者はそれに賛成することができない。歴史上存在した言語形式のすべてが存続するわけではなく、淘汰されたものも少なくないからである。耿二岭（1986）によると、元代には ABBC タイプの重ね型が多く見られていたという。たとえば、
　　吉丁丁当精砖上摔破菱花镜。　　　　　　　　　　　（『倩女离魂剧四』）
（菱花鏡が煉瓦を敷き詰めた地面にぶつかってガチャンと割れた。）
　　しかし、この形式は現代中国語ではすでに廃れている。よって、"一一"という言語形式の存続した原因についてはより広く深く探求しなければならない。

インフォーマント

A：男性、47歳、河南省出身。B：女性、38歳、遼寧省出身。C：女性、51歳、北京出身。D：男性、26歳、遼寧省出身。

第四章

擬声語重ね型の認知的研究

第一節　擬声語における三形式：AA、ABAB と AABB

1　はじめに

本書では、"哗哗"のような単音節擬声語[1]を基本とする重ね型をAAと記し、"哗啦哗啦"や"哗哗啦啦"のような二音節擬声語を基本とする重ね型をそれぞれABAB、AABBと記す。これらAA、ABAB、AABBを以下、「三形式」と呼ぶ。

(1) 流水哗哗地响。　　　　　　　　　　　　　　　　　（『现代汉语词典』）
　　（水がゴーゴーと音を立てて流れている。）
(2) 流水哗啦哗啦地响。　　　　　　　　　　　　　　　　　　　（自作）
　　（水がさらさらと流れている。）
(3) 流水哗哗啦啦地响。　　　　　　　　　　　　　　　　　　　（自作）
　　（水がザーザーと音を立てて流れている。）

三形式についての先行研究は形式的分類や発音に関する分析がほとんどで、意味的な角度からのアプローチがないため、三形式における意味的な差異は明らかにされていない。

本節は、三形式の比較対照を通じて、それぞれの認知的メカニズムの解明を目的とする。第2項で二音節擬声語ABを取り上げ、その意味的特徴について検討し、第3項において、三形式における意味的共通性を分析する。中国語の重ね型全体における形式と意味の対応関係（即ちイコン性）を明らかにしたうえで、数量詞重ね型との関連性を土台に、三形式の意味的共通性を生み出す認知上のメカニズムを探求する。第4項では、AAとABABの認

知的速度の差を指摘し、それを踏まえ、中国語の音韻体系から逸脱した擬声語が出現した原因を解明する。最後の第5項では、類型論的にユニークなAABBに焦点を当て、それに対応する認知モードを明らかにし、さらにその認知モードについて形容詞や動詞からなる同じ形式の重ね型との関係をも論じる。

2　二音節擬声語ABはいくつの音を表すのか

王了一（王力1982：166-167）は、二音節擬声語ABについて以下のように述べている（下線は筆者。以下同）。

共用<u>两个单字</u>，表示<u>两种声音</u>相连，例如：
（二つの漢字を用いて、二つの音が続くことを表す。たとえば、）

　B　只听咕咚<u>一声</u>响，不知什么倒了。
　　　（ゴトンという音が響き、何かが倒れた。）
　C　只听咯噔的<u>一声</u>门响。
　　　（ガタンとドアが音を立てた。）

ここでABは二つの音と見なされているが、その理由は単にABが二つの音節（即ち漢字）によって構成されているからのようだ。つまり、ABの表す音とその構成要素である音節が一対一の関係で処理されているわけである。こうした見方は中国語の一音節が往々にして一つの漢字に対応すると同時に一つの意味単位にも対応するという全体的な傾向に合致しているため、筋が通っているように見える。しかし、音が二つに分かれているという認知が成立するには、聴覚上の認知活動が二回行われることが必要である。別の言い方をすれば、AとBがそれぞれ有界性のある二つの音を表すことがその前提である。しかし、上記の例文のABについて果たしてそういう理解が成立するだろうか。例Cにある"咯噔"はドアを開ける音を表しているのだが、そのドアを開ける動作は一回のみのもので、故意に二回にわたってなされない限り、その音はどうやっても二つに聞こえるはずがない。同様なことが例Bについても言える。"咕咚"は重いものが突然落下した音であるが、その際に、二つの音がするのだろうか。さらに"咯噔"と"咕咚"がもし本

当に二つの音を表しているのなら、どうして後続の数量詞が"两声"ではなく、"一声"なのだろうか[2]。

　孟琮（1983）は王了一（1982）と異なる見解を示し、大多数の二音節擬声語 AB は一つの音を表し、少数の AB[3] のみが二つの音を表すとした。そして、AB が二つの音を表す場合、以下のように"两声"と共起しうることを基準とした。

　　一般的 AB 式代表一个声音。能说"劈啪两声打了他两个嘴巴子"，不能说"噗通两声"，只能说"噗通一声跳到河里"。
　（普通の AB は一つの音を表すものである。〔"劈啪"（パチ）の場合、〕"劈啪两声打了他两个嘴巴子"〔パンパンと彼に往復ビンタを食らわせた〕と言うことができるが、〔"噗通"（ポチャン）の場合になると、〕"噗通两声"とは言えず、"噗通一声跳到河里"〔ポチャンと川の中に飛び込んだ〕のように言うしかない。）

　確かに、上述の例文における"劈啪"と"两声"の共起は成立しているのであるが、だからといってこれは"劈啪"が二つの音を表す理由にはならない。というのは"劈啪"[4] は"两声"のみと共起するとは限らず、"一声"と共起することも可能だからである。

(4) 竹竿劈啪一声折了。　　　　　　　　　　　　　　（『中日辞典』）
　　（タケざおがぽきんと折れた。）

　また、孟琮（1983）が二つの音を表すとする他の"滴答"や"叮当"も"一声"と共起するケースがしばしばある。

(5) 滴答一声，水滴落下，……
　　（ポタッと音がして、水のしずくが垂れた…）

(6) 叮当一声响，什么东西轻轻落在金属盘里。
　　（チリンと音を立て、何かが軽く金属製のトレーの上に落ちた。）

　一方、孟琮（1983）で一つの音しか表せないとされたタイプの AB も"两声"と共起することがある。

(7) 昨天凌晨 3：40，"哗啦"两声巨响，王师傅拉开门就看见两个黑影扔下砖头跳上一辆踏板摩托车往北飞驰，……　　　　　　　　　（Google）
　　（昨日早朝 3 時 40 分、ガチャッ、ガチャンと二回大きな音がした。王さんがドアを開けて見ると、煉瓦を捨ててバイクに飛び乗り猛スピードで北へ向かう二

(8) 突然，紧接着<u>轰隆</u><u>两声</u>，大地震颤，浓烟和尘土漫天，砖瓦和木料向四下飞迸……

（突然ドーン、ドカーンと続けて二回音がして、大地は揺れ始め、煙とほこりが空いっぱいに広がり、煉瓦や瓦や木材などが四方に飛び散った。）

以上のことから分かるように、ABと"两声"あるいは"一声"との共起に関する問題の本質は、ABの音声的特徴により異なる数量詞が選択されるのではなく、むしろ話者の異なる認知を示すものであり、それによってABへの捉え方も変わってくるということである。つまり、ABの音声的特徴は永久不変ということではなく、"两声"と共起するのは、話者が問題の音を二つと捉えたからであり、"一声"と共起するのは、話者が問題の音を一体化したものとして捉えたからである。後者の場合、ABは変化に富んだ、複雑な音色をもつ一つの混合音になる。

ところで、"一声"や"两声"のような数量詞との共起がない場合のABが、いくつの音を表すかを決定するためには、次の三点を検討しなければならない。

Ⅰ　ABの音韻的特徴

二音節擬声語ABの多くは二つの音節の頭子音を同じくする「双声」あるいは韻を同じくする「畳韻」という特徴をもっている。この現象について邵敬敏（1981）、王了一（1982）、朱徳熙（1982a）、孟琮（1983）、石毓智（1995）[5]などの先行研究は幾度も言及してきた。しかし、なぜこのような現象が生まれたのか、換言すれば、ABが双声・畳韻の形式をとるのはなぜか、という問題提起はなされてこなかった。

双声・畳韻といえば、すぐに連綿語[6]のことが思い出されるだろう。連綿語という用語が作られた背景には単音節語が主体であった上古中国語においてはそれが二音節による特別な形で構成されているという事情があった。連綿語は単音節語とは違い、構成する二つの音節（二つの漢字）がそれぞれ単独に意味を表すのではなく、全体を一つの意味として捉えなければならないのである。そして連綿語のこうした意味的特徴は、同じ頭子音あるいは同じ韻をもつという音韻的特徴と表裏一体の関係を成している。言い換えれば、

双声・畳韻は意味上一体化した連綿語の音韻的な現れとなっているのである。ゆえに、本書は王洪君（1999：194）の次のような見解に同意する。

（双声叠韵）是上古汉语中作为单音节无义的特殊语音词的标记。
〔〔双声・畳韻〕は上古中国語の中で意味を表さない単音節からなる特殊な表音語のマーカーである。）

注意すべきは、このような双声・畳韻による語構成法が上古中国語にのみ存在するのではなく、中古中国語ひいては現代中国語においても重要な役割を果たしていることである。"哆嗦""趔趄""糊涂"などのような、今日の中国語において活躍している双声・畳韻の特徴をもつ二音節単純語は、とりもなおさず連綿語の現代版である。このようなことを考え合わせると、本来自然界に発生した種々様々な音を表すために作り出された擬声語 AB が双声・畳韻の特徴を備えていることには理由があるはずである。具体的にいうと、それは AB の音声的一体化にあると考えられる。

Ⅱ　AB の使用状況

北京大学中国言語学研究センターのコーパスを利用し、使用頻度の高い四つの AB "哗啦""叮当""轰隆""咕咚"の使用状況を調べたところ、以下のような結果が得られた（2006 年 6 月 10 日）[7]。

表 1：二音節擬声語 AB と "两声""一声" の共起

	哗啦	叮当	轰隆	咕咚
"两声" と共起した例	0	0	2	0
"一声" と共起した例	108	15	115	38

以上のデータは上述Ⅰの推論が事実に近いことを裏付けた形となっている。AB は "轰隆" が "轰" と "隆" の二つの異なる音を表すように、二つの音を表せないこともないのだが、その主たる意味機能は一つの音を表すことである。換言すれば、AB の無標的な意味は一つの音を表すことである。

Ⅲ　AB におけるフット（foot）

以下のような "噼啪" を含む例文を二例選び、三名のネーティブによる朗読を録音してみた。

(9) 她走过去，噼啪两声打了他两个嘴巴子。　　　　　　　　　（孟琮 1983）

(彼女は彼に近づいて、パンパンと往復びんたを食らわせた。)

(10) 他将手伸到钥匙旁，噼啪一声，钥匙和手腕间闪出一道火花！　　（Google）
(彼は鍵へ手を伸ばすと、バチッと鍵と腕の間から火花が飛び出した。)

その録音を Praat というソフト[8]を利用して解析したところ、上記の二例にある"噼啪"に対して朗読者三人とも異なる読み方で処理していたことが明らかになった。以下にその解析データを提示する。図1は"両声"と共起している(9)の声紋図であり、"噼"と"啪"の間に隙間があり、二つの非連続的波形が観察できる。ゆえに、この場合、ABが二つのフットとして処理されたと言える。図2は"一声"と共起している(10)の声紋図であり、対照的に"噼啪"は渾然と一体化しており、その間に分離点が存在しないため、一つのフットと見るべきであろう。

以上のことから、ABが一つのまとまりとして捉えられる場合、あるいは二つの独立成分として捉えられる場合、そのいずれの場合でもフットの形成

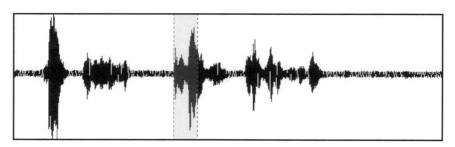

図1：(9)の声紋図

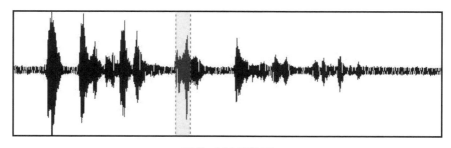

図2：(10)の声紋図

に痕跡を残すことが分かる。

　とすれば、反対の視点から、つまりフットの区切りに見られる違い[9]から ABの意味構造を識別するヒントが得られるはずである。図3はABAB"叮当叮当"の声紋図であるが、フットの分割のタイプを、

　　甲タイプ：叮当／叮当

　　乙タイプ：叮／当／叮／当

とすると、ABABにおけるフットの分割は乙タイプではなく、甲タイプのようになっている。ここから、その基式であるABが一つのまとまりとして認知されていることが分かる。

　以上の三点に基づき、本書は重ね型の中にあるABが二つでなく一つの音声単位として認知され、複雑な混合音を表すものであると考える。

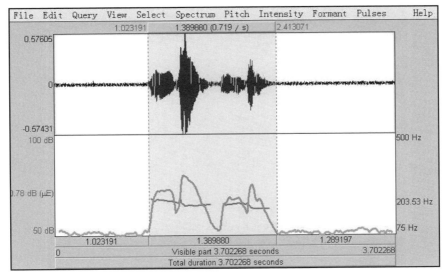

図3："叮当叮当"の声紋図

3 三形式の意味的共通点

3.1 動的持続性

　邵敬敏（1981）は擬声語 A、AB を基本形式とし、AA、ABAB、AABB を重ね型としたうえで、基本形式は"表示的是一种单一的声音"（単一の音を表す）に対して重ね型は"表示的是一种复杂的声响"（複雑な音を表す）と指摘した。この指摘については、二点ほど検討する余地があると思われる。

　まず、AB の音色のことである。AB は A とは違って、単一の純音を表すものではない。その理由は第 2 項で述べた通りである。

　次に、AA、ABAB、AABB 三形式における意味的特徴を「複雑」としたことが果たして妥当かということである。次の例を見てみよう。

(11) 雨水打在雨布上，滴滴答答（*滴答／滴答滴答滴答），这声音已持续很久了。
　　（雨が防水シートをたたいて、ボタボタと音を立てている。その音はすでに相当長く続いている。）

(12) 灯火辉煌中，还有轻音乐伴奏，叮当叮当（*叮当／叮当叮当叮当）很好听。
　　（明かりが光り輝く中、軽音楽の演奏もあり、ポロンポロンと響く音色は、聞いていて気持ちがとてもよい。）

(13) 海涛阵阵推波拍岸，哗哗（*哗／哗哗哗）……轰鸣之声不绝于耳。
　　（海岸に次から次へ波が打ち寄せ、ザブンザブン…と、大きな音が途切れることなく聞こえてきた。）

　廖化津（1956）は、上の例にあるような単独で用いられる擬声語が"独立于句子结构之外"（文の外に独立している）とした。しかし、よく見てみると、三形式はいずれも意味的に完全に独立したものではなく、先行文や後続文から制限を受けており、そのどれもが基式で置き換えることはできない。では、なぜ(11)の"滴滴答答"を"滴答"に換えられないだろうか。その原因は"滴答"が「複雑な音」でないというより、一度の音だけを表すことにあると言

えよう。"滴答"は一度の音を表し、終止点をもっているため、持続性がない。したがって、それが持続性を強調する後続文"这声音已持续很久了"と矛盾することとなる。⑿では"有轻音乐伴奏"という表現から音楽がずっと流れているという文意が読み取れる。音楽が流れている以上、その音楽を描写する擬声語は動的持続性をもたなければならない。"叮当"は一回性の音であり、持続性がないため、この文脈に適用されない。⒀は波が次々と海岸に打ち寄せている場面を描いている。この場合の波の音が複雑であるかどうかは問題ではなく、動的持続性があるかどうかがポイントとなる。後続文の"轰鸣之声不绝于耳"と呼応するため、"哗哗"が採用され、一つの音だけを表す"哗"はそれに換えられず却下された。こう見てくると、三形式における意味的共通点は「複雑」ではなく「動的持続性」であることが分かる。そしてそのため、⑾〜⒀はそれぞれ基式を三回重ねる形式（"滴答滴答滴答""叮当叮当叮当""哗哗哗"）に置き換えた場合は成立する。

　田守・スコウラップ（1999：65-73）は、日本語の擬声語が連用修飾語になるとき、助詞「と」が必要な場合とそうでない場合があると指摘した。擬声語が2モーラのCVCVという反復形であれば、「と」の付加は自由であり、「グルグル（と）廻しながら…」などがそれである。一方、擬声語がCVQ[10]の形になっていれば、「と」が必須となり、「グルッとまわってみせた」がその例として挙げられるという[11]。中国語の擬声語が連用修飾語に充当する場合、助詞"地"の付加の有無も注目されている。邵敬敏（1981）によれば、三形式および二音節擬声語ABが連用修飾語になる場合、助詞"地"はあってもなくてもよい。たとえば"大雨柱子哗哗（地）像瓢泼一样下来了"（大雨がバケツをひっくり返したようにゴーゴー〔と〕降ってきた）、"牛大水心里扑通扑通〔地〕直跳"（牛大水は胸がドキドキ〔と〕高鳴った）、"到了晚上，合作社院子里叽叽喳喳（地）说开了"（夕方になると、合作社の庭から大勢の人がぺちゃくちゃ〔と〕しゃべる声が聞こえてきた）、"窗户呱嗒〔地〕响了一下"（窓がガタッと音がした）などである。ところが、単音節擬声語Aが連用修飾語になる場合、"地"の付加は義務的となる。たとえば"哗地塌倒了（ドーンと崩れ落ちた）〜*哗塌倒了"。この指摘から、助詞"地"の付加は単音節擬声語が連用修飾語になる条件の一つであることが分かる。

しかし、"地"が付加されている場合でも、重ね型からAやABに置換できないことがしばしばある。

⑭　看见拐角处那个公用水龙头正哗哗（*哗）地流着水，我得把它关上。
　　（曲がり角にある公衆蛇口から水がジャージャー流れているので、私は止めに行きます。）

⑮　司令太太又呼噜呼噜（*呼噜）地吸了三袋水烟，……
　　（司令官の奥さんはまたボコボコと水タバコを三服吸って…）

⑯　伊秋也甩着她那条小儿麻痹症的残腿，呼呼啦啦（?呼啦）地走了进来。
　　（伊秋もポリオによって萎縮した足をふらつかせ、ヨタヨタと入ってきた。）

⑭では"哗"の後に"地"が付加されており、形式的には連用修飾語になることに問題はない。また、⑰が示すように、"哗"は水道から流れる水の音を表すことができる。

⑰　三伏天工人干了一天活，一进门嗖地一阵凉风，一拧龙头哗地一股清水，这就是领导在联系群众，就是生动的思想政治工作。
　　（酷暑の中、労働者たちが一日の仕事を終え、門に入るとヒューと涼しい風が吹き抜け、蛇口をひねるときれいな水がざっと流れ出すようになっている、これこそが幹部と民衆の結びつきであり、生き生きとした思想政治教育そのものである。）

しかし、⑰の"哗"は水道水が蛇口から飛び出した瞬間に焦点を置くものであり、水道水が勢いよく続けざまに流れ出るイメージを喚起する⑭の"哗哗"とは異なる。⑭の動詞"流"が"着"を伴っていることに注目されたい。この"着"によって持続性のある文脈が求められているため、"哗哗"に代えて"哗"を使うことはできない。⑮で言う三服の水タバコは一回で吸い切れる量ではなく、何十回も吸い続けなければ吸い終わらない。よって、音の持続を表す"呼噜呼噜"はこの文脈に適合するが、音の持続性を欠いた"呼噜"は不適格である。⑯は"呼呼啦啦"を用いて、伊秋が不自由な足を引きずりながら歩く様子を活写している。ここで"呼啦"を使用すれば、"走了进来"が時間軸に沿って展開される過程ではなく、瞬時に完了してしまう点的事態のような印象を読者に与えてしまうため、この文脈にふさわしくない。要するに、三形式はその基式であるA、ABと同じように連用修飾語に

なれるといっても意味論的要因によって互換できない場合が多いのである。この場合、動的持続性があるかどうかはその要因の一つとなる。

　馬慶株（1987）は述語の位置に重ね型の三形式が生起可能であるのに対し、基式のA、ABにはそれができないと指摘した。これは筆者の調査結果と一致する。例文を見てみよう。

⒅　天色有些黒了，蚊虫轟轟（*轟／*轟的），成群搭伙地在"做市"。
　　（空が少し暗くなった。蚊や虫がブンブンと群れを成して「市を開いている」。）
⒆　那声气哗啦哗啦（*哗啦），又像风涛澎湃，又像狼吞虎咽，……
　　（その音はガサガサとしていて、風が強く吹いているようにも聞こえるし、狼や虎がガツガツと何かを食っているようにも聞こえる…）
⒇　海啸声轰轰隆隆（*轰隆），仿佛千万副石磨一齐在这江峡中碾过。
　　（海はゴーゴーと音を立て、あたかも長江の峡谷を無数の石臼がぶつかりながら転がっていくようだった。）

　では、なぜこのような違いがあるのだろうか。それは意味的な差異によって動機づけられていると筆者は考える。三形式は動的持続性をもっているため、音の連続するイメージが生起されやすく、述語としてその音声の主体（主語）を描写する役割を果たすことができる。それに対し、AとABが表すのは突発的で瞬時に消える音である。そのため、AとABは認知の過程において音そのものへの注意を主眼とせず、認知の焦点をその音を発する動作へと導く聴覚的きっかけに置く。言い換えれば、認知の焦点はいつもA、ABを介してその音を発する動作へと向かう。したがって、文法上、A、ABは動詞から遊離することができず、連用修飾語として働くことがその主たる機能となっている。

㉑　张顺俏皮地冒出这一句，大家哗地笑了。
　　（張順がこうしゃれを飛ばすと、皆はドッと笑った。）
㉒　小魏和他爱人就扑通跪下了。
　　（魏さん夫妻はバタッと跪いた。）

　同じことが補語となっている三形式にも当てはまる。

㉓　这孩子把两只脚架在墙上，睡得呼呼（*呼）的。
　　（この子は両足を壁にもたせたままグーグーと寝ている。）

⑷　雨下得哗啦哗啦（*哗啦），君初把相机揣在怀里避免打湿。　　（Google）
　　（雨がザーザーと降り、君初はカメラを濡らさないように懐に入れた。）
⑸　靴子不干了，跺着地板，把马刺弄得丁丁当当（?丁当），踢翻了三块边幕。
　　（ブーツが乾かなくなったので、足で激しく床板を蹴り、乗馬用の拍車をガチャガチャと鳴らし、衝立を三つも蹴り倒した。）

　上の例から分かるように、補語として機能する三形式はいずれも関係する動作が時間軸上で展開するのに伴う状態の描写に主眼が置かれている。⑵は"呼呼"という鼾の音が持続することを通じて熟睡の状態を示し、⑷と⑸では"哗啦哗啦"と"丁丁当当"を用いて、止みそうにない雨の様子とやたらに足を踏み鳴らして拍車を鳴らし苛立っている状態をありありと描いている。このため、上の例の中の擬声語重ね型はいずれも A や AB に置き換えることはできない。

3.2　重ね型における形式と意味の対応

　中国語の重ね型はその基式の品詞を限定しない。典型的な例として、AABB タイプと ABAB タイプの重ね型は二音節の動詞と形容詞のどちらからも構成され得ることが挙げられよう。たとえば、動詞の"指点"を基式にした重ね型に"指指点点"と"指点指点"があり、また形容詞"安静"からなる重ね型にも"安安静静"と"安静安静"がある。この現象を取り上げて詳しい考察を行った先行研究には刘月华等（1983：129-130）、李宇明（1996b）、陈光（2000）などがある。

　刘月华等（1983）は、ABAB は動詞用の重ね型であるため、たとえ基式が形容詞であろうと、「試みる」や「短時間」の意味を表すとしている。李宇明（1996b）は、刘月华等（1983）の意見を支持し、ABAB が "AB 一下 /AB 一次 /AB 一回 /AB 一会儿" へ変換可能という角度からその妥当性を論証した。たとえば、"让我安静安静"（ちょっと静かにさせてくれ）を"让我安静一下（一次／一回／一会儿）"に言い換えても成立するということである。また、李宇明（1996b）はさらに同じ形容詞を基式とする AABB との比較を行い、AABB は連体修飾語、連用修飾語、補語、述語などになる多

様な機能をもっているのに対して、ABAB は述語にしかなれないことも指摘した。

　一方、陈光（2000）は、動詞からなる AABB は形容詞用の重ね型によって類化（analogy）された結果だと見ている。たとえば、基式が動詞からなる"指指点点"の場合、その文法機能は基式が形容詞からなる"安安静静"のそれと一致するのみならず、意味レベルにおいても同化現象が起きているとし、その結果として"指指点点"はもはや"指点"および"指点指点"に見られるような行為としての自制性を失ってしまい、状態の描写に転じているという。その具体例として"一班过路商人也来凑热闹，指指点点，吆吆喝喝，观潮买卖两不误"（通りかかった一行の商人たちもやってきて一緒になって、指さしたり、振り売りしたりして、銭塘江の逆流を見るのも商売もともにぬかりなくやる）が挙げられている。

　以上のように、先行研究は概ね AABB と ABAB における機能の相互転化に目を向けたものであった。その方法論はさておいて、それらの検討によって次のような事実が浮き彫りになった。つまり、基式の品詞が異なっているにもかかわらず、同じ形式の重ね型であれば、その意味機能が同一化に向かうと同時に、文法機能も画一化されるということである。このことは従来、あまり注目されてこなかったのだが、現代中国語の重ね型の研究において非常に示唆的であると筆者は考える。基式の性質とは関係なく、同じ形式的操作を経ていれば、同じ文法機能を有し、また同じ意味的特徴をもつという事実から、重ね型の研究には、基式の品詞性に束縛されない、横断的研究の視点の必要性が窺える。したがって、従来の研究のように特定の品詞の基式とそれによって構成される重ね型の比較対比とは違って、品詞性にこだわることなく、各品詞の基式からなる重ね型における認知のモードを検討することが重要となってくる。また、重ね型におけるイコン性についても確認したい。形式的変化に伴い意味的変化も生まれてくることは、裏返して言えば、形式的特徴はその意味的特徴の反映であるということになる。よって、中国語の重ね型の形式的特徴はその対応する認知のモードを検討する際の手がかりとなりうる。

3.3　離散的認知

　張恒悦（2007）では、"一C一C"と"一CC"は視覚的身体経験が言語形式に投影された結果だと主張し、それぞれに対応する認知のモードを以下のように分析している。

　"一CC"は、統合型認知モード（第三章第一節第3項を参照）に対応しており、複数の個体からなる集合を静的、巨視的な視点から捉える表現形式である。全景的視点のもとにスキャニングが行われるため、その焦点はある特定の個体にではなく、集合全体の状態に置かれる。

　他方、"一C一C"は離散型認知モード（第三章第一節第3項を参照）に対応しており、集合内にある個体を動的、微視的な視点から捉える表現形式である。構成メンバーの一つ一つに焦点が置かれるため、各個体は前景化し、認知は統合的ではなく、離散的に行われる。

　"一CC"における集合の構成メンバーが無界の性質を有しているのに対して、"一C一C"の集合の構成メンバーは有界である。これに関しては楊凱栄（2006）でも同様な見解が示されている。よって、個体の分離という趣旨の文脈においては、"一C一C"を"一CC"に換えることができない。たとえば"过去都是一个一个（？一个个）学科，但许多现实问题不是一个学科能够解决的，……"（以前はそれぞれが独立した学科ばかりであった。しかし、一つの学科だけでは解決できない現実的な問題が多くある…）。

　また、集合全体が静態である"一CC"に対して、"一C一C"が表す集合は動的持続性を有する。そのため、動的持続性が要求される文脈でも"一C一C"の代わりに"一CC"を用いることはできない。たとえば"部长一件一件（＊一件件），如数家珍。"（部長は一つ一つ〔しゃべり続け、その弁舌は〕、よどみなかった。）

　さて、擬声語の重ね型三形式に話を戻そう。前述の通り、この三形式はいずれも動的持続性をもつものであり、それを根拠として、三形式はともに離散的認知の範疇に属する。この主張を裏付けるものとして、三形式における文法的振る舞いが"一C一C"のそれと一致する点が挙げられる。㉖〜㉙から分かるように、"一C一C"と"一CC"はともに連用修飾語と連体修

飾語になれ、擬声語の三形式もこの二つの位置に現れる。

⒃ 司机把车门开到最大限度，把客人一个一个（一个个）往里塞。
（運転手は車のドアを目いっぱい開け、客を一人一人奥へと押し込んだ。）

⒄ 风吹着树枝呼啦呼啦（呼呼／呼呼啦啦）地响。
（風が木の枝に吹きつけヒュウヒュウと音を立てている。）

⒅ 一个一个（一个个）的技改方案终于让我们改成了，效率提高30％。
（技術改革案がついに私たちによって一つ一つ成し遂げられ、効率は30％アップした。）

⒆ 石工们那丁丁当当（当当／丁当丁当）的敲击声，如一声声鼓点，……
（石大工のコンコンという石を打つ音は、まるで続けざまに太鼓を打つリズムのようで…）

三形式はさらに述語と補語にもなり得る。この点は"一C一C"に似ており、"一CC"とは対照的である。

⒇ 出土的时候，藕片一片一片（*一片片），七个孔都看得非常清楚，保存得非常好。
（掘り出された時、スライス状態のレンコンは一枚一枚と〔原形をとどめており〕、どれも七つの穴がはっきりと見て取れて、保存状態が非常に良好だった。）

(31) 海啸声轰轰隆隆（轰轰／轰隆轰隆），仿佛千万副石磨一齐在这江峡中碾过。　　　　　　　　　　　　　　　　　　　　　　　　(20)再揭
（海はゴーゴーと音を立て、あたかも長江の峡谷を無数の石臼がぶつかりながら転がっていくようだった。）

(32) 她的眉毛又粗又黑，头发烫得一卷一卷（*一卷卷）的。
（彼女は眉が太くて黒く、パーマのかかった髪の毛はくるくるとカールしている。）

(33) 雨下得哗啦哗啦（哗哗／哗哗啦啦），君初把相机揣在怀里避免打湿。
　　　　　　　　　　　　　　　　　　　　　　　　　　　　　(24)再揭
（雨がザーザーと降り、君初はカメラを濡らさないように懐に入れた。）

三形式における形式的特徴も本書の主張をサポートする。AA、ABABとAABBはAまたはABを単位にできた均衡的な構造であり、そのいずれもが"一CC"ではなく"一C一C"のほうに構造的に類似する。このことは

偶然ではなく、イコン性の原理によるものだと考えられる。イコン性が中国語の重ね型の特質であるがゆえ、三形式と"一C一C"の間における構造上の類似点はその意味的共通性の反映と捉えることが可能であろう。

4　AAとABABの相違点

4.1　認知の速度の差

(34) 彼得・彼特罗维奇好像得到了安慰，又啪啪（啪啦啪啦）地打起算盘来。
(Google)
（ペテル・ペトロヴィチは慰められたような気がして、またパチパチと算盤をはじき始めた。）

(35) 现在他咯噔咯噔（噔噔）走下楼梯来。
（いま、彼は階段をコツコツと降りてきた。）

インフォーマント調査によると、(34)では"啪啪"と"啪啦啪啦"はどちらも"打算盘"の連用修飾語になり得るが、そのうちどちらが"打算盘"の音をより正確に描写しているかについては、優劣がつけられないという。両者におけるイメージの違いは音に関する描写の効果というより、その音に関連する動作（"打算盘"）の速度にあるのである。"啪啪"では算盤をはじくという動作は手慣れていて速く、一定のリズム感があり、途切れることなく珠をはじけているという印象である。それに対して、"啪啦啪啦"では算盤をはじくスピードがずいぶん遅くなり、音と音の間にはっきりした間のあるイメージとなる。同様なことは(35)についても言える。"走下楼梯来"の連用修飾語として"咯噔咯噔"が選択されると、その階段を降りる速度が相対的に遅く、ゆったりとした足取りというイメージが強いが、"噔噔"に置き換えると、足取りのスピードが速まり、小走りするような感じさえする。

同様な違いは(36)においても確認できる。

(36) 沉寂的隔河岩响起了隆隆（轰隆轰隆）的开山炮。
（静かな隔河岩でドーンドーンと山を切り開く爆発音が鳴り始めた。）

"开山炮"の連体修飾語は"隆隆"と"轰隆轰隆"のどちらを使用するか

によってイメージが変わる。前者が用いられると、その爆発音がひっきりなしに連続しているイメージだが、後者に換えると、断続的な爆発音が想像される。

　以上のことから次のような解釈を導き出すことができる。つまり、形式的に短いAAは相対的に長い形式を有するABABに比べ、認知の速度がより速い。これは言語のイコン性の表れとされる概念距離（conceptual distance）の原則によって動機づけられていると思われる。Haiman（1985a：106）によって、「言語形式間の位置が遠ければ、それらが指す概念間の距離も遠い」という言語のコーディングに関する概念距離の原則が提案され、言語の形式間における距離はその意味が表す概念の間の距離と並行していることが主張された。それに基づけば、AAとABABにおける形式的長さの違いはそれぞれにおける概念の間の長短の差でもあり、突き詰めれば話者が集合の個体を離散的に認知する場合の認知速度の調整に起因するのである。

　興味深いことに、このようなAAとABABにおける認知上の差異は擬声語にしか見られないのではなく、数量詞からなる重ね型"CC"と"一C一C"のそれにも並行する現象が観察できる。

(37) a.　泡沫从咽喉的漏洞里一团一团地冒出来，缓缓地流到竹床上……。

（自作）

　　（泡は咽喉のあいた穴から一つまた一つと溢れ出し、ゆっくりと竹製のベッドに流れ出していった。）

(37) b.　泡沫从咽喉的漏洞里团团地冒出来，缓缓地流到竹床上……。

（自作）

　　（泡は咽喉のあいた穴からどんどん溢れ出し、ゆっくりと竹製のベッドに流れ出していった。）

(37) c.　泡沫从咽喉的漏洞里呼噜呼噜地冒出来，缓缓地流到竹床上……。

　　（泡は咽喉のあいた穴からぷくっぷくっと溢れ出し、ゆっくりと竹製のベッドに流れ出していった。）

(37) d.　泡沫从咽喉的漏洞里呼呼地冒出来，缓缓地流到竹床上……。　（自作）

　　（泡は咽喉のあいた穴からぶくぶくと溢れ出し、ゆっくりと竹製のベッドに流れ出していった。）

まず (37a) と (37b) を比較してみよう。(37a) では"一団一団"が使用されているため、泡は一つずつ途切れ途切れに出てくるイメージで、視覚的に球状の泡が互いに重なることなく、それぞれ独立の状態を保っている。一方、"団団"を用いた (37b) では、泡が速いスピードで出てくるがゆえ、視覚的にふわふわした泡と泡の間に切れ目がなく綿々と続いている。このようなイメージの違いは (37c) と (37d) によって完璧に再現されている。(37c) の"呼嚕呼嚕地冒出来"では擬声語が視覚的な連想を刺激する役割を果たしており、それによって生起するイメージは"一団一団地冒出来"のそれとほとんど変わらない。(37d) の"呼呼地冒出来"が喚起するイメージも"団団地冒出来"のそれに一致する。このように、本来聴覚的表現であった擬声語が視覚的イメージ作りに貢献したことは言うまでもなく文脈と関係しており、(37c)(37d) には"从咽喉的漏洞里"や"冒出来"などのような語句によって視覚的空間移動に関する認知の文脈が敷かれている。擬声語二タイプの重ね型と数量詞二タイプの重ね型の間に驚くほど並行性が見られたのは、その根源をたどれば認知モードの類似性があると言うことができよう。

　張恒悦 (2006) は"CC"と"一C一C"を取り上げ、イコン性に基づいた意味分析の結果を踏まえて、両者の違いは認知の速度にあることを指摘し、さらに"CC"に対応する認知モードを「高速離散型認知」と名付けた。数量詞からなる重ね型が空間的に分布する集合を対象とした認知様式であるとすれば、擬声語によって構成される重ね型は時間的な存在としての集合を対象とする認知様式である。人間の言語における空間的認知と時間的認知は別々に存在しているのではなく、相互に拡張する現象が広く行き渡っているという事実を踏まえて、本書は"AA"と"ABAB"および"CC"と"一C一C"の間に見られる並行性は同一認知モードによってもたらされたものと考える。つまり、AAは"CC"と同じく、「高速離散型認知」モードに対応し、「離散型認知」に対応するABABと区別される。両形式に対応する認知モードを図示すれば103頁の図4・図5のようになる（Gは認知の主体を、矢印のついた破線は認知フォーカスの移動を、Tは時間軸を、四角は音声をそれぞれ表す）。

第四章　擬声語重ね型の認知的研究　103

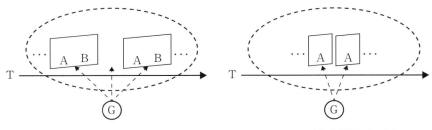

図4：ABAB（離散型認知）　　　図5：AA（高速離散型認知）

4.2　音韻体系から逸脱した擬声語

朱徳熙（1982a）では同じ音を表す単音節擬声語 A と二音節擬声語 AB の間に音韻的関連性があることが指摘された。次の例を参照されたい（下線は筆者）。

<u>p'a</u>（算盤をはじく音）　　　　<u>p'a</u>-la（同）
<u>xua</u>（水の流れる音）　　　　<u>xua</u>-la（同）

これらは単音節擬声語と二音節擬声語の一番目の音節が等しく、即ち A = A（B）となっている。以下、このような関係にあるものを「X 類」と呼ぶ。このほか、単音節擬声語と二音節擬声語の二番目の音節が等しく、即ち A =（A）B となっている例もある。以下、「Y 類」と呼ぶ。

p'<u>a</u>（爆竹の音）　　　　　　p'i-p'<u>a</u>（同）
t<u>aŋ</u>（金属製のものが打ち当たる音）　tiŋ-t<u>aŋ</u>（同）

さらに、A と AB の間に一見関係がなさそうな例も存在する。以下、「Z 類」と呼ぶ。

p'əŋ（心臓の鼓動が高まる音）　　p'u-t'əŋ（同）

上記のような A と AB の音韻的関連性は認知速度と深く関わっていると考えられる。

王洪君（1999：157-158）は X 類と Y 類の AB に関する音韻的特徴を分析し、X 類の AB（「p'a-la 式後伸変声残響型」と呼ばれる）は二音節の母音が同じであるため、「抑揚の変化が小さく」「起伏が穏やかで一つの音節に近い」性質を備えており、「ある音が開始後少し明るい音の伸びや残響が続くこと

を表すにふさわしい」としている。それに対して、Y類のAB（「pʻi-pʻa式抑揚変韻残響型」と呼ばれる）は「激しいボリュームの変化があり」「前の暗い音節に比べて、後の音節が明るい」という。こうした分析から、X類のABにおける主体の音はAであり、Bは付加性の強い「音の伸びや残響」に過ぎず、Y類のABは主体の音がBによって担われることが分かる。当然なことながら、認知の速度が落ちると、個々の個体（音声単位）への観察時間がより長くなり、それによって対象の音が細部まで認知されるだけではなく、それぞれの有界性もプロファイルされ、切れ目のある音声の連続となる。反対に、認知の速度が上がると、対象の音への認知のしかたが粗くなるため、音と音の間の切れ目があまり感じられないと同時に、細かい点が見落とされ、最も目立つ部分のみが知覚される。

　よって、認知の視点からすれば、X類とY類の単音節擬声語はいずれも際立った音だけを残した形と言える。Z類のAとABは、一見したところ関係がなさそうに見えるが、実はAはABを早口で言うことによって合成される音である。つまり、pʻu + tʻəŋ → pʻəŋ という生成過程が想定されるものである。この意味において、Z類は認知の速度に応じて変わる擬声語の本質を反映した典型例であると言えよう。

　孟琮（1983）は現代中国語において音韻体系から逸脱している擬声語が少なからずあることを指摘した。たとえば bia、pia、dia、tia、biang、piang、diang、tiang、duang、tuang（原文のままピンインを用いて表記する）などである。これら北京語の音韻体系に収まりきらない擬声語は対応する文字がなく、書面による記録や伝播は不可能であるが、日常の言語生活の中では大いに活躍しており、孟琮（1983）はそれらの存在を発見し記述したことには大きな意味がある。これらの擬声語はすべて単音節であり、頭子音には有気・無気の対立が見られ、韻母は an または ang で終わるものが多く、整然とした規則性をそこに見出すことができる。さらに重要なことは、これらの単音節擬声語に次のように二音節擬声語が対応して存在していることである。

　　bia　　　　bi-ba
　　pia　　　　pi-pa
　　dia　　　　di-da

tia	ti-ta
biang	bing-bang
piang	ping-pang
diang	ding-dang
tiang	ting-tang
duang	ding-guang
tuang	ting-kuang

　このことから、これらの単音節擬声語は Z 類の単音節擬声語と同様、対応する二音節擬声語から早口によって合成されたものと考えることができる。石毓智（1995）は中国語の擬声語は一律に一声という声調を保っているのが特徴だと指摘した。音声学的に考えると、四声の中で発音の長さを自由にかつ自然に調整できるのは一声のみであり、このような特徴をもつことによって、二音節擬声語が単音節へと短縮することが可能な物理的条件を獲得している。こうして合成された単音節擬声語が、その中に音韻体系から逸脱するものが存在するにもかかわらず、すべて話し言葉に根づいているのは、それらに対応する二音節語が音韻体系に収まり、かつ語彙体系の中にしっかり根づいているからであろう。しかし、それにしても、どうしてこのような単音節擬声語を音韻体系の枠組みを越えてまで作らなければならないのだろうか。高速離散型認知という認知モードが働いているからだ、と本節は考える。

5　AABB の認知的特徴

　孟琮（1983）が二音節擬声語の中から「二つの音を表すもの」を選び出し、それらを特別なグループとした（本節第 2 項を参照）のは、AABB の構造分析に活かそうとする目的があったからである。AABB の構造分析には AB の果たす意味的役割が鍵となるという孟氏の明確な意識が窺える。
　しかしながら、AB が「二つの音を表す」ものという孟氏の見解は、AABB に対する分析に不利に働くところが少なくない。以下の記述を見てみよう。

由两个单音节拟声词并列而成，是复合拟声词。换言之，这类 AB 式实际上是 $A_1 + A_2$ 各自重叠一次，构成 $A_1A_1 + A_2A_2$。例如：
（二つの単音節擬声語が並列されてできたのが、複合擬声語である。換言すれば、このタイプの AB は実際には $A_1 + A_2$ の A_1 と A_2 が、それぞれ繰り返されて、$A_1A_1 + A_2A_2$ となったものである。たとえば、）

丁当：丁＋当→丁丁＋当当

滴哒：滴＋哒→滴滴＋哒哒

"滴滴哒哒"はしばしば雨音の描写に用いられる擬声語である。では、雨音を聞いて、まず"滴滴"と二回、それから"哒哒"と二回というような聴覚イメージが実際に生起してくるのだろうか。また、鉄を鍛える音に多用される"丁丁当当"についても同じような疑問が生じる。鍛冶屋が鉄を打つのに二回ごとに異なる音を出すだろうか。"丁丁当当"が"丁丁"＋"当当"であるという分析には認知的根拠が乏しい。

言語類型論の研究成果を見ると、AA と ABAB のような重ね型はどちらも普遍性の高い言語形式であると言える。Rubino（2005）を読めば、reduplication（重畳。重ね型）という文法手段を有する言語は世界では決して珍しくなく、そのほとんどが母音、子音、子音群、単音節、二音節のような音声単位をベースとして反復し順次に並べる形式をとっていることが分かる。それらと比べると、AABB のような、ベースが相互に入り混じったような形式は極めて稀である。南アジア（Abbi1992）やアフリカ、オセアニア（Inkelas and Zoll 2005、Rubino 2005）の諸言語のみならず、古くから中国と交流をもち、中国語から多大な言語的、文化的影響を受けた日本語（田守・スコウラップ 1999）と朝鮮語（青山 1986）にすら同様の形式は見つからない[12]。

では、AABB にはどのような意味的特徴があるだろうか。以下では ABAB との比較を通じて議論を進めていきたい。

(38) 有一座小钟，没有指针，表框里只有几个劳动者在干活。一个用脚踏机器，双腿在协调的运动；一个用手在不停地敲打；还有一个用胳膊在努力地拉拽，每个人的动作都节奏鲜明，正好合着嘀嗒嘀嗒（？嘀嘀嗒嗒）的声响。　　　　　　　　　　　　　　　　　　　　　　　　　　　　（Google）

（小さな置き時計に針はなく、箱の中で何人かの労働者が働いているだけであ

る。一人は足で機械を踏み、両脚がなめらかに動いている。一人は手で何かを頼りにたたいている。もう一人は腕で懸命に何かを引っ張っている。どの労働者もリズミカルな動きをしていて、チクタクチクタクという音にぴったり合っている。）

(39) 这时却传来了一个声音，从车里发出的 5000 只手表嘀嘀嗒嗒（？嘀嗒嘀嗒）的不大的声音，确实不是大得人人都听得见，却大得足以让那官员知道东西藏在哪里。　　　　　　　　　（『读者』2005 年第 10 期 63 页）
（この時、一つの音が聞こえてきた。車の中から 5000 個の腕時計が発するカチカチという大きくはない音だった。確かに誰でも聞き取れるほどの音量ではなかったが、税関のスタッフに密輸品のありかを知らせるには十分の音量であった。）

インフォーマントによれば、(38)と(39)の ABAB、AABB には互換性がない。(38)では "每个人的动作都节奏鲜明" であるため、リズム感に富むオノマトペが要求され、AB と AB の間に間隔があり、リズム感に富む ABAB（"嘀嗒嘀嗒"）がマッチする。それとは逆に、(39)は 5000 個の腕時計が同時に動くときの音を表しており、種々様々な音が入り乱れ響きあっている。そのため、リズム感の強い ABAB ではなく、雑多で途切れのない連続音を表す AABB（"嘀嘀嗒嗒"）を選択するのが自然となる。

"嘀嘀嗒嗒" と同じように、"唧唧喳喳" からも雑多で途切れない印象を受けることがある。『现代汉语词典』では "唧唧喳喳" の意味を次のように解釈している。

　形容杂乱细碎的声音：小鸟儿～地叫
　（乱雑で小刻みな音の形容：小鳥がピーチクパーチク鳴いている）

しかし、ここで言う "杂乱细碎" というのは小鳥の鳴き声そのものの特徴というより、AABB という重ね型を採用することによって生まれたものと考えたほうが妥当であろう。なぜなら ABAB を用いた "小鸟唧喳唧喳地叫" という言い方も問題なく成立するが、その場合、小鳥の鳴き声は明瞭でリズム感に富み、乱雑感が少しも感じられないからである。"唧喳唧喳" は "嘀嗒嘀嗒" と同じ認知プロセスを経ているものと言える。

一方、AABB と ABAB が互いに置換可能なケースもある。

⑽ 吉普车轰轰隆隆（轰隆轰隆）地闯了出去。
（ジープはゴーゴーと突き進んでいった。）

⑷ 饭盒里有一把勺子，叮当叮当（叮叮当当）响。
（弁当箱の中にスプーンがあって、カチャンカチャンと音を立てていた。）

しかし、両者によって喚起される聴覚イメージは同じではない。⑽の"轰轰隆隆"では、ジープが乱雑で騒がしい音を立てながら突進していく場面が想像されるが、"轰轰隆隆"を"轰隆轰隆"に換えると、ジープの音は規則的に変化し、一定の周期性が感じられる。そして弁当箱にぶつかるスプーンの音を描写する⑷の"叮当叮当"は、リズミカルな音を表しているが、"叮叮当当"に置き換えれば、律動性がなくなり、苛立たしいノイズとなりかねない。

以上から次のような結論を導き出すことができる。ABABは、基式ABを単位に音の一つ一つが有界となっているため、内部が分割可能で、音と音の間に間隔がある。それに対して、AABBは切れ目のない連続音を表し、分解不可能な無界性の内部構造となっている。

この結論に基づけば、AABBとABABの間に見られる非対称性の原因を解き明かすことが可能である。

北京大学中国言語学研究センターのコーパスで検索した（2012年6月29日）ところ、AABBよりABABの形をとりやすいABが存在することが判明した。

咕咕咚咚 10例　咕咚咕咚 58例（液体を飲み込む時の喉の音など）
呼呼哧哧 7例　呼哧呼哧 98例（激しい息づかいの音など）
吧吧嗒嗒 0例　吧嗒吧嗒 41例（タバコを吸う音など）
扑扑通通 6例　扑通扑通 53例（心臓の鼓動が高まる音など）

なぜこのような現象が起こるのだろうか。その理由はこれらのABがいずれも人体に出現する一定のリズムを有する動作や運動を表現する音だからであると考えられる。水など液体を飲む、呼吸をする、タバコを吸う、心臓が鼓動するなどは、リズミカルに一定のペースを保って進行するのが常であり、そのため、ABABで表現されるのが自然である。

一方、主にAABBの形式になるABもある。

窸窣窸窣 0例　　窸窸窣窣 33例　（かすかな摩擦音）
喊喳喊喳 0例　　喊喊喳喳 110例（小さくてささやくような話し声）
淅沥淅沥 6例　　淅淅沥沥 130例（小雨の音）

　これらの擬声語の共通点は微弱でかすかな音を表すことである。問題の音がかすかでそれを感知することさえ難しければ、その音に間隔があるかどうかということに認知主体は注意を払わない。よって、ABABで表現されることが稀であるのもうなずける。
　上述の通り、本書はABを一つの音声単位と見なしている。とすれば、二つのABが交錯する形でAABBが作られたと分析することができる。先行の音声単位ABの間に後続の音声単位の開始音であるAが挿入されているため、先行の音声単位ABへの認知が完了しないうちに後続の音声単位ABへの認知が始まっていることになる。よって、先行音声単位と後続音声単位の間に切れ目がなくなる[13]。そういう意味で、AABBの意味的特徴はその形式的特徴に対応しており、認知パターンがイコン的に形式上に反映されていると言える。
　AAとABABの間の意味的相違がその基式の語長調整に由来するのであれば、AABBとABABは基式の配置順序（syntactic order）を調整することによって意味を異にしているのである。AABBは類型論的に見ると稀なタイプではあるが、中国語シンタクスの原則の一つである「時間順原則」に則って境目のない内部構造を完成させたことは中国語の語彙体系にとって大きな意味をもつ。前述した通り、形容詞と動詞もともにAABB形式を構成することができる。そして、たとえば、二音節形容詞"安静"の場合、基式の状態性が保たれる限り、AABBの形をとらなければならない。その原因は何だろうか。従来の研究のようにABAB（"安静安静"）の形になれば動詞の性質になるからという視点では、消極的な理由づけしか見つからない。しかし、陈光（2000）と照らし合わせてみると、形容詞からなるAABBは形式においても文法と意味においても擬声語からなるAABBと合致することが分かる。したがって、それらは共通の認知的ルールによって支配されていると考えるのが自然である。つまり、形容詞AABBも擬声語AABBと同様、切れ目のない内部構造を有しているのである。AABBという形式にな

れば、その AB と AB の間の境目が取り除かれ、異質なものが混入する隙間がなくなるため、"安安静静"はその基式"安静"と同じように均質な状態を表現することが可能になる。よって、形容詞が ABAB ではなく AABB という重ね型になりやすい動機づけを AABB という形式自身に求めることができるのである。一方、動詞、たとえば"指点"の場合は、形容詞の"安静"とは異なり、非均質であるため、"指指点点"と形を変えると、"交替反复态与频繁绵延态"（交替反復の様子と頻繁継続の様子）（张谊生 2000）を表すことになる。このような意味は乱雑なイメージを伝える擬声語 AABB にもっと近い。この意味において、AABB に対応する認知モードは縦割りの品詞分類に束縛されることなく、品詞横断的に拡張してゆき、現代中国語の文法体系の中で重要なカテゴリーの形成を促したのである。

　上述のように、AABB に対応する認知モードの特徴は二つの AB の交錯配列にある。よって、本書はそれを「交錯型離散認知」と名付ける。AABB と ABAB の認知的相違は図6・図7のように図示化することができる。

6　結　び

　擬声語については、シニフィアン（signifiant）とシニフィエ（signifié）の類縁関係がよく知られており、言語の恣意性（l'arbitraire）を説いた索绪尔（F. de Saussure）（1999：104-105）でさえ否定しえなかった。そのため、欧米や日本の言語学の分野では擬声語に関する研究にイコン性という概念が適用され、擬声語の音声と指示対象との有縁性、つまり音象徴（sound

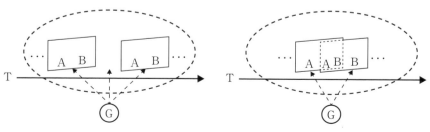

図6：ABAB（離散型認知）　　　図7：AABB（交錯型離散認知）

symbolism)の根拠とされた。Hamano (1998)、田守・スコウラップ (1999) はその典型例である。中国語の擬声語に関する研究では、イコン性の概念はまだ導入されていないものの、孟琮 (1983) や马庆株 (1987) に見られる分析は若干、音象徴研究に通じる部分がある。

　本節における最も肝心な概念もイコン性である。しかし、それが意図するところは音象徴ではなく、中国語の重ね型全体に影響を及ぼしている形式と意味の対応関係である。本節は品詞の枠を越えた比較を通して、擬声語からなる三つの重ね型に対応する認知のモードを明らかにした。その目的は単に三形式の意味的特徴の解明だけでなく、重ね型という文法現象に対して品詞横断的な研究視点をも提供しようとするところにあった。

注
1)　本書は中国語の話し言葉の擬声語を対象とし、"潺潺"(せんせん)、"喋喋"(ちょうちょう)などのような書き言葉は考察外にする。
2)　"一声"と"两声"は明確な数量を表す場合もあれば、不定の数量を示す場合もある。次の二例に現れた"一声"と"两声"は、どちらも文字通りの数量ではなく、曖昧な少量を表すものである。
　　您去跟科里说一声，早点开饭。
　　(ちょっと事務室の方に食事の時間を早めにしてほしいと声をかけていただけないでしょうか。)
　　对当前的危急形势，他们除了喊两声要抵抗外，谁也说不出什么具体的主张来。
　　(現在緊迫している情勢について、彼らは抵抗しようと何回か叫ぶ以外に、誰も具体的な提案をすることができなかった。)
　　しかし、"一声"と"两声"が音の描写を目的とする擬声語と共起する場合は、不定な量ではなく、明確な量を表す。よって、擬声語と共起する"一声"と"两声"は擬声語の意味特徴を弁別する指標になりうる。
3)　孟琮 (1983) が、二つの音を表す二音節擬声語として列挙した AB は以下の通りである。
　　哔叭、兵榔、滴哒、丁当、丁冬、唧嘎、唧呱、精刚、劈啪、乒乓、齐嚓、齐咔、清匡、梯踏、听喤、听通。
4)　"劈啪"は"噼啪"と同じ。擬声語の表記には異体字が多く存在している。たと

えば、『现代汉语词典』では同じ dīngdāng という擬声語に三つの表記（"叮当""丁当""玎珰"）がある。本書ではそれらを同じものとして扱う。
5）当該論文は、「二音節擬声語は一体となって機能的に動く組織である」としたうえで、それが連綿語と音韻的共通性があることにも言及している。しかし、その論証の目的はあくまで「大音節構造」という結論を導き出すためであり、二音節擬声語の意味的特徴には触れていない。
6）連綿語は『现代汉语词典』では"联绵词"と記される。本書では、『现代汉语词典』に従い、"重言"を連綿語の中に含めない。
7）二音節擬声語と共起し、その意味理解に影響を及ぼす数量詞は"一声"と"两声"だけではない。同じような機能を担う数量詞がほかにもある。たとえば"丁当<u>两锤子</u>"（槌でカンカン二回敲いた）、"唰啦的<u>一下</u>"（サッと一回音がした）（马庆株 1987）などである。しかし、"一声"と"两声"は擬声語との共起が最も多い（邵敬敏 1981、马庆株 1987）ため、本書はこの二者を調査の対象とした。
8）Paul Boersma and David Weenink, version 5.0. http://www.fon-hum.uva.nl/praat/download.win.html.
9）马庆株（1987）が指摘したように、補助記号の添加は擬声語への理解に一定の影響を与えることができる。たとえば、"嘟——嘟——"はダッシュがつけられたことによって音が伸びているイメージがある。本節は三形式そのものを考察するため、補助記号の付く場合を対象外とする。
10）Cは子音（consonant）、Vは母音（vowel）、Qは促音（geminate consonant）を表す。
11）CVCVの場合でも、末尾にQがつけば、「と」が必要になる。たとえば、
　　グルグルッと二、三回まわってみせた。
12）陆志韦（1956）は、AABBがシナ・チベット語族にしかない重ね型であることを指摘した。马学良主编（2003）によれば、AABBが羌语、缅语、彝语、傈僳语、拉祜语、纳西语、基诺语に存在するという。なぜシナ・チベット語族だけにAABBが現れているのか。この問題は類型論的に非常に興味深い。
13）AABBの内部に切れ目のないことは録音データの解析からも裏付けられる。113頁の図8："叮叮当当"の声紋図が示すように、"叮叮当当"の波形は途切れることなく連続しており、間隔があり、断続的な波形を形成する第2項の図3："叮当叮当"の声紋図とは異なる。

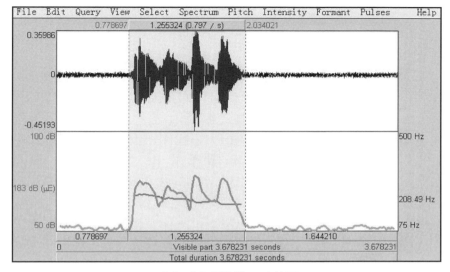

図 8 : "叮叮当当" の声紋図

インフォーマント

A : 男性、45 歳、河南省出身。B : 男性、31 歳、遼寧省出身。C : 女性、53 歳、北京出身。D : 女性、39 歳、北京出身。E : 女性、35 歳、遼寧省出身。(A、B、C は発音者でもある。)

第二節　擬声語重ね型 ABB の認知メカニズム

1　はじめに

　本節では "哗啦啦" のような擬声語の重ね型（以下 ABB と記す）の形式と意味認知のメカニズムについて考えみたい。

(1) 玻璃破了，哗啦啦掉了下来。
　　（ガラスが割れて、ガラガラッと落ちてきた。）

　現代中国語の擬声語の重ね型は多様な形をとって現れ、ABB 以外に AA、ABAB、AABB などの形式も併存する。すると、次のような疑問が浮かん

でくる。ABB は他の重ね型とどう異なるのかという疑問である。ABB は独自な意味機能をもっているのか。もっているとすれば、それは一体どのような意味機能であるのか。

この問題がいまだに明らかにされていない現状をふまえ、本節では ABB を対象とし、他の三形式との比較を通じてその認知的特徴を明らかにしたうえで、ABB の意味機能について考察を加える。

2　先行研究

ABB はその特異な形式のため、先行研究でよく言及されてきた。しかし、この重ね型の形式と意味の相関関係はあまり研究者の関心を引いてこなかった。管見によれば、これまで ABB の意味的特徴について言及した先行研究は王了一（1982：166-167）のみである。以下にその原文を引用する。

单字之后再加叠字，表示前一种声音是短促的，后一种声音是连续的。例如：
　A 哗喇喇一桶净粪从上面直泼下来。
　E 做了自己的功课，忽听得纸窗呼喇喇一派风声。
（〔ABB は〕一つの漢字の後に同じ漢字の重ね型が付加されているため、前の音が短く、後ろの音が連続していることを表す。たとえば、
　A ザザーッとバケツ一杯の糞尿が頭からぶっかけられた。
　E 自分の宿題を終えたら、突然紙の貼ってある窓からヒュウヒュウと風の音が聞こえてきた。）

王了一（1982）が一つの漢字を一つの意味単位とする角度から ABB の意味構造を分析していることが分かる。"哗"と"喇"は異なる漢字であるため、それぞれ異なる二つの音を表し、"哗"が「前の音」で、"喇"が「後ろの音」である。このように AB を二つに分けることは、一見すると、一字が一義に対応するという中国語の孤立語的言語構造に由来する一般的傾向にかなうように見えるが、疑問点がないわけでもない。

まず、音が二つに分けられるなら、聴覚上も二回にわたって独立した音波の刺激を受け、聴覚的に音波の有界性が存在することが前提となる。しかし、

提示された例文を読むと、そうした分析が言語事実に合致していないことが分かる。例Ａは"一桶浄粪"を突然頭から「ぶっかけられた」様子を描いたものであり、"直泼"（じかにぶちまける）という表現は動作の素早さを伝えている。この場合、その音を二つに聞き分けられるのだろうか。また、例Ｅでは風が突如起こり窓に吹きつける状況を描写する文脈となっているのだが、自然界の風が、まず"短促"それから"连续"という方式で異なる二つの音を出すことが可能であろうか。王了一の"前一种声音是短促的，后一种声音是连续的"という主張は、ABBの構造をＡ＋BBと見なしたことを意味する。しかし、それは以上のように物理的な裏付けが得られないため、疑いを挟む余地があると思われる。

　もしＡとＢが二つの異なる音を表すものであれば、ＡとＢに単音節の擬声語をそれぞれ充当することが自然であろう。しかし、ABBが成立するにはABで一つの二音節擬声語として成立しなければならないという制限がある。たとえば、"哗啦啦"と"轰隆隆"はいずれも常用のABB型擬声語であり、それに対応して"哗啦"と"轰隆"が二音節擬声語として成立する。一方、たとえば、"当"と"哗"は使用頻度の高い単音節擬声語であるにもかかわらず、"*当哗哗"も"*哗当当"も成立しない。そして、それに対応して"*当哗"も"*哗当"も二音節擬声語として成立しない。つまり、ABBはABABやAABBと同じくABを基式にできた重ね型なのである。したがって、ＡとＢが二つの異なる音に分かれるという主張は、ABBの形成過程においても問題を残している。

　張恒悦（2008）は擬声語の重ね型をテーマにしたものであるが、主にAA、ABAB、AABBをめぐって考察が展開されていたため、ABBにまで考察が及んでいない。しかし、ABABやAABBと同様、ABBも二音節擬声語の基式から構成されているという点から考えると、同論文で論じられたABの意味的特徴はABBの分析においても参考になる。同論文は音韻的特徴の分析、使用状況の調査とフット区切りの観察という角度から、理論的、実証的にABを研究し、以下の二点を明らかにした。

　Ｉ　ABは二つの単純音を表す場合もあるが、主たる意味機能は一つの複雑な混合音を表すことである。

Ⅱ 重ね型の基式となる場合、AB はその無標的な意味である一つの混合音を表す。

本節では以上の研究を踏まえ、ABB における AB も一つの混合音であると見なし、ABB の構造は A + BB ではなく、AB + B と分析すべきことを主張する。

3　ABB と他の三形式の類似性

3.1　動的持続性

『中国語擬声語辞典』には ABB の例文が数多く見られるが、他の重ね型と互換性があるというマークのついているものも少なくない。たとえば"河水哗啦啦流"（川の水がさらさら流れる）や、"哗啦哗啦的麻将牌声"（ジャラジャラというマージャン牌の音）などがそれであり、ABB を ABAB "哗啦哗啦"あるいは AABB "哗哗啦啦"に置き換えても成立する可能性が高いことが示唆されている。筆者のインフォーマントに対する聞き取り調査によると、(2)の"哗啦啦"は"哗哗""哗啦哗啦""哗哗啦啦"のいずれでも置き換えが可能であった。

(2) 玻璃破了，哗啦啦掉了下来。　　　　　　　　　　　　　　((1)再掲)
　　玻璃破了，哗哗掉了下来。
　　玻璃破了，哗啦哗啦掉了下来。
　　玻璃破了，哗哗啦啦掉了下来。

即ち、ABB は ABAB、AABB のみならず、AA とも互換性を有するのである。このような置き換えが可能になるのは意味の共通性によって動機づけられているからだと思われる。张恒悦 (2008) は AA、ABAB、AABB に「動的持続性」という共通する意味的特徴があると指摘したが、次の例において ABB にも同じく動的持続性が観察できる。

(3) 列车轰隆隆（? 轰隆）地开着。
　　（列車がゴーゴーと走っている。）
(4) 这时候起了西北风，刮得树叶子"哗啦啦（*哗啦）……"

（この時、西北の風が吹き出したので、木の葉がザワザワと音を立てた。）
(5) 他的手还没离开耳机子，当啷啷（*当啷）响起一阵急剧的电话铃声。
（彼の手がまだイヤホーンから離れていないうちに、リンリンと電話は激しく鳴り響いた。）

(3)～(5)の ABB はいずれも基式の AB に置き換えることができない。(3)では動詞"开"に助詞"着"が付いていることから、列車が持続的に走行していることが分かる。この場合、突発的で一回のみの音を表す"轰隆"をその連用修飾語とすることはできない。(4)では西北からの風によって木の葉が激しく触れ合う音を伝えている。このような状況も突発的で一回のみの音を表す"哗啦"ではその状況を描写することはできない。(5)では数量詞"一阵"によって電話の音が持続的に延びている状況が明らかになっている。そのため、持続性をもつ"当啷啷"は適格であるが、持続性のない"当啷"は不適格となる。

つまるところ、ABB と AA、ABAB、AABB の間の互換性は「動的持続性」という共通する意味的特徴に由来すると考えられるのである。

3.2 離散的認知の本質

上記の考察により ABB が動的持続性をもつことが明らかになった。この動的持続性こそ ABB の認知モードを探る上で見逃せないポイントである。張恒悦（2007）は、数量詞の重ね型である"一CC"と"一C一C"は視覚的身体経験が言語形式に投影された結果であることを指摘し、それぞれに対応する認知モードを以下のように分析した。

"一CC"は、統合型認知モードに対応し、複数の個体からなる集合を静的、巨視的な視点から捉える表現形式である。全景的視点のもとにスキャニングが行われるため、その焦点は特定の個体にではなく、集合全体の状態に置かれる。

"一C一C"は、離散的認知モードに対応し、集合を構成する個体を動的、微視的な視点から捉える表現形式である。構成メンバーの一つ一つに焦点が置かれるため、関係する個体は前景化され、認知は統合的にではなく、離散的になされていく。

"一CC"における集合の構成メンバーが無界の性質を有し、かつ静的であるのに対し、"一C一C"の集合の構成メンバーは有界であり、かつ動的持続性を有する。

ここで特に注意すべきは、"一CC"が集合全体の状態をプロファイルするのに対し、"一C一C"が集合の個体の状態をプロファイルする点である。統合型認知モードの場合、話者は集合全体を一まとまりとして捉えるため、集合全体が静的に認知されると同時に、集合のメンバーは無界的に認知される。一方、離散的認知モードの場合、話者は認知の焦点を時間軸に沿って動かし集合内の個体を一つずつ認知していくため、集合全体が動的な持続性をもつものとして認知され、集合内のメンバーも個々に有界的に認知される。したがって、集合を構成するメンバーが無界的に認知されるか有界的に認知されるか、集合に対する認知が全体が動的持続性をもつものとしてか否か、この二点が認知モードを区別する重要な手がかりとなる。そこで、ABBに動的持続性があることに注目すれば、次のような観察が成り立つ。即ち、ABBは形式上は"一CC"に似ているが、意味的には"一C一C"に似て、離散的認知のグループに属する。

以上のような考えは単に理論的な論証によって導き出されたものではなく、以下に示すABBの文法的特徴からも裏付けが得られる。

(6) 他把这些梦，<u>一个一个（一个个）</u>变成了现实。
　　（彼はこれらの夢を一つ一つ実現させた。）

(7) 她端起小碗，<u>一口气</u>咕噜噜地喝了下去。
　　（彼女は小さなお碗を手にもつと、ゴクゴクと一気に飲み込んだ。）

(8) <u>一个一个（一个个）</u>的丰收，不都是在铁锹下创造的么？
　　（一年また一年の豊作は、どれも鉄のクワによって作り出されたものではないのか。）

(9) 旁观者也许会眩目于个体户们手中哗啦啦的纸币，其实他们内心并不和谐。
　　（傍観者は個人経営者の手にある分厚い札束を羨むかもしれないが、彼らの心の中は決して穏やかではなかった。）

"一CC"と"一C一C"はともに連用修飾語と連体修飾語になり、ABB

もこの二つの位置に現れ得る。"一C一C"はさらに"一CC"にはない述語と補語になる機能も有する。この点でABBと"一C一C"は完全に一致する。

(10) 十种小麦种的优点和缺点，纷杂繁琐的棉种和农药代号性能在他嘴里<u>一串一串</u>（*一串串），温度、湿度、光照如数家珍似地一一道来，满脸挂着自信。
（十種類の小麦の種の長所と短所、複雑で紛らわしい綿花の種および農薬の登録番号や特性などを彼は語り続け、温度や湿度、日照時間などまでを家宝を数えるようによどみなく話していて、自信たっぷりの顔だった。）

(11) 大山里有一座城，开山炮<u>轰隆隆</u>。　　　　　　　　　　　　（百度）
（山の中に町があり、そこからドカーンドカーンと山を切り開くための爆発音が聞こえてくる。）

(12) 只见他满身血肉模胡，不成人形了，裤子被撕得<u>一条一条</u>（?一条条）的，露着的半截光腿已经成了红色。　　　　　　　　（第三章第一節(31)再掲）
（ふと見ると、彼は全身血だるまになり、人の形は成していなかった。ズボンはぼろぼろに引き裂かれ、剥き出しになった半分の足もすでに赤くなっていた。）

(13) 小家伙太喜欢出去玩了，一回到家就变懒虫，如果没人理它，一会儿功夫就睡得<u>呼噜噜</u>，真是不知该怎么形容，真是太有思想了！　（百度）
（あのちびは外で遊ぶのが大好きで、家に戻ると怠け者になる。相手にされないと、すぐグーグーと眠りこける。どのように評価したらいいか分からない。本当にずるい。）

張恒悦（2008）では、AA、ABAB、AABBがいずれも離散的認知モードに基づくことが主張され、その論理的な検証も行われた。ABBも離散的認知モードに基づくことを考え合わせると、擬声語の重ね型は静的、統合的に事態を把握する認知方式ではなく、動的、離散的に事態を捉える認知方式に対応していることが分かる。中でもABBの場合、形式上"一CC"に似ているにもかかわらず、認知的には"一CC"と異なり、離散的認知モードに対応している。こうした現象が起こる原因として、数量詞と擬声語が表す対象の存在状態の違いが挙げられよう。数量詞は外部世界に実在し、形をもっ

て空間的に分布する事物を主な指示対象とするため、数量詞からなる集合への認知は、理論上、統合的認知と離散的認知のどちらも成立する。それに対し、擬声語の指示対象は時間軸に沿って推移する音声であるため、統合的認知モードには馴染まず、離散的認知モードのみが適用されるのである。

4　ABB に対応する認知モードに関する仮説

　以上、ABB と他の擬声語の重ね型の共通性をめぐって考察を進めてきた。では、他と異なる ABB の独自性はどこにあるのだろうか。議論に先立ち、張恒悦（2008）で明らかにされた AA、ABAB、AABB の意味的相違と、その背後で働く認知言語学的原理について簡単に触れておきたい。
　まず、AA と ABAB を比較してみよう。

⑭　沉寂的隔河岩响起了隆隆（轰隆轰隆）的开山炮。　　　（第一節㊱再掲）
　（静かな隔河岩からドーンドーンと山を切り開く爆発音が鳴り始めた。）
⑮　现在他咯噔咯噔（噔噔）走下楼梯来。　　　　　　　　（第一節㉟再掲）
　（いま、彼は階段をコツコツと降りてきた。）

　AA が表す音のイメージは ABAB のそれより速い。典型的な離散的認知モードに対応する ABAB に対し、AA は高速離散型認知モードに対応する。AA と ABAB のこのような相違がそのまま語長（word length）に投影していることは注目すべきポイントの一つである。イコン性原理の表れである概念距離[1]に基づけば、言語の形式間の距離は概念間の距離に並行する。AA は ABAB より形式的に圧縮されたため、意味レベルでの集合の個体間の距離も短縮され、より速い認知速度を反映するのである。
　次に ABAB と AABB を比べてみよう。

⑯　有一座小钟，没有指针，表框里只有几个劳动者在干活。一个用脚踏机器，双腿在协调的运动；一个用手在不停地敲打；还有一个用胳膊在努力地拉拽，每个人的动作都节奏鲜明，正好合着嘀嗒嘀嗒（?嘀嘀嗒嗒）的声响。　　　　　　　　　　　　　　　　　　　　　　　　　　　（第一節㊳再掲）
　（小さな置き時計に針はなく、箱の中で何人かの労働者が働いているだけである。一人は足で機械を踏み、両脚がなめらかに動いている。一人は手で何かを

頼りにたたいている。もう一人は腕で懸命に何かを引っ張っている。どの労働者もリズミカルな動きをしていて、チクタクチクタクという音にぴったり合っている。)

⒄ 这时却传来了一个声音，从车里发出的5000只手表嘀嘀嗒嗒（？嘀嗒嘀嗒）的不大的声音，确实不是大得人人都听得见，却大得足以让那官员知道东西藏在哪里。　　　　　　　　　（第一節⑶再掲）
（この時、一つの音が聞こえてきた。車の中から5000個の腕時計が発するカチカチという大きくはない音だった。確かに誰でも聞き取れるほどの音量ではなかったが、税関のスタッフに密輸品のありかを知らせるには十分の音量であった。）

すでに第一節第5項で論証したように、⒃も⒄もABABとAABBの間に置換が成立しない。ABABが喚起するのはABが一つの単位として規則的に反復され、ABとABの間に間隔のあるリズミカルな連続音である。擬音化すれば「チクタク、チクタク、チクタク…」である。それとは対照的に、AABBは二つのABを交錯させることにより雑多で途切れのない連続音を作り出す。無理やり擬音化すれば「チチチタタタ、タタタチチチ…」といった感じである。ABABとAABBにおいて、意味的相違がそのまま基式の配置順序に投影されていることに改めて注目しておきたい。

以上の考察から次のような示唆が得られる。中国語の擬声語重ね型は多様な形式をもち、意味機能が複雑で変化に富んでいるというものの、語長や基式の配置順序を調整することによって、忠実にイコン性原理を守っている。中国語の擬声語重ね型における意味的相違はすべて形式に反映しているのである。換言すれば、意味的特徴と形式的特徴の間に対応関係が存在するため、形式的特徴が意味的特徴を分析する際の手がかりとなりうるのである。

ABABやAABBと比べれば、ABBは語長が短い。ここから、ABBの中にAAに似た高速離散型認知の要素が含まれていることが推測されるが、基式の配置順序およびイコン性の角度から見れば、AAとABBの間に違いがあることも明らかである。AAの場合、高速離散型認知は初めから終わりまで貫かれている。それに対して、ABBでは高速離散型認知の要素は途中から参入し、余音や残響を表すBの反復によって表される。こうした側面

からも本節の冒頭で述べた主張「ABB は A + BB ではなく、AB + B という構造をもつ」が裏付けられる。

　ABB が他の形式と異なる点はその出だしにある。AA、ABAB、AABB はいずれも同一単位（A あるいは AB）の繰り返しによってできた均衡な構造である。そのため、これらの形式における認知モードは、音を認知する過程において全体に均等な注意を払い、特別にプロファイルするところがない。一方、ABB は不均衡な構造であり、出だしに二音節擬声語 AB を充当するのは、話者が音のスタートに格別な関心をもち、それをより時間をかけて細かく捉えていくためであると考えられる。そして対象の音への認知が開始するやいなや、その余音や残響に対する認知速度が加速し、結果として B のみの反復となってゆく。

　本書は ABB に対して次のような仮説を立てる。
　　仮説 ABB の認知モードは、出だしの音に焦点を当て、それをプロファイルするタイプの高速離散型認知である。
　以下、これを「始動型高速離散認知」と呼ぶ。

5　仮説の検証

5.1　ABB が出現する文脈

　王了一（1982：166-167）は ABB の説明に以下のような例を提示した（下線は筆者）。

A　哗喇喇一桶浄糞从上面直泼下来。
　　（ザザーッとバケツ一杯の糞尿が上からぶっかけられた。）
B　只听吱喽喽一声，院門開処，不知是那一个出来。
　　（ギギーッと音がして、庭の門が開き、誰かが出てきたようだ。）
C　只听豁啷啷満台的銭响。
　　（ジャランジャランという銭の音が舞台に響き渡っていた。）
D　坐到三更以后，听得房上骨碌碌一片响声。
　　（夜中が過ぎたところ、屋根からガラガラという音が聞こえてきた。）

Ⓔ 做了自己的功课，<u>忽听得</u>窗纸呼喇喇一派风声。
（自分の宿題を終えたら、突然紙の貼ってある窓から風の音がヒュウヒュウと聞こえてきた。）

　ここで注意したいのは、挙げられた5例中の4例まで、突然聴覚的刺激を受けたことを意味する"只听"や"（忽）听得"（以下、「音声感知マーカー」と呼ぶ）が出現していることである。王氏の用例はすべて『紅楼夢』から引用されたものであり、"只听"や"（忽）听得"を含むものだけが意図的に集められたとは考えにくい。これらの用例は、ABBが音声感知マーカーと共起しやすく、音声の突然の知覚を表す文脈にふさわしいことを窺わせる。
　筆者が北京大学中国言語学研究センターのコーパスで"哗啦啦"を検索したところ、168例が得られ（重複例を除く）、⒅のような音声感知マーカーがついた例が15例、⒆のような新たな事態の発生を強調する"忽然"などのような副詞と共起した例が16例あり、両者を合わせると30％弱に達した（2008年12月2日）。

⒅ 他抱起孩子，蹬开房门，刚刚冲出门外，<u>就听见</u>身后哗啦啦一声巨响。
（彼は子供を抱き上げ、ドアを蹴り、外に飛び出したところ、ガラガラと後ろから大きな音が聞こえてきた。）

⒆ <u>忽然间</u>，外面"哗啦啦"一阵响，接着又是一连串惊呼。
（突然、外はガチャガチャと音がした。続いてけたたましい叫び声が上がった。）

　もちろん、"哗啦啦"が突然耳に飛び込んできた音を表していても、⒇㉑のように音声感知マーカーや"忽然"のような副詞と共起するとは限らない。

⒇ 正在拐弯时，从侧里来了一辆自行车，前轮冲诸志岱那辆车的后轮侧面撞了一下，两辆车"哗啦啦"都跌翻了。
（ちょうど曲がろうとした時、脇から自転車が飛び出してきた。その前輪が諸志岱の自転車の後輪の側面にぶつかったため、二台の自転車がガシャンと音を立てながらともに倒れた。）

㉑ 天黑地暗，大雨哗啦啦倒下来。
（あたりが暗くなり、大雨がザアーッと降ってきた。）

　しかし、⒇は二台の自転車がいきなり衝突した場面を描いたものであり、㉑は雨が突然降り出した状況を描写したものである。筆者が168例のすべて

に対して調査を行った結果、"哗啦啦"が音の突然の発生を表す文脈に出現した例が 147 例に及び、87.5% を占めることが判明した。この比率は ABB が突如耳に飛び込んできた音を表す文脈に多く用いられることを示しており、その結果として、音の開始部がプロファイルされやすいという推論を導くことができる。

5.2　ABB における認知の起点

注意すべきは、実際の言語生活の中における ABB の使用が決して常に音響そのものの客観的な存在状態によって決定されるのではなく、時に話者の主観的事態把握に依存するということである。次の例を見てみよう。

(22) 海水哗啦啦，把一个小玻璃瓶冲上了沙滩。　　　　　(『中国語擬声語辞典』)
　　(海水がザザーッと一つの小さなガラス瓶を砂浜に打ち上げた。)

客観的な存在としての海は一刻もやむことなくうねり続けており、海辺の波音は恒常的な音響であると言えるのだが、(22)はそれを"哗啦啦"を用いて描写している。他の形式の重ね型を用いても波音を描写することができるが、それぞれが喚起するイメージは異なる。ABAB"哗啦哗啦"を用いると、海水がザー、ザーとリズミカルに打ち寄せることによってガラス瓶が砂浜に漂着した様子が想像され、AABB"哗哗啦啦"を用いれば、海水が大きくうねり、乱雑で騒々しい波音を立てながらガラス瓶を砂浜に打ち上げた情景となる。AA"哗哗"であれば、ガラス瓶を砂浜まで運んできた波のうねりはテンポが相対的に速いという印象である。そして、これら三形式はいずれも起点も終点ももたない波の連続音を表現している。それに対し、ABB"哗啦啦"は一つの波が打ち寄せてきた場面で音声を切り取っている。確かに海は休むことなく動き、音響を発し続けている。その連続する波音から、突然巻き上がりガラス瓶を砂浜に打ち上げた一つの波に焦点を当て、ガラス瓶の移動と同時に耳に飛び込んできた波音を活写したのが"哗啦啦"である。この意味において、客観的な認知によると思われる擬声語の認知も、常に音響そのものの存在状態に左右されるのではなく、時に話者の主観的事態把握に依存して変化すると言えるのである。

孟琮（1983）と野口（1995）はすべての AB が ABAB に拡張できるとし

ている。しかし、北京大学中国言語学研究センターのコーパスで検索すると、以下のような結果が得られた（2008年12月2日）。

表1：ABからABAB、ABBへの拡張

	Ⅰ類 AB			Ⅱ類 AB		
	咕咚	扑通	呼哧	扑簌	叮铃[2)]	扑棱
ABAB	59	54	98	4	0	3
ABB	12	3	2	83	29	8

　この結果から、Ⅰ類ABは主にABABに拡張し、Ⅱ類ABは主にABBに拡張することが分かる。なぜこのような現象が起きるのだろうか。この謎を解くにはABの意味的特徴とABABおよびABBの認知モードの差が鍵となる。

　Ⅰ類のABはリズミカルで律動的に響くという点において共通し、Ⅱ類のABは音響発生の瞬間に知覚者が敏感に反応するという点において共通している。液体を飲み込む音を表す"咕咚"、心臓の鼓動を示す"扑通"、また呼吸音を連想させる"呼哧"、これらはいずれもわれわれの身体から発する動作や運動に伴う音であり、一定のリズムを有する。そのため、音と音の間に間があり、リズミカルに持続していくイメージを喚起する離散的認知モードのABABと対応しやすくなる。一方、涙のこぼれ落ちる音を表す"扑簌"、電話の着信音を表す"叮铃"、鳥が飛び立つ際の羽ばたき音を表す"扑棱"、これらはいずれも音響起動の瞬間が最も知覚者の注意をひきつける局面、換言すれば、認知的顕著性（salience）の高い局面であると言える。したがって、認知的には、音響がリズミカルであるかどうかということよりも、知覚者が音響の発生に気づいたかどうかが重要になってくる。Ⅱ類のABがABABと拡張せず、ABBと拡張するのはそのためであると思われる。

5.3　ABBにおける内部構造の緊密性

　马庆株（1987）は、ABBには基式ABのBが部分的に繰り返されてできたものと、それぞれ独立した形態素AとBのうちBのみが繰り返されてで

きたものという二つのタイプが存在すると主張する。马氏は、前者の分析が可能なのはABBが述語の機能を担えるためであり、後者の分析が可能なのはABBが"一声"と共起できることに基づくという。たとえば"当啷啷一声"（ガチャンと一回音がした）。しかし、本節の冒頭で述べたように、ABBがABを基式とした重ね型であるという立場をとっている本書から見れば、马氏の説明には首肯しがたい部分が多々存在する。ただ、ABBが"一声"と共起できるという指摘は大変興味深い。

ABBが離散的認知モードに基づくからには、動的認知によって継続的に当該の音を捉えていく特徴が与えられる。そうであれば、次の例にあるABBと"几声"との共起は説明がつく。

⑵ 这时猛觉得整个房子一颤，轰隆隆几声巨响，四五颗炮弹都打在院里，碉堡上也中了一炮。
　　（その時、家全体が急に揺れてズドン、ズドンと数回大きな音がとどろき、四五発の砲弾が庭に撃ち込まれ、トーチカにも一発当たった。）

⑷ 江华立刻把放在方桌上的一副牌九一抖擞，哗啦啦几声牌响打破了屋里的沉寂。
　　（江華は即刻四角いテーブルの上の「牌九」をぶちまけた。ジャララララーと大きな音がして、部屋の静けさを破った。）

また、同様な理由により、上の例のABBをABABで置き換えることができる。

⑸ 这时猛觉得整个房子一颤，轰隆轰隆几声巨响，四五颗炮弹都打在院里，碉堡上也中了一炮。

⑹ 江华立刻把放在方桌上的一副牌九一抖擞，哗啦哗啦几声牌响打破了屋里的沉寂。

一方、ABBが"一声"と共起した場合、ABABへの置き換えは成立しない。たとえば、

⑺ 突然"哗啦啦（*哗啦哗啦）"一声响，眼前出现了一堆硬角子，他竟然赢到3000多元！
　　（突然ジャラジャラッと音がして、目の前に硬貨の山が現れた。彼は何と3000元以上も儲けたのだ！）

⑱ 突然间"轰隆隆（*轰隆轰隆）"一声巨响，8层大楼一塌到底，死亡17人，重伤5人，轻伤5人。
（突然ドーンと大きな音がして、8階建てのビルが一気に崩壊した。死者17名、重傷者5名、軽傷者5名であった。）

　既述のように、ABABが"一声"と相容れないことはABABによる音への認知がABを単位として非連続的に行われることに起因する。それとは異なり、ABBが"一声"と共起できる原因は音の間隔への認知がはっきりしないことにある。ABBでは、音に対する認知は開始直後に高速離散型認知の状態に入るため、音声単位間の距離が縮められ、結果としてその音と音の境界がぼやけてくる。よって、音全体を一まとまりとして捉える可能性が生じる。ABBが"一声"と共起するのは認知速度を加速させることによって実現された可能性が高い。

　ABBにおける認知速度の加速は、ABBの音韻構造に影響を与えている点も注意に値する。王洪君（1999：157-158）によれば、二音節擬声語ABにおける音韻構造は大きく三つのタイプに分けられる[3]。タイプ1「pʻi-pʻa式抑揚変韻残響型」は「前の音節の母音が暗い響きをもち、後ろの音節の母音が明るい響きをもつため、激しい音量的起伏変化が感じられる」という特徴をもつ。タイプ2「pʻa-la式後伸変声残響型」は、二つの音節の母音が等しいため、「抑揚変化が小さい」とされる。タイプ3「pʻa-tʻa式跌接変声旋回型」も同じ理由で、「抑揚変化があまり大きくない」という。このような分類を念頭に置きながらABBを眺めると、次のような規則性を見出すことができる。

　タイプ2あるいはタイプ3に属するABは、それを基式としてABBを構成することができる。たとえば"啪啦 pʻa-la→啪啦啦 pʻa-la-la""哗啦 xua-la→哗啦啦 xua-la-la""啪嗒 pʻa-tʻa→啪嗒嗒 pʻa-tʻa-tʻa"等が挙げられる。しかし、"乒乓 pʻiŋ-pʻaŋ→*乒乓乓 pʻiŋ-pʻaŋ-pʻaŋ""噼啪 pʻi-pʻa→*噼啪啪 pʻi-pʻa-pʻa""滴答 tʻi-tʻa→*滴答答 tʻi-tʻa-tʻa"から分かるように、タイプ1のABはABBの基式にはなれない。

　タイプ1のABの特徴は、王氏の指摘の通り、「激しい音量的起伏変化」を有することであり、その激しい音量的起伏変化は母音の開口度の違いから

来ているものと考えられる。開口度の一番狭い[i]を母音とするAから開口度の最も広い[a]を母音とするBにシフトするため、口の開き方を大きく変えなければならない。このことを音象徴理論の見地から考えてみれば、音量的起伏変化のイメージを喚起するだけではなく、話者の心理的距離感がより遠くなることをも意味し、ABBの形成を阻止する要因となる。なぜならABBは始動型高速離散認知のモードに対応しており、その認知的速度を確保するため、ABの間の距離感も短縮しなければならないからである。

こう見てくると、ABBは離散的な認知の特徴をもっているにもかかわらず、AB間の間隔を縮めるため、二つの言語手段がとられており、内部構造には緊密性がある。二つの言語手段とは、一つは語長を短縮し認知的速度を上げることであり、一つはAB間の開口度の差を制限することである。

以上から、ABBは音響起動の瞬間がプロファイルされている上、認知の速度も速いことが確認できた。この二点は、本書の仮説に合致しており、ABBが対応する認知的プロセスである始動型高速離散認知のプロセスを図示化すれば、図1のようになる。

5.4　ABBにおける擬態機能

擬声語は単に自然界の音響を模倣する「擬声」という働きだけではなく、事象の状態をイメージ的に描き出す「擬態」という働きも持ちうる。日本語における擬声語と擬態語の密接な関係はその具体的な表れの一つである。中国語の文法体系においては"拟声词"という品詞しか認められないのだが、

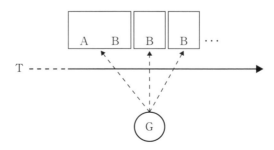

図1：始動型高速離散認知

それは決して中国語の擬声語には擬態的機能がないことを意味しない。以下、先行研究ではあまり触れられていない擬態機能という角度からABBを考察してみたい。

『现代汉语词典』は"噗噜噜"を以下のように説明している。

噗噜噜：象声词，形容泪珠等一个劲儿地往下掉。也作噗碌碌。
（擬声語、涙などがとめどなくこぼれ落ちる様を形容する。"噗碌碌"とも書く。）

涙が流れ落ちても実際に音が出るわけではない。そのため、『现代汉语词典』は"噗噜噜"を「擬声語」としながら、涙の落ちる音ではなく、その様子を説明している。その説明の中で"一个劲儿地"という修飾語を見落とすわけにはいかない。"一个劲儿地"は「やむことなく」「切れ目のない」のような意味を表し、涙が切れ目なくぽたぽたと速いスピードで流れ落ちるイメージを喚起する。このことは次の二例の比較からも裏付けられる。

(29) a. 听着她讲身世，很多人的眼泪噗噜噜地直往下掉。　　　　（百度）
　　　（彼女の身の上話を聞いて、多くの人の目から涙がボトボトととめどなくこぼれ落ちた。）
　　b. 听着她讲身世，很多人的眼泪噗噜噗噜地直往下掉。　　　　（自作）
　　　（彼女の身の上話を聞くと、多くの人が涙をポタポタとこぼした。）

"噗噜噜"は激しく涙を流し始めるイメージを喚起し、"噗噜噗噜"は涙が一滴ずつ落ちてくるイメージを喚起する。もう一例見てみよう。

(30) "嚓啦啦！"天空中划过一道闪电，随后就是一声脆响的霹雳。　　（百度）
　　（「ガララッ！」空に一筋の稲妻が走り、続いて大きな雷の音が響き渡った。）

AA"嚓嚓"とABAB"嚓啦嚓啦"の音声イメージはいずれも稲妻が一本だけではなく、数本も続けて光ったという視覚イメージを喚起し、"一道闪电"と衝突してしまう。また、AABB"嚓嚓啦啦"の音声イメージは稲妻がジグザグに曲がりくねって空を横切るイメージを描かせ、あとに続く"随后就是一声脆响的霹雳"とスムーズにつながらない。一方、ABB"嚓啦啦"の音声イメージからは、一点から出発し急速にライン状を形成するイメージが浮かび上がる。

ABBは一点から面状に広がっていくというイメージを喚起する場合もある。

(31) 当柔软的柳条吐露出新绿的时候，躲在墙角里的几束野花招蜂引蝶<u>呼啦啦</u>开出了一大片。　　　　　　　　　　　　　　　　（百度）

（しなやかな柳の枝に新緑が芽吹き始めたころ、塀のすみに隠れていた何本かの野生の花たちが蜂や蝶を引き寄せ、ぱーっとあたり一面に花を咲かせた。）

(32) 如火骄阳下，上万亩玉米枯焦旱死，打火机一点"<u>呼啦啦</u>"燃着一片。

（燃えるような炎天下で広大なとうもろこし畑が干ばつで枯れ果て、ライターで火をつけると、ぱーっと一面に燃え広がった。）

興味深いことに、ABBは面から点へと逆方向に収斂していくイメージを形成することも可能である。以下の二例では、"呼啦啦"が"围上来"と組み合わさり、周囲から中心へ集まってくるというイメージが形成されている。

(33) 铁砚刚进教室，<u>呼啦啦围上来</u>一群孩子。　　　　　　　　　（百度）

（鉄硯が教室に入ると、子供たちにわっと取り囲まれた。）

(34) 众人心里都惦记着这事，<u>呼啦啦地围上来</u>检验那个小本子。

（みんながこのことを気にかけているから、わっと押し寄せてきて、そのノートを見ようとした。）

以上の考察により、ABBに関する仮説はその擬態機能からも有効であることが分かった。擬声語ABBの音声イメージが視覚イメージへと拡張するにあたって、認知上の起点であるABおよびAとBの間の緊密性が決定的な役割を果たしている。

6　結　び

金田一（2004）は、回転する様子を表す「ころ」を語幹にもつ各種の擬態語について次のように指摘している。

「ころっ」は転がりかけることを、「ころん」は弾んで転がることを、「ころり」は転がって止まることを表す。また、「ころころ」は連続して転がることを、「ころんころん」は弾みをもって勢いよく転がることを、「ころりころり」は転がっては止まり、転がっては止まることを表す。「ころりんこ」は、一度は転がりはしたが、最後

に安定して止まって、二度と転がりそうもないことを表す。

　上の指摘から分かるように、同じ「ころ」を語幹にもつ擬態語が多く存在し、それらの意味的相違は動作や運動における異なる側面に焦点が置かれていることに帰結する。動作や運動の始動、終結、持続の状態といった異なる局面に着目した結果、様々な形式が生まれてくる。この意味において、擬態語は動詞のアスペクトの視点に似ている。考えてみれば、このような類似性があってもおかしくない。なぜなら音は運動によって発生し、運動の進行に伴うものであり、運動から切り離しては考えられないからである。

注
1)　Haiman（1985a：106）を参照。
2)　電話の着信音を表す擬声語はいくつもの表記法があるが、この表に示された数値は"叮铃"のみを対象としたものである。異なる表記の"丁零"で検索しても同じ傾向が見られる（"丁零丁零" 2 例、"丁零零" 10 例）。
3)　王洪君（1999）は、単音節語の反復によって形成された二音節擬声語も含め、擬声語を四タイプに分類しているが、本節は AB を基式とする擬声語を対象としているため、関係のある三タイプのみを紹介している。

インフォーマント
A：男性、45歳、河南省出身。B：女性、54歳、北京出身。C：女性、37歳、遼寧省出身。D：男性、28歳、遼寧省出身。E：女性、32歳、北京出身。

第三節　擬声語重ね型 ABCD の認知論的分析

1　はじめに

　現代中国語の擬声語には、AA（"哗哗"）、ABAB（"哗啦哗啦"）、AABB（"哗哗啦啦"）、ABB（"哗啦啦"）のような一定の基式の繰り返しによる重ね型に加え、次のような声母と韻母の交替による重ね型があり、四つの異なる漢字によって表記される（以下、ABCD と記す）。

（1）飞起的弹片和土块噼里啪啦地落了他们一身。　　　（『中国語擬声語辞典』）
　　（飛び散った砲弾の破片と土の塊がばらばらと彼らの身に降りかかった。）
（2）院墙稀里哗啦地倒了下来。　　　　　　　　　　　　（『现代汉语词典』）
　　（住宅を囲む塀ががらがらと崩れ落ちた。）

　本節は ABAB、AABB との比較を通して、ABCD の意味機能を分析し、その認知メカニズムの解明を目的とする。

2　先行研究の問題点

　ABCD に関する先行研究は大きく共時的なものと通時的なものの二類に分かれる。前者には朱德熙（1982a）、孟琮（1983）、马庆株（1987）などが挙げられるが、朱德熙（1982a）は特に注目に値する。同論文は普通話と潮州語の比較を基に、普通話の ABCD の生成過程について以下のような結論を得た（括弧内は筆者）。

　基本形式 A（たとえば [p'a]）は"変声重疊"によって A-(A)$_s$（たとえば [p'a-la]）となり、さらに"変韻重疊"を通じて (A-(A)$_s$)$_y$-A-(A)$_s$（たとえば [p'i-li-p'a-la]）となる。

　この知見の学術的価値は ABCD における音韻構造を解き明かしたことにある。

　通時的研究としては石锓（2005）を挙げることができる。同論文は"A里 AB"の起源を探るため、金元時代の戯曲や明清の小説などを調査した結果、現代中国語における"A里 AB"のルーツが金元時代の A'B'AB（本書で言う ABCD）にあるとした。その一例として、石氏は金元時代の"急留骨碌 [ki liəu ku lu]"（A'B'AB）が明清時代に入ると"骨里骨碌"（A里 AB）となったことを挙げ、特に第二音節の"留"が"里"となったことを力説している。しかし、これらの先行研究については次のような問題点を指摘することができる。

　Ⅰ　音韻論的考察にとどまっており、ABCD の意味的特徴に触れていない。
　Ⅱ　ABCD と ABAB、AABB の相違が明らかにされていない。

3 「双声」「畳韻」を用いた造語法

　朱徳熙（1982a）は"変韵""変声"という用語を用いているが、両者が中国語音韻論で言う双声と畳韻に対応していることは自明である。本書がややもすれば古めかしいイメージを与えてしまう双声と畳韻をあえて採用するのは、そのほうがより一般的であることに加え、上古中国語にその源を見出せる「連綿語」[1]と関連づけることができるからである。

　古代中国語において、連綿語は特殊な語類に入る。単音節語がメインであった古代中国語において連綿語は二つの音節からなるからである。二つの音節からなるとは言え、連綿語は、音節ごとに意味を抽出できない非分析的構造を成し、その意味的特徴に対応する形式的特徴として双声あるいは畳韻であることが多い。

　連綿語という概念は古代中国語研究によく用いられるものであるが、そこに潜む造語法の原理は現代中国語の擬声語研究にも応用できるのではないかと考える。邵敬敏（1981）、王了一（1982）、朱徳熙（1982a）、孟琮（1983）、石毓智（1995）等がつとに指摘しているように、現代中国語の二音節擬声語は、"叮当"や"哗啦"のようにほとんどが同じ声母をもつ双声か、同じ韻母をもつ畳韻である。しかしここでより重要なことは、二音節擬声語も連綿語と同じく、意味上分解できない非分析的構造を成し、一体性を有していることである。张恒悦（2008）は意味分析、音声測定、および使用頻度の調査を通して次のような結論に至った。

　　二音節擬声語は二つの音節で一つの音を表すことが無標（unmarked）であり、意味上分割できない内部構造を有する。よって、構成原理上、二音節擬声語は連綿語の流れを汲むものである。

4　ABCDの音韻的特徴

　中国語の音節は声母と韻母からなり、双声と畳韻は二音節語における二つの構成単位に音声的共通項をもたせる。これは中国語特有の言語現象のよう

に見えるが、他言語において同様の現象を確認することができないわけでもない。たとえば、英語には helter-skelter のような同じ韻を踏む rime word があり、また tick-tack のような母音の交替によってできた ablaut word がある（Thun1963：4）。rime word は畳韻に相当し、ablaut word は双声に似ている。角岡（2005）は日本語のオノマトペにおける交替形語彙の分析を行い、「ぎくしゃく」を例に、

> 1モーラ目の子音も母音も互いに相違しているが、2モーラ目は「く」で共通している。これは、一種の脚韻であると言える。交替形の多くは、このような押韻の効果を狙っているものと考えられる。

と指摘する。つまり、「ぎくしゃく」のような交替形語彙は「2モーラ＋2モーラ」で構成され、両者の間に「く」という共通項を見出すことができるのである。中国語における双声・畳韻と同じ構成原理がここでも働いていると言ってよいであろう。戴慶厦・徐悉艱（1992：433）はカチン語[2]にも双声・畳韻による語構成の方法があるという。たとえば、a¹bren a¹bru（四方に散らばる様）における第二音節と第四音節は双声であり、a¹ro a¹hto（むさぼり食う様）における第二音節と第四音節は畳韻である。このように、双声・畳韻による造語法は中国語に限らず、他の言語にも観察できる普遍的な語構成法である可能性が高い。

野口（1995）は ABCD を「チグハグ式重ね型」と呼び、英語にもそれが多く見られるという。また、玉村（1979）は日本語と中国語の音象徴語を比較した際、ABCD を XYX'Y' と表記し、X'Y' を先行音節の類似音節からなる音節であると考えた。

ABCD の音韻構造上の特徴は以上のような観察で十分に解明されたとは言い難い。たとえば、英語の rime word と ablaut word における子音や母音の交替はいずれも一回のみで、極めて単純な音韻変化である。一方、中国語の ABCD は四音節をきちんと揃えながら、135頁の図1に示すようにAとB、CとD、AとC、さらにBとDのいずれの間においても双声あるいは畳韻の関係が存在している。玉村（1979）のXYX'Y'という表記では、ACとBDの関連は確認できても、ABとCDの関連性が反映されていない。

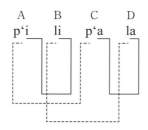

図1：中国語の ABCD の音韻構造

　日本語の交替形語彙における音韻構造は英語に類似する。「からころ」[3]のような ABCD に似たケースもないわけではないが、用例が稀で、周辺的な現象と言わなければならない。交替形語彙の大多数を占める「むしゃくしゃ」「ちらほら」「てきぱき」「つべこべ」「どたばた」などはすべて ABCB 型で、AとB、BとCの間に同じ子音あるいは同じ母音が存在しておらず、シンプルな単層構造になっている。これに対し、中国語の二音節擬声語は、"叮当" dīngdāng、"轟隆" hōnglōng、"啪啦" pālā などのように、双声あるいは畳韻が義務づけられ、その上に声母と韻母を交替させて重ねると ABCD が生まれる。ABCD の独特な音韻的特徴は、一回のみの双声化あるいは畳韻化ではなく、AとB、CとD、AとC、BとDの間に複数の双声化と畳韻化を繰り返し、重層構造を作り上げている点にある。

5　ABCD の意味機能

5.1　ABCD と ABAB、AABB の共通点

　中国語の四音節からなる擬声語の重ね型には ABCD 以外に ABAB と AABB があり、ABAB と AABB の意味的な特徴は ABCD の意味を考察する手がかりとなる。张恒悦（2008）は張恒悦（2007）を踏まえ、ABAB と AABB が離散的認知という意味論的特徴を有することを主張した。主な根拠は以下の三点である。
　Ⅰ　ABAB と AABB はともに動的持続性を有する。

(1) 河水哗哗啦啦（哗啦哗啦／*哗啦）。　　　　　　　　　　　（Yahoo!）
　　（川の水がザーザーと音を立てて流れている。）

　AABB"哗哗啦啦"は"河水"（川の流れ）がとどまることなく流れていく様子を音声的に活写している。"哗哗啦啦"はABAB"哗啦哗啦"に置き換えることが可能である。ここから"哗啦哗啦"も動的持続性を有することが分かる。ちなみに、"哗哗啦啦"をAB"哗啦"に置き換えることはできない[4]。"哗啦"は突発した一度きりの短い音を表すものであって、川の流れのように持続的な動態を描写するには不適切だからである。

　Ⅱ　中国語の重ね型は必ずしも同じ文法的機能を有するとは限らないが、ABABとAABBは動的持続性に基づく文法機能を共有する。

(2) 风吹着树枝呼啦呼啦／呼呼啦啦地响。　　（第一節(27)再掲）〔連用修飾語〕
　　（風が木の枝に吹きつけヒュウヒュウと音を立てている。）

(3) 石工们那丁丁当当／丁当丁当的敲击声，如一声声鼓点，……
　　　　　　　　　　　　　　　　　　　　（第一節(29)再掲）〔連体修飾語〕
　　（石大工のコンコンという石を打つ音は、まるで続けざまに太鼓を打つリズムのようで…）

(4) 海啸声轰轰隆隆／轰隆轰隆，仿佛千万副石磨一齐在这江峡中碾过。
　　　　　　　　　　　　　　　　　　　（第一節(20)(31)再掲）〔述語〕
　　（海はゴーゴーと音を立て、あたかも長江の峡谷を無数の石臼がぶつかりながら転がっていくようだった。）

(5) 雨下得哗啦哗啦／哗哗啦啦，君初把相机揣在怀里避免打湿。
　　　　　　　　　　　　　　　　　　（第一節(24)(33)再掲）〔描写性補語〕
　　（雨がザーザーと降り、君初はカメラを濡らさないように懐に入れた。）

　Ⅲ　ABABとAABBはともに構成単位ABの完全重複（complete reduplication）によってできたバランスのとれた重ね型であり、形式上、均衡性を欠く"一CC"とではなく、"一C一C"と類似する。ABAB、AABBと"一C一C"の間に形式的類似性が認められることは、認知的にもあるいは意味的にも離散的認知モードに基づき動的持続性を有する"一C一C"との間に類似性が認められるということである（第三章第一節を参照）。

では、ABCDはどうであろうか。次の例から、ABCDもABAB、AABBと同じく動的持続性という意味的特徴をもっていることが分かる。

(6) 聚会地点是南锣鼓巷的一个Café，大雨稀里哗啦，虽然诸多不便，但是大家很捧场。雨天＋胡同，很古典很清净的味道。　　　（Yahoo!）
（集まりの場所は南鑼鼓巷にあるCaféであった。ザーザー降りの大雨で、いろいろな不便があったにもかかわらず、みんなが来てくれた。雨に横町、古典的で清々しい雰囲気がそこにあった。）

雨は一定時間降り続いて初めて"大雨"となる。降雨は動的持続性を特徴とする事象であり、ABCDがその述語に充当することは、ABCDが動的持続性を有する根拠となる。ABCDは述語以外に、連用修飾語、連体修飾語、描写性補語としても機能する。

(7) 众人含泪，稀里呼噜喝起粥来。　　　　　　　　　　〔連用修飾語〕
（みんなが目に涙をためて、するすると粥をすすり始めた。）

(8) 铃铛的声音越来越清楚，伴随着叮铃当啷的撞击声和急促的马蹄声。
　　　　　　　　　　　　　　　　　　　　　　　　　〔連体修飾語〕
（鈴の音がますますはっきりと聞こえてきた。同時にがちゃがちゃと物がぶつかり合う音やせわしげな馬蹄の音もやってきた。）

(9) 虽然此时的山风把我宿舍的窗子抽打得噼里啪啦，可我高兴！　（Yahoo!）
　　　　　　　　　　　　　　　　　　　　　　　　　〔描写性補語〕
（この時、山風が吹いてきて、私の宿舎の窓をがたがたと鳴らしていたが、私はむしろうれしかった。）

以上から、ABCDがABAB、AABBと同じ文法機能を有することが分かった。最後に、ABCDの形式的特徴について考察してみよう。

朱德熙（1982a）はp'alaのような二音節擬声語CDがABCDの基式であると主張し、ABに充当する部分p'iliはCDの韻母を変えてできたものであるとする。この意味において、ABCDもABAB、AABBと同じく、二音節擬声語をベースにして形成された完全重複であると言える。

ここまで、ABCDとABAB、AABBの二形式の間に多くの共通点が見出せることを述べてきた。ABCDもABABやAABBと同じく離散的認知モードに属する、換言すれば、話者は静的視点ではなく動的視点によって、これ

らの擬声語が表す事態を把握しているのである。しかし、これは決して ABCD が ABAB あるいは AABB と等値であることを証明するものではない。次にこの三者における認知上の差異を検討してみる。

5.2 ABCD、ABAB、AABB の相違点

5.2.1 内部構造の無界性

ABCD、ABAB、AABB に関するインフォーマント調査を行った結果、ABCD と AABB の間における互換性が ABCD と ABAB の間におけるそれより高いことが判明した。

(10) 轰鸣的马达声，欢快的鼓号乐曲声，噼噼啪啪（噼里啪啦／？噼啪噼啪）的鞭炮声，同上万名群众的欢呼雀跃声，震荡着山野。
（鳴り響くモーターの音、軽快な太鼓やチャルメラの音、パチパチと鳴る爆竹の音が、一万人以上の群衆の歓呼の声と共に山野に響きわたっている。）

(11) 机关枪居然又劈哩啪啦（劈劈啪啪／？劈啪劈啪）地响了起来。
（意外なことに、機関銃がまたダダダダと鳴り始めた。）

(10)の AABB "噼噼啪啪" を ABCD "噼里啪啦" に置き換えることはできるが、ABAB "噼啪噼啪" に置き換えると不自然になる。また、(11)の ABCD "劈哩啪啦" を AABB "劈劈啪啪" に置き換えることはできるが、ABAB "劈啪劈啪" にすると許容度が大きく落ちる。ここで傍証として "劈里啪啦"（="噼里啪啦"）に関する『中日辞典』の説明を引いておく。

【劈啪】1（略）。2→【劈里啪啦】注意 "劈里啪啦" に同じだが、この意味で用いるときは、必ず "孩子们劈劈啪啪地鼓起掌来"（子供たちはぱちぱちと拍手をした）のように「AABB」の形をとる。

この説明は、ABCD と AABB の互換性が高いことを示唆している。これは筆者の行ったインフォーマント調査の結果と一致している。その理由は何であろうか。この問いに答えるには、ABAB と AABB の相違を明らかにしなければならない。

本章第一節で既述のように、ABAB は認知のフォーカスが時間軸に沿って移動し、集合の個体（AB）を逐一スキャンするため、個体と個体の間に

間隔ができ、非連続的スキャニングとなる。一方、AABBでは個体と個体が重なり合うため、構造の内部は連続的で無界である。この観察に基づき、上掲(10)(11)におけるABCDとAABBの互換状況を分析してみよう。

(10)はモーターの音、太鼓やチャルメラの音、爆竹の音が群衆の歓呼と一緒になって山野にこだまする状況を描いている。この場合、あちこちで大量の爆竹が勢いよく鳴らされるため、間隔性の強いABAB "噼啪噼啪" は用いられず、連続的で無界であるAABB "噼噼啪啪" が用いられる。この状況で "噼噼啪啪" がABCD "噼里啪啦" に置き換えられるということは、ABCDも連続的で無界であることを示している。(11)ではABCD "噼里啪啦" が間髪を置かずに連射される機関銃の射撃音を描写しており、そのためAABB "噼噼啪啪" と互換性を有している。

本章第一節の議論を繰り返すことになるが、形式上ABABとAABBを区別するのは基式の配置順序である。ABをそのまま繰り返したABABに対し、AABBは先行のABの間に後続のABが分離し割り込んでいる。よって、形式的に見れば、先行のABへの認知が完了しないうちに後続のABへの認知が始まり、先行の音声単位と後続の音声単位の間に切れ目がなくなる。AABBの「間断なく」「無界」「連続」といった意味的特徴は、その基式の配置順序を通して形式的にも確認できるのである。

同様に、ABCDの無界性もその形式に反映されている。ABCDの形式的特徴は双声と畳韻を重層的に重ねているところにある。双声と畳韻からなる連綿語においては、二つの音節が連なって初めて意味を成し、分離の不可能な意味構造になっている。歴史的に見た場合、中国語の基本語彙が単音節から二音節へと変化をとげた後の金元時代[5]に出現したABCDは「連綿語」の原理で二音節の擬声語をさらに多音節化したものと見なすことができる。この分析が成立すれば、ABCDの音声的特徴は連綿語と同じくその分離不可能性、即ち無界性に対応していると言えよう。要するに、AABBが基式の配置順序という形式操作を通して内部構造の無界化を実現したのに対し、ABCDの場合は双声・畳韻という音声手段によって内部構造の無界化を実現したということである。

5.2.2 連続不規則型離散認知

　以上、双声・畳韻によりABCDの無界化が実現していることを論じてきたが、ABCDの意味構造における双声・畳韻の役割は無界化のみではない。双声・畳韻による音象徴という側面にも目を向けなければならない。

⑿　老佛爺瞪了她一眼，摆摆手，叽里咕噜地不知说了些啥。
　　（西太后は彼女をじろりとにらみつけ、手を振り、もごもごしゃべったが、何を言っているのか分からなかった。）

⒀　他以为我们是懂英语的，就叽里呱啦讲起来，但是我们听不懂。（Yahoo!）
　　（彼は私たちに英語が通じると思い、ぺらぺらしゃべり始めたが、私たちは分からなかった。）

　⑿の"叽里咕噜"と⒀の"叽里呱啦"はともに話し声を表す擬声語であり、しかもその話し声からは内容を聞き取ることができないものを表している。両者の違いは、話し声の大小にある。筆者の行ったインフォーマント調査によると、"叽里咕噜"のほうが"叽里呱啦"より声が小さい。これは『現代汉语词典』の語釈に合致している。

⒁　叽里咕噜：形容别人听不清楚或听不懂的说话声，也形容物体滚动的声音。
　　（口の中にこもってよく聞き取れない声、また、物が転がる音。）

⒂　叽里呱啦：形容大声说话的声音。
　　（大声でうるさくしゃべる声。）

　"叽哩咕噜 [tɕi li ku lu]"と"叽里呱啦 [tɕi li kua la]"はCDを構成する二つの音節の主要母音が異なる。"咕噜"の主要母音は [u] であり、"呱啦"の主要母音は [a] である。u の開口度は小さく、a の開口度は大きい。この違いが両者に異なる音声的イメージをもたらしたものと考えられる。さらに、次の例を見られたい。

⒃　在这么个小岛上，到处都能看到意大利人拉家带口的身影，听到他们滴里嘟噜（*踢里吐噜）的意大利语。　　　　　　　　　　　　（Yahoo!）
　　（このように小さな島では、至る所で家族連れのイタリア人の姿が見られ、彼ら〔の〕ぺらぺらしゃべるイタリア語が聞こえてくる。）

⑰ 我们围坐一团踢里吐噜（*滴里嘟噜）吃面条时气氛相当融洽。
（私たちが輪になって座りつるつるとうどんをすするとき、雰囲気はとても和やかであった。）

⑯と⑰の"滴里嘟噜 [ti li tu lu]"と"踢里吐噜 [tʰi li tʰu lu]"を入れ替えることはできない。"滴里嘟噜"と"踢里吐噜"は無気音と有気音で対立している。周知のように、英語をはじめとする多くの外国語は有気音を弁別音素として利用しない。有気音を弁別音素とする中国語が、意味の分からない外国語の印象を描写するにあたり"滴里嘟噜"のような無気音からなる ABCD を用いるのはおそらくそのためであろう。一方、うどんは吸い込むようにして口に入れるため、強い気息を伴うような音声的印象を与える。そのため、強い呼気を伴う有気音からなる"踢里吐噜"がふさわしくなるのである。

従来、音象徴の視点から中国語の擬声語を研究することはあまり行われてこなかった。しかし上の例から分かるように、中国語の擬声語においても、音声の違いが意味の違いに対応する音象徴の原理が応用されていることが確認できる。これは ABCD に対する考察に新たな理論的根拠を提供する。次の例を見られたい。

⑱ 这时却传来了一个声音，从车里发出的 5000 只手表嘀嘀嗒嗒（*嘀里嗒啦）的不大的声音，确实不是大得人人都听得见，却大得足以让那官员知道东西藏在哪里。　　　　　　　　　（第一節⑶⑼、第二節⑰再掲）
（この時、一つの音が聞こえてきた。車の中から 5000 個の腕時計が発するカチカチという大きくはない音だった。確かに誰でも聞き取れるほどの音量ではなかったが、税関のスタッフに密輸品のありかを知らせるには十分の音量であった。）

⑲ 曹操听到嘀哩嗒啦（嘀嘀嗒嗒）的喇叭心里就痒痒……　　　　（Yahoo!）
（曹操はラッパの音を聞くと、むずむずしてきた…）

前述したように、ABCD も AABB も無界という特徴を有するため、両者の互換性は高いが、互換できない場合もある。⑱はその一例で、AABB "嘀嘀嗒嗒"は使えるが、ABCD "嘀哩嗒啦"は使えない。AABB は同じ AB を均等に重ねているが、ABCD には同一の音節が見られない。これを音象徴的視点から考えれば、次のような推測が成り立つ。即ち、AB を均等に重

ねた AABB は音質も音量も一定に保たれた音響に対応するが、それぞれの音節がすべて異なる ABCD は変化に富んだ音に対応する。⒅の腕時計の発する音は、数は多いが、規則的で音質も音量も等しい。これが、AABB が選択され、ABCD が却下された理由であると考えることができる。一方、互換できる場合については⒆がその一例である。ABCD "嘀哩嗒啦" はラッパの音である。楽器の出す音は複雑で変化に富む場合が多く、それが ABCD を選択する動機づけとなる。しかし、⒆には AABB "嘀嘀嗒嗒" を用いることもできる。起伏の激しい不揃いな音が強く意識されると ABCD が選択され、音量や音質を保ったまま規則正しく鳴り続く音が意識されると AABB が選択されるのである。

　最後に、以上述べてきたことを踏まえて、ABCD の擬態機能について一言触れておきたい。

⒇　家具被这伙人打了个稀里哗啦。
　　（家具はこいつらにばらばらに壊されてしまった。）

(21)　他腰带上滴里嘟噜地挂着好多钥匙。
　　（彼はベルトにちゃらちゃらとたくさんの鍵をぶら下げている。）

この二例はいずれも『现代汉语词典』から引いたものである。⒇の "稀里哗啦" も(21)の "滴里嘟噜" も音声ではなく状態を描いており、『现代汉语词典』は "状态词" に分類している。語釈は以下のようである。

(22)　稀里哗啦：形容七零八落或彻底粉碎的样子。
　　（ちりぢりばらばらな様。徹底的に打ちのめされた様。）

(23)　滴里嘟噜：形容大大小小的一串东西显得很累赘，不利落。
　　（大小不揃いの一連なりの物が余計で雑然と見える様。）

(22)の "七零八落" にせよ(23)の "很累赘，不利落" にせよ、いずれも乱雑で不規則な状態を感じさせる。ABCD の擬態機能はその擬声機能とパラレルな関係にあり、すべて異なる音節からなる ABCD は、聴覚的に不規則なパターンの音声をイメージさせるだけではなく、視覚的にも不規則なパターンの状態をイメージさせるのである。

　以上をまとめると、離散的認知をベースにした ABCD は「連続」に加え「不規則」を意味的特徴の内に含んでいる。このような特徴に基づき、本書

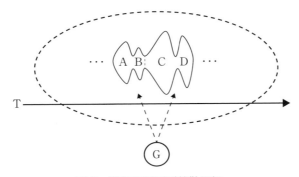

図2：連続不規則型離散認知

はABCDの認知モードを「連続不規則型離散認知」と呼ぶ。図示すれば、図2のようなイメージになる。

6 結 び

　AA、ABAB、AABB、ABBに比べれば、ABCDに関する先行研究は比較的多い。それは、その顕著な音声的特徴が多くの研究者の目を引いたからであろう。しかし、先行研究はABCDの音声面にとどまり、文法的特徴や意味的特徴についての考察をほとんど行ってこなかった。そうした状況に鑑み、本書では認知的視点からABCDの文法的・意味的特徴に対するアプローチを試みた。その結果、ABCDに対する認知モードは連続不規則型離散認知であるという結論を得た。そして、そのような認知モードを形成するにあたり、双声・畳韻による内部構造の多層化と音象徴のもたらす不規則性が決定的役割を果たしていることを指摘した。

注
1)　徐振邦（1998）によれば、すでに甲骨文字に連綿語が存在したとする説がある。
2)　中国雲南省からビルマ北部にかけて居住している"景頗族"の言語である。
3)　「からころ」の音韻的特徴については天沼寧（1974）を参照。
4)　"哗啦"のような二音節擬声語は単独で述語になりにくい。次の例で"哗啦"が

述語になっているのは、対挙構造の一部となっているためである。

刹那之間，公路兩旁，悬崖之下，深谷之上，砂石哗啦，洪水奔流，陡添条条瀑布……

（一瞬のうちに、道路の両側、崖の下、渓谷の上に、砂礫がざあっと落ちてきて、洪水が激しい勢いで流れ、何本もの滝が現れた…）

対挙構造は本来成立しない文法単位を成立可能にする働きがある。鈴木（慶）（2001）を参照。

5) 中国語の基本語彙における二音節化は唐代前後において定着したと見られる。董秀芳（2002）、朱庆之（1992）を参照。

インフォーマント

A：男性、45歳、河南省出身。B：男性、31歳、遼寧省出身。C：女性、53歳、北京出身。D：女性、39歳、北京出身。E：女性、35歳、河北省出身。

第五章

品詞横断的研究

第一節　形容詞重ね型 ABB は形容詞か

1　問題の所在

　形容詞重ね型の一タイプとして、ABB は最も使用頻度の高いものの一つである[1]。しかし、ABB が表す意味についてはいまだ合理的な解釈がなされていない。試しに、ABB の典型例である"红彤彤"と"红艳艳"に対する日中両国の代表的な辞書における語釈を見てみよう。

	『現代汉语词典』	『現代中国語 ABB 型形容詞逆配列用例辞典』[2]	『現代汉语重叠形容詞用法例释』[3]
红彤彤	形容很红。 (とても赤い)	形容颜色很红。 (色がまっ赤な形容)	形容很红。 (とても赤い)
红艳艳	形容红得鲜艳夺目。 (目にあざやかに赤い)	形容红得鲜艳夺目的样子。 (はっとするほど目にあざやかに赤いさま)	形容红得鲜艳夺目。 (目にあざやかに赤い)

　同じ"红"で始まる二つの ABB に対して、三部の辞書とも異なる注釈基準が用いられている。"红艳艳"に対しては、B の意味も取り込み、"红得鲜艳夺目"という注釈を行っているが、"红彤彤"については、"ABB＝很A"という注釈方式をとり、B の語彙的意味が取り込まれていない。『現代汉语词典』は"彤"を次のように説明している。

〈书〉红色：～弓。

つまり、意味的に"彤"は"红"と重なり、この点において"艳"と異なる。

"ABB＝很A"という語釈はこの三部の辞書の発案というより[4]、従来の形容詞研究を踏まえたものと言うべきであろう。朱德熙（1982b）はABBを状態形容詞に分類し、性質形容詞との文法的対立を認めると同時に、重ね型はその基式より程度が深くなるという認識を示し、さらに"很小的"などのような"f＋形容詞＋的"構造も状態形容詞に帰属させた（fは"很"などの程度副詞を指す）[5]。ここから、朱德熙（1982b）は、性質形容詞と状態形容詞の文法的対立に基づいて両者の意味分析を展開するのではなく、むしろ両者を同じ意味範疇に統一させようとしていることが窺える。

李宇明（2000b：231-243）は、性質形容詞（A_X）が表す程度は大きく六段階"極A_X＞非常A_X＞相当A_X＞A_X＞比較A_X＞有点A_X"に分けられるとしたうえで、状態形容詞は"相当A_X"級に当たると述べている。

張敏（1997）は形容詞重ね型の研究に認知言語学的視点を応用したものの、その主張は基本的に朱德熙（1982b）を踏襲し、新たな知見を提起してはいない。

しかし、以上のような主張は言語事実を正しく反映しているとは言えない。以下の諸例におけるABBはいかなる「程度副詞＋A」で置き換えることもできないのである。

(1) 大会开始了，春枝家小院里，坐得黑压压（*极黑／*非常黑／*相当黑／*很黑／*比较黑／*有点儿黑）的。
（大会が始まった。春枝の家の庭は腰を下ろした村人で黒山のような人だかりだ。）

(2) 血流出来了，加利感到它们从上臂热乎乎（*极热／*非常热／*相当热／*很热／*比较热／*有点儿热）地向下流。
（血が流れ出てきた。加利は生温かいものが二の腕から手首の方へと流れてくるのを感じた。）

(3) 花的狗黄的狗黑的狗都伸着大舌头躺在屋檐下懒洋洋（*极懒／*非常懒／*相当懒／*很懒／*比较懒／*有点儿懒）地看着你。

（雑色の犬、黄色い犬、黒い犬、どれもが長い舌を出して軒下で横になったまま、だるそうにあなたを見ている。）

　周知のように、中国語の文法体系に「擬声語」という品詞は設定されているが、「擬態語」は存在しない。その一方で、ABBが日本語の擬態語に似ているとする日本人研究者が少なくない。たとえば、松本（1986）と相原・韓（1990）はABBが日本語の擬態語に通じると指摘している。また、香坂（1983：260-266）は日本語の文法用語をそのまま借用し、ABBを「擬態語」と呼んでいる。さらに、中国人研究者でも王了一（1982：166-172）がABBと擬声語との関連性に注目し、擬声語が"拟声法"を用いているのに対し、ABBは"绘景法"を用いているとしている。しかし、これらの指摘はいずれもが直感的レベルにとどまり、十分に論証されたものとは言い難い。

　本節では、形容詞重ね型ABBと擬声語重ね型ABBの認知的共通点に着目し、両者の比較を通じて形容詞重ね型ABBの意味的・文法的特徴を明らかにしたうえで、品詞分類について提案を行う。

2　理論的根拠

2.1　擬声語重ね型ABBにおける認知モード

　第四章第二節において、擬声語重ね型ABBに対する認知的分析を行い、以下のような結論を得た。

Ⅰ　ABBの構成はA＋BBではなくAB＋Bである。
Ⅱ　ABBは始動型高速離散認知のモードに対応し、音響に対する認知速度がABAB、AABBよりも速く、音響の起点に対する認知がプロファイルされている。

次の例を見てみよう。

(4) 我们惊呼，却无意中惊了苇塘深处的鸟儿，"**扑棱棱**"（$^?$扑棱扑棱／$^?$扑扑棱棱／$^?$扑扑），擦着水面掠去，速度之快使我们的游艇也望尘莫及。
（私たちの驚き声が意外にも葦の茂みにいた鳥たちを驚かし、「バタバタッ」と鳥たちは水面をかすめて飛び去った。その速さは私たちの観覧船でも遠く及ば

ないものだった。）

　インフォーマントによれば、この例にぴったりな擬声語重ね型は"扑棱棱"である。ABAB"扑棱扑棱"はリズミカルなゆっくりとした羽音に対応し、AABB"扑扑棱棱"は、やたらに羽をばたつかせ、スムーズに飛び上がれない羽音に対応する。AA"扑扑"の場合、速いスピードで飛んでいく飛行中の羽音に対応し、葦の茂みに静かに潜んでいた鳥たちが驚いていきなり飛び立つ際に発する音響を活写することはできない。

　ABB は擬声語重ね型の中で独自な意味機能をもっており、それはイコン的に ABB という形式に投射している。ABB は語長を短縮することによって ABAB、AABB より認知のスピードアップが図られる一方で、B のみを反復することによって、高速で離散的な認知が認知の全過程を貫くわけではなく、途中からの参入要素であることを示す。AA、ABAB、AABB の三者はいずれも同じ単位を重ねることによってできた均衡構造であり、音声認知の過程において均等な注意が払われ、局部に特別な関心を示してはいない。それに対し、ABB は二音節擬声語 AB と B の繰り返しからなるという不均衡な構造で、観察者が音響起動の瞬間に強い関心をもち、それがプロファイルされていることを意味する。音響が起動した後、AB ではなく語長的により短い B のみ繰り返しているのは、認知が始まるとすぐに認知の速度が上げられていくからだと思われる。これが ABB に対応する認知モードを「始動型高速離散認知」と名付けた所以である。詳細は第四章第二節 5.3 を参照されたい。ABB における認知は概念距離原則だけではなく、時間順序原則をも反映しており、擬声語重ね型全体の認知ルールに合致している。

2.2 「擬声」と「擬態」の関連性

　第二章第二節第 3 項で指摘したように、重ね型に関する研究は、従来、特定の品詞に属する基式とその重ね型の比較に力点を置いたものがほとんどであり、基式の品詞性に基づいて重ね型の研究対象を限定する傾向が顕著であった。しかし、基式の品詞性と重ね型の意味・機能の間に相関関係はあるのだろうか。

　第四章第一節 3.2 で論じたように、一部の二音節形容詞は AABB のよう

に重ねることもできれば、ABABのように重ねることもできる。しかし、後者は動詞に特徴的な重ね型である。また、陈光（2000）は動詞からなるAABBも存在し、それが形容詞の重ね型に準じたものであることを指摘している。即ち、重ね型は基式の品詞性に束縛されることなく、異なる品詞の基式が同じ重ね型になる可能性があり、同じ重ね型になると、文法機能のみならず意味機能も同化するのである。このことを裏返して言えば、「重ねる」という文法操作は異なる品詞を束ねる認知モードに基づくということである。したがって、重ね型についての研究は、基式の品詞性にとらわれず、品詞横断的なアプローチを行うべきだと思われる。

　基式は品詞が異なっても同一の重ね型を形成すると、その文法機能と意味機能が同じ方向へ向かう。ということは、重ね型という形式的特徴に意味機能が対応し、意味機能に文法機能が対応していることになる。このように形式・意味・文法という三位一体の構造に見られるイコン性が「擬声」と「擬態」の関連性に関する研究に重要な手がかりを与えてくれる。

　朱德熙（1982b）は、二音節擬声語からなるAABBと二音節形容詞からなるAABBを同じ品詞範疇——状態形容詞——に分類している。二音節の擬声語と形容詞がAABBと拡張され、共通の文法機能を有するようになったことに基づいた結論であろう。

　張恒悦（2008）は品詞横断的な視点から擬声語重ね型AABBと形容詞重ね型AABBの比較を行い、両者が同じ認知モード「交錯型離散認知」を共有していることを明らかにした。しかし、擬声語と形容詞の重ね型の密接な関連はそれだけにとどまらない。たとえば、石锓（2005）は"A里AB"型重ね型の研究に通時的角度から取り組んだものだが、それによれば、形容詞からなる"A里AB"（たとえば"糊里糊涂"）と擬声語からなる"A里AB"（たとえば"唏哩哗喇"）は共通したルーツをもち、歴史的変遷の過程においても並行を保ってきたという。

　本節は形容詞重ね型ABBと擬声語重ね型ABBの共通点を探ることを目的とするが、その拠り所となるのは、まず両者に見られる形式と意味の対応関係、即ちイコン性であり、さらには「擬声」と「擬態」という二つの意味範疇間の相似性も考慮に入れるべきだと考える。擬声語を豊富にもつ日本語

では擬態語も発達していることがよく知られているが、青山（1986）によれば、それは朝鮮語においても同様であるという。中国語の擬声語は数的に日本語や朝鮮語に及ばないかもしれないが、英語を代表とする欧米系の諸言語に比べればかなり発達していると言える。さらに、中国語の品詞の中で擬声語の重ね型の様式は群を抜いて多い。ここから、中国語でも、単に「擬声」のみが存在するのではなく、「擬声」から「擬態」へと拡張する可能性のあることが示唆される。中国語においても日本語や朝鮮語と同じように、「擬声」に対応する「擬態」というカテゴリーが成り立つのではないかという推論である。

3　ABB の意味構造

3.1　ABB の特質

相原・韓（1990：ii）は ABB の意味を説明するにあたって、次のように指摘している。

　このような ABB 型形容詞を考えるに、語幹の A の担う意味は比較的明瞭であり、把握しやすい。"绿葱葱" lǜcōngcōng とあれば、まず「绿（A）」なのである。我々を不安にさせるのは "葱葱（BB）" の部分である。

BB について、朱德熙（1982b）は一律に接尾辞として扱う[6]。それに対し、呂叔湘主編（1980）は ABB の意味の中に B の意味が組み込まれているものもあると指摘し、「形容詞生動形式表」で次のような処理原則を立てている。

　如能从字面了解意义而又无特殊使用范围时，则不予注释，如：'悲惨惨、光灿灿、乱纷纷' 等。
　（もし字面から意味が読み取れ、使用範囲が特に限定されていなければ、注釈を加えないことにする。たとえば '悲惨惨、光灿灿、乱纷纷' などの場合がそうである。）

BB に関しては、最も詳しい記述を行った先行研究として徐浩（1998）が挙げられる。それによると、BB の果たす意味的役割は次のような三つのタイプに大別される。

Ⅰ　Aとは異なる意味を有する、たとえば"(红) 灿灿"。
　Ⅱ　基本的にAと同じ意味を示す、たとえば"(红) 彤彤"。
　Ⅲ　単に表音的接尾辞として付加されている、たとえば"(羞) 答答"。

　呂叔湘主編（1980）で示された、ABBにBの意味参与を部分的に認める処理法は妥当性を有すると思われる。なぜなら"悲惨惨"≠"悲"、"光灿灿"≠"光"であることは自明だからである。ここで問題になるのは、ABBにBの意味が参与する場合、それを単にAプラスBと理解してよいのかということである。

　(5) 新兵刚走进营房，老兵就端上了热腾腾的"迎新面"。
　　（新兵が兵舎に入ると、老兵たちが熱々で湯気の立つうどんを出してくれた。）
　(6) 她的玉米花也炒好了，香喷喷的一大盘。
　　（彼女のポップコーンも出来上がった。大きい皿に盛られてぷーんといいにおいがする。）

　(5)の"热腾腾"は勢いよく湯気が立つ熱々のうどんのイメージを喚起する。呂叔湘主編（1980）が"热腾腾"の意味を"热而有蒸气的样子"（熱くて湯気が出ている様子）としていることからも、AだけではなくBの意味もABBの意味に取り込まれていることが分かる。では、もしこの"迎新面"から湯気が少ししか立っておらず、食卓に上がった瞬間、湯気が立たなくなった場合、"热腾腾"と表現することができるだろうか。答えは否である。ABB"热腾腾"にとって、湯気が絶えず立ち続けることは決して見逃してはいけない大切な意味要素の一つである。つまり、"热腾腾"には動的持続性が備わっているのである。注意すべきは、その動的持続性がゆっくりしたスピードで間隔を置きながらではなく、比較的速い速度で保たれている点である。つまり、湯気が少しずつ出るのではなく、しきりに立ちのぼるイメージである。(6)の"香喷喷"は臭覚を表し、触覚に視覚を加えた"热腾腾"とは異なる意味領域に属するのだが、高速の動的持続性を有する点において"香喷喷"と"热腾腾"は共通する。(6)のポップコーンは、間隔を置かずいい香りを発散し続けているのである。

　朱徳熙（1956）は多くの二音節形容詞が順序を逆にしてABBを構成できる現象を指摘している。

冰涼→涼冰冰　　　煞白→白煞煞
　　油緑→緑油油　　　彤紅→紅彤彤
　　漆黒→黒漆漆

　朱德熙（1982b）では、ABも順序反転によってできたABBもともに「状態形容詞」に属するとしている。では、同じ形態素からなる両者の違いはどこにあるのであろうか。

(7) 施瓦姆为此进城，与一个陌生人同住在一间漆黒（黒漆漆）的房间里。
　　（シワムはそのために町に入り、まったく見知らぬ人と真っ暗な一室に泊まった。）
(8) 他的大眼睛在昏黯中流露出一股令人心醉的绝望，黒漆漆（*漆黒）地闪亮……
　　（彼の大きな瞳は暗闇の中で人の心を奪ってしまうような絶望感を漂わせ、黒びかりして輝いて…）
(9) 老头喝得满脸彤紅（紅彤彤），用手拍着谢伟的肩膀。
　　（お爺さんは酒を飲んで顔を真っ赤にしながら、謝偉の肩をたたいた。）
(10) 旗子忽而倾向左，忽而倾向右，紅彤彤（*彤紅）地在空中飘荡着……
　　（旗が左に傾いたり右に傾いたり、赤々と空中で翻っていて…）

　"漆黒"は文字通り「漆のように黒い」様を表す。中心成分は形容詞の"黒"で、名詞"漆"は"黒"の修飾・限定成分として機能している。構造全体は部屋の暗さに対する静的（static）な印象を表し、話者の視線が移動する動的な描写は読み取れない。それとは逆に、ABBはBを重ねることによって、描写に動的（dynamic）な意味が加わる。(7)の"漆黒"を"黒漆漆"で置き換えれば、話者の視線は部屋の中を見渡すことになり、(8)の"黒漆漆"は彼の大きな瞳がきらきらと輝く様を動的に表現する。そのため、"漆黒"は連用修飾語になることはできないが、"黒漆漆"にはそれが可能になるのである。

　徐浩（1998）の分類に即して言えば、"黒漆漆"はAとBの意味が異なる第Ⅰ類に属し、"紅彤彤"はAとBの意味が等しい第Ⅱ類に属する。しかし、厳密に言えば、"紅"と"彤"によって喚起される赤のイメージは同じではない。現代中国語において、"彤"は熟語"彤云"が示すように主に雲の修

飾語として用いられ、朝日や夕日を浴びて茜色に照り映える雲の色を表す。したがって、"彤红"においても"彤"が"红"を修飾・限定する成分となっており、構造全体も静的な状態を表す。(9)の"彤红"は酒に酔って真っ赤になったお爺さんの顔色を表すのだが、"红彤彤"を用いることも可能である。その場合、お爺さんの顔が真っ赤になってぴかぴか光っている動的イメージが生じる。

(7)や(9)でABの"漆黑"と"彤红"は連体修飾語と補語の位置にあるが、ABBの"黑漆漆"や"红彤彤"に換えても成立する。この二つの文法的位置は静的把握と動的把握を許すのであろう。一方、(8)と(10)でABBをABに置き換えることはできない。この二例でABBは"闪亮"（ぴかぴか光っている）、"飘荡着"（漂っている）という動的事態の状況を描写する連用修飾語の位置にある。それをABに置き換えることができないということは、ABが静的状態の描写に対応することを物語っている。

邢红兵（2000）によれば、徐浩（1998）の言う第Ⅲ類ABB、即ちBBに語彙的意味が希薄で、表音的接尾辞であるタイプはABB全体の中で87%を占めるという。このタイプのABBは一見"很A"として理解しうるようだが、実際のところそれほど簡単ではない。

(11) 回去的前一晚，明月皎洁，天气冷飕飕的。
（帰る前日の晩、月は皎皎と輝き、風は冷え冷えとしていた。）

(12) 天气越来越冷了，脚放到水里去，冻得麻酥酥的。　　　（『现代汉语词典』）
（だんだん寒くなってきた。足を水に入れると、凍えてしびれてきた。）

(13) 徐守仁端起那杯狮峰龙井茶，只见茶色清澈，香气清新，一口下去感到味道醇厚，顿时精神一振，满嘴芬芳，舌头上甜丝丝的。
（徐守仁が獅峰龍井を手にすると、茶の色は澄んでいて、清々しい香りがした。一口飲むと、こくがあり、急に元気づいた。口の中に香気が満ち溢れ、舌にほんのりした甘みが広がった。）

『现代汉语词典』は"冷飕飕"を"形容风很冷……"（風がとても冷たい…）としている。"飕"は風の音を模した擬声語であり、"冷"と直接の関係はない。しかし、「冷たい風の音」は「寒い」を形象化し、動態化するのに最適な素材である。"飕飕"に比べれば、(12)の"酥酥"はさらに意味が希薄である。

しかし、"酥酥"を"麻"に付加することにより、(12)は足のしびれを概念としてではなく、皮膚感覚として表現するのに成功している。(13)の"甜丝丝"も同様である。"甜"は概念的な味覚表現であるが、"甜丝丝"はかすかな甘みが舌に残り、しばらく続く残留感を体感的に伝える。この点は風鈴やベルの音を表すABB型擬声語"叮铃铃"が喚起する聴覚的持続感と共通している。

擬声語は聴覚を認知領域とするため、時間軸に沿って線状に伸びるイメージが喚起されやすいが、張恒悦（2009）が指摘したように、ABB型の擬声語は面状に広がるイメージを喚起することも可能である。

(14) 当柔软的柳条吐露出新绿的时候，躲在墙角里的几束野花招蜂引蝶的呼啦啦开出了一大片。　　　　　　　　　　　　（第四章第二節(31)再掲）
（しなやかな柳の枝に新緑が芽吹き始めたころ、塀のすみに隠れていた何株かの野生の花たちが蜂や蝶を引き寄せ、ぱーっとあたり一面に花を咲かせた。）

野花の開花は音を伴わない。よって、(14)の"呼啦啦"は音を模したものではなく、"一大片"と呼応して野花が一挙に開花した様を生き生きと描いたものである。形容詞重ね型ABBにも面的広がりを喚起する機能がある。

(15) 狂风夹着飞雪扑打在脸上，犹如刀割，四周一片黑茫茫（*很黑），两尺之外不见人影。
（荒れ狂う風雪に吹かれ、顔が切られるように痛い。あたり一面は真っ黒で、少し前にいる人の姿も見えないほどだ。）

(16) 钻出登山帐篷时，营地还是一片黑蒙蒙（*很黑）的夜，正南方高远的天幕上，黎明已经到来。
（登山用テントを出てみると、キャンプ地はまだ見渡す限り真っ黒な夜だったが、遥か南の天空には夜明けがすでに訪れていた。）

(17) 古升放眼望去，周围黑黢黢（*很黑）的一片。
（古昇が遠くを見れば、見渡すかぎり真っ黒だった。）

(18) 一些主要支流黑乎乎（*很黑）一片，臭气熏天。
（主要ないくつかの支流は一面が真っ黒で、悪臭が鼻をつく。）

上の例の"一片"と呼応して用いられる"黑茫茫""黑蒙蒙""黑黢黢""黑乎乎"はどれも"很黑"に置き換えることができない。それは"一片"がも

のや景色などの面的広がりを意味するものであり、共起する修飾語や被修飾語に同様な意味的特徴を求めるからである。一方、"黒茫茫"のようなABBは高速型の動的持続性——話者の視線が比較的速いスピードで移動し続ける性質——をもつため、視線のスキャニングにより隙間のない面状の広がりが形成されるのである。それに対し、"很黒"は理性的かつ静的に色彩を表現しているにすぎない（本節第4項を参照）。

『現代汉语词典』に示された"黒圧圧"の語釈を見てみよう。

黒圧圧：形容密集的人，也形容密集的或大片的东西。
（密集した人だかりや、密集あるいは一面に広がったものを形容する。）

もし"圧"から"密集"や"大片"といった意味を読み取ることができなければ、『現代汉语词典』の語釈にある視覚的な広がり感は"黒圧圧"の構成成分から生じたものではなく、その形式に由来すると考えられる。管見の限り、Bの意味の如何にかかわらず、Aが色彩を表すものでありさえすれば、ABBは視覚的描写に適用でき、"一片"と共起することが可能である。"紅乎乎、黄灿灿、绿油油、黒漆漆、白皑皑、灰茫茫、蓝瓦瓦、紫莹莹"などがそうである。

以上の分析から次のような結論を導き出すことができる。

Ⅰ　ABBが意味を形成する過程において、AとBのいずれもが参与している。

Ⅱ　ABBには構文としての意味が存在しており、AB間の意味関係に左右されない。

Ⅲ　ABBの構文的意味の一つに高速型動的持続性があり、それは擬声語重ね型のABBと共通している。

3.2　ABBの構成

呂叔湘主編（1980）はABBの構成について二分説を主張し、次のように述べている。

大部分ABB式是由A加BB构成的，但有些可以认为是由AB重叠B构成的，例如：孤单：孤单单的｜空旷：空旷旷的。
（大部分のABBはAとBBからなるものであるが、ABのBを重ねてできたもの

もある。たとえば"孤単"→"孤単単的"、"空旷"→"空旷旷的"など。)

　"孤単"や"空旷"のようにABが単語として成立すれば、「AB→Bを重ねる→ABB」と分析し、そうでない場合は、「A→BBを付加→ABB」と分析するのである。ところが、この分類基準に従うと、Bがたとえ明確な意味をもっていてもBBが接尾辞と見なされるケースが数多く現れ、接尾辞の数が膨大になってしまう。また、Bが明確な意味を有し、BBに虚化が見られないのに、それらを接尾辞と認定するのは根拠不足と言わざるを得ない。このような状況に相当するABBに"金灿灿""绿莹莹""黑闪闪"などがある。では、これらのABBにおけるAとBはどのような関係にあるのだろうか。AとBを意味的に完全に切り離せるものとして見てよいであろうか。

(19)　王喜急忙掏出金灿灿的打火机来给徐伯贤点火。
　　　(王喜は慌てて金ぴかのライターを取り出し徐伯賢のタバコに火をつけた。)

(20)　一出楼门，就是绿莹莹的鲜花和嫩草。
　　　(建物を出ると、青々とみずみずしい草花が目に入った。)

(21)　孙四海的窗户上没有亮，只有两颗黑闪闪的东西。
　　　(孫四海の家の窓に明かりはなく、黒く光るものが二つあるだけだった。)

　(19)の"金灿灿"はぴかぴかのライターが目に入ったときの印象を描いたものである。"金"と"灿"はそれぞれ色彩と光沢を表し、視覚的に個々に存在する属性ではない。色彩と光沢を同時に感じ取るのが自然である。したがって、色彩を表すAと光沢を表すBは認知上分離不可能な性質を有する。同じく、(20)の"绿莹莹"も色彩と光沢による組み合わせであり、認知の過程において分離不可能なものとなっているのである。(21)の"黑闪闪"は"黑亮亮"に置き換えても成立するが、呂叔湘主編 (1980) に示された分類基準を適用すれば、両者の形成過程は異なる。二音節ABとして"黑亮"は存在するが、"黑闪"は存在しないため、"黑亮亮"は"黑亮"を基式とする重ね型であると言えるが、"黑闪闪"は"黑"に接尾辞が付加したものとなる。しかし、こうした分類は"黑亮亮"と"黑闪闪"の間の意味的類似性を否定することになる。両者ともに色彩と光沢が共存する状態を描写している。その類似性に基づいて考えれば、"黑亮亮"から"黑闪闪"へのメタファー (metaphor) 的拡張が可能となる。換言すれば、"黑"と"闪"の関係は"黑"

と"亮"の関係に似ており、認知的に一体性を有するがゆえ、"黑闪"が単語として定着するに至っていないにもかかわらず、"黑闪闪"という形式が成立するのである。

　呂叔湘主編（1980）は、"A 大部分是形容词，但是少数名词和动词也能带 BB 构成 ABB 式"（A のほとんどは形容詞であるが、少数の名詞と動詞も BB を伴い ABB を構成することがある）と指摘している。徐浩（1998）は"汗津津"や"毛茸茸"を A と BB が主述関係にある ABB としている。確かに、"汗"や"毛"は紛れもなく名詞であるが、しかし、それが BB の主語として機能しているとは考えにくい。

⑵　冬天总是戴着一顶白色的带尖顶的毛茸茸的帽子。　　　　（相原・韓 1990）
　　（冬はいつも尖っていてふわふわした白い帽子を被っている。）
⑶　柯雷从恶梦中醒过来了，双手一摸身上汗津津的。　　　　　　　　（百度）
　　（柯雷は悪夢から目を覚ました。両手で体を触ると、じっとりと汗ばんでいた。）
⑷　她主动同我打了个招呼，笑眯眯的样子，十分亲切。
　　（彼女は進んで私に挨拶し、にこにこしている様子は、大変親切だった。）

　⑵の"毛茸茸"は「毛がふわふわしている」ではなく「ふわふわした毛に覆われている」と理解するほうが優る。"毛"によって帽子の表面をまんべんなく覆う毛の視覚的イメージを伝え、"茸"によって帽子の柔らかそうな視覚的印象を伝えている。"毛"と"茸"はともに帽子を対象とする視覚的属性であり、帽子が"毛"であり"茸"であることを言っている。同様なことが⑶の"汗津津"にも当てはまる。"津津"（べとべとである）は汗ではなく、体の状況を言っており、体が"汗"であり"津津"なのである。さらに、⑷の"笑眯眯"を見ると、A の"笑"と B の"眯"が相互に独立して認知されるとは考えにくい。"眯"（目を細める）は"笑"と同時に捉えられ、両者を合わせて動的に状態化したものが"笑眯眯"なのである。同様に、口を大きく開けて大笑いすれば"笑哈哈"と表現される。"哈哈"は大笑の擬声語である。このように、A の位置にたとえ独立性の高い名詞や動詞が現れても、単独に存在し認知されるのではなく、B と結合して一つの認知単位を形成する。

　『中日辞典（第 2 版）』（小学館・北京商務印書館編、2003 年）は、"乎乎""溜

"溜""巴巴"などのBBをすべて接尾語として処理している。確かに、これらのBBは意味が具体性を欠き、表音性が強いことに加え、高い生産性を有しているため、一見接尾辞のように見える。しかし、これらBBのすべてが常に接尾辞と見なせるとは限らない。以下に挙げた例から分かるように、これらのBBを含むABBにおいて、ABが独立した単語として成立することは決して珍しくないからである。

　　热乎乎——热乎　　　　圆溜溜——圆溜
　　干巴巴——干巴　　　　稳当当——稳当
　　亮堂堂——亮堂　　　　硬梆梆——硬梆
　　颤悠悠——颤悠　　　　脆生生——脆生
　　稀拉拉——稀拉　　　　牛哄哄——牛哄
　　水灵灵——水灵　　　　软和和——软和

　さらに、『中日辞典（第2版）』が収録する"A乎乎"に絞って調べてみると、31例のうち、3分の1強の12例が、"A乎"が単語として成立可能である[7]。こうした事実がある以上、"乎乎"を接尾辞とすることは説得力を欠くと言わざるを得ない。

　使用頻度から見れば"A乎"は"A乎乎"にはるかに及ばない。また、"A乎"と"A乎乎"の関係に関する先行研究はほとんどなく、歴史的にどちらが先に出現したのかも不明である。しかし、いずれにせよ、考えられる可能性は二つしかない。一つは、"A乎"が"A乎乎"より早い、あるいは同時に出現したという仮説である。もう一つは、"A乎"の出現は"A乎乎"より遅かったという仮説である。前者だとすれば、"A乎乎"は"A乎"を基式にできた重ね型と考えられるため、"乎乎"を接尾辞と認定することは難しい。もし後者が正しいなら、"A乎乎"という三音節の形式が、"A乎"という二音節の語を誕生させる力を備えていることが見て取れる。

　仮に"A乎"の出現は"A乎乎"に遅れるという仮説が事実であっても、ABBからABが生まれうるということに注目してほしい。上述の通り、Bが具体的な意味を有するABBにおいても、AとBは認知上分離するものではなく、相互に融合しあうことが顕著な傾向として存在する。したがって、たとえBBの接尾辞としての可能性を否定しないとしても、ABBの典型的

な意味は AB + B という派生過程から生まれると見るべきであろう。呂叔湘主編（1980）に提示された分類基準は言語主体の認知的要素をまったくと言っていいほど考慮していないため、ABB に関する考察が十分とは言えない。本節は ABB の典型的な意味は AB + B であり、この点においても形容詞重ね型 ABB の派生過程が擬声語重ね型 ABB のそれに一致することが確認できる。

3.3　認知の起点

BB を考察するにあたって、避けて通れないことが二つある。一つは、その発音であり、もう一つはその文字表記である。まず、発音について検討を進めていきたい。

相原・韓（1990：i）は、BB の発音について、次のように指摘している。

> BB 部分を第一声で言うかあるいは原声調で言うか。実際のところ両者共に行われているのが実情である。

一方、『現代汉语词典』は BB の発音を以下のように三種類に分けてそれぞれ異なる方法で対処している。

I "BB"注作阴平，如"黄澄澄、文绉绉"注作 huángdēngdēng、wénzhōuzhōu。

　（BB に第一声を付す。たとえば、"黄澄澄、文绉绉"の発音は huángdēngdēng、wénzhōuzhōu と記す。）

II "BB"注本调，在注音后面的括号内注明口语中变读阴平，如；【沉甸甸】chéndiàndiàn（口语中也读 chéndiāndiān）；【热腾腾】rèténgténg（口语中也读 rètēngtēng）。

　（BB に原声調を付し、話し言葉では第一声に変調することを括弧で示す。たとえば、"沉甸甸、热腾腾"の発音は、chéndiàndiàn、rèténgténg と記し、括弧内に「話し言葉では chéndiāndiān、rètēngtēng とも言う」と注記する。）

III "BB"只注本调，如"金灿灿、香馥馥"注作 jīncàncàn、xiāngfùfù。

　（BB に原声調のみを付す。たとえば、"金灿灿、香馥馥"の発音は jīncàncàn、xiāngfùfù と記す。）

『现代汉语词典』がBBの発音を三類に分けるのは、中国語の実態に即した対処法だと思われる。実際、BBは原声調のままで発音するものもあれば、原声調を失って第一声で定着したものもあり、さらに原声調と第一声の間で揺れるものも存在しており、原声調から第一声へと漸進的に変化する連続体（continuum）が認められる。相原・韓（1990：i）は、このように「音声形式が不安定であるという点も、語としての未完成・未熟さを物語っている」とするが、本節はそれがむしろBの語義への関与に起因すると主張したい。

『现代汉语词典』のⅠ類に挙がっているABBを見てみよう。"澄"にはchéng（水が澄んでいる）とdèng（不純物を沈めて液体を澄ます）という二つの発音があるが、どちらも水と深く関わっている。しかし、"黄澄澄"huángdēng-dēng"は水についての描写ではない。たとえば、"黄澄澄的麦穗儿"（黄金色のコムギの穂）において、"澄"の本来の意味は"黄澄澄"にまったく反映されていない。"绉"は絹織物の一種である。その意味は「言葉遣いや振る舞いが文人を気取っている様」を表す"文绉绉"の中に取り込まれていない。"文绉绉"においてもB（"绉"）の意味的貢献度は極めて低い。

中国語には古くから、既成の同音字を意味に関係なく借りて用いる「仮借」という用字法がある。"黄澄澄"や"文绉绉"における"澄"や"绉"のようなBも仮借の一種と考えてよいであろう。つまり、"澄"や"绉"は文字本来の表意機能を発揮しておらず、ただ表音の役割を果たしているだけなのである。このようなBが原声調を失い、第一声で発音されることは、第一声のみが採用されている擬声語の特徴に合致している。この意味において、ABBのBが第一声になっていることは意味と品詞上の識別マーカーと言えなくもなかろう。

『现代汉语词典』のⅢ類のBはABBにおける意味的貢献度が高く、Ⅰ類と対照的である。"金灿灿"から光沢感やきらきら光るイメージが感じられるのは"灿"があるためであり、また"馥"の意味合いを取り入れたからこそ、"香馥馥"は単に香りがよいだけでなく、香りが極めて濃厚であるというニュアンスをもつようになっている。換言すれば、"灿"も"馥"も文字本来の意味を明確に保持するがゆえに原声調で発音されるのである。

では、Ⅱ類はどうなっているのだろうか。Ⅱ類のABBが話し言葉として

使われるか、書き言葉として使われるかによって発音が異なることに注目されたい。話し言葉としては第一声で発音され、書き言葉としては原声調で発音されるということから、文字化されているか否かがⅡ類のABBの発音を左右する根本原因であることが分かる。話し言葉では、本来、音声しか存在しないため、慣習に従って第一声で発音していても、いったん文字化され、文字を目にしてしまうと、文字の原声調が言語行動に関与し、第一声で読むことに抵抗感が生じてくる。そのため、書き言葉においては、BBは第一声より原声調で読むほうが選択されやすいのである。

　話し言葉においてBが原声調を失うことは、Bを表記する文字よりも発音が優先されることを意味する。一方、書き言葉におけるBの原声調への復帰は、文字表記に対する強い規範意識を意味する。漢字は高い表意性を有するため、第一声で発音するより原声調で発音するほうが意味への関与度は当然深まる。こうした角度から考えると、Bは発音上だけでなく、意味上も漸進的な変化を示す連続体を形成していると言えよう。

　次に、BBの表記について見てみよう。相原・韓（1990：ii）は、「BBの音声形式が安定しているものでも、hēihūhū：黒乎乎 黒呼呼 黒糊糊 黒忽忽」などのように、「その漢字表記に揺れが見られるのはむしろ常態」と指摘している。この指摘はすべてのABBに当てはまるのであろうか。『現代汉语词典』の分類を詳しく検証してみると、Ⅲ類にはこうした問題がほとんどないことが判明する。現に、"金灿灿"や"香馥馥"のBBは表記法が一種しかなく安定している。一方、Ⅰ類には"黄澄澄／黄登登""文绉绉／文皱皱"のように、表記の揺れを抱えるBBが多い。そして、Ⅱ類もⅠ類ほどではないが、BBに表記の揺れが見られる。たとえば"绿油油／绿幽幽"がそれである。

　全体的に見て、BBの表記の揺れが最も激しいのは、"黒hūhū"のような、第一声の仮借によるBBである。この場合、いくつもの書き方が容認されること自体、このタイプのBBが表意機能より表音機能を重視していることを物語る。つまり、音自体が意味の核心となっており、発音さえ一致すればどのような書き方にしても意味の理解に支障を来たすことはないのである。

　しかし、逆に考えれば、これだけ多くの表記法があるということは、言語

主体がBBを単に表音成分として取り扱うことに満足していないことが窺える。漢字は高い表意性をもっており、言語生活において漢字に意味を求めようとするのが中国語話者の習慣である。したがって、このタイプのBBの表記法の多さはその本来の「表音」作用と漢字によって与えられる「表意」作用の間で揺れている結果と見ることもできる。

　文字表記の多様化はABBの意味表示に不安定さをもたらす一方で、表現の幅をもたせることにもなった。インフォーマントによれば、"黒hūhū"の四種類の書き方にはそれぞれ異なる表現効果があるという。"黒乎乎"はぼんやりとかすんで薄暗い様を伝え、"黒呼呼"は気体の噴出するイメージを喚起する。また"黒糊糊"はどろりとして粘り気がある様が感じられ、"黒忽忽"はひらひらと揺れる様子が連想される。本節 3.2 において、"黒亮亮"と"黒閃閃"の間に意味の類似性に基づいたメタファーによる拡張があることを論じたが、それとは対照的に、"黒乎乎""黒呼呼""黒糊糊""黒忽忽"などのようにBBの文字表記の多様化は、発音の近接性に基づいたメトニミー（metonymy）的拡張によって実現されたものである

　以上述べたように、ABB はいくつもの拡張方式を有する開かれた構造であり[8]、高い生産性を獲得すると同時に、複雑で繊細な意味のネットワークを有するようになっている。

　BB とは逆に A は文字表記において極めて安定した様相を見せる。そのためか、A に対して関心を寄せる先行研究はほとんどない。たとえば、呂叔湘主編（1980）はよく用いられる A を列挙してはいるが、その意味的特徴について考察を行ってはいない。しかし、よく観察してみると、A は整然として閉じられた意味領域をもっていることが分かる。

　まず、ABB における形容詞性 A の選択傾向について観察すると、
　Ⅰ　視覚（色彩）：紅彤彤、緑油油、黄橙橙、黒漆漆、白茫茫、灰蒙蒙、藍瓦瓦、紫烏烏、粉嘟嘟……
　Ⅱ　嗅覚：香噴噴、臭烘烘、臊烘烘、腥乎乎、膻乎乎……
　Ⅲ　味覚：甜絲絲、酸溜溜、辣酥酥、苦澀澀、咸津津、麻酥酥、脆生生、面乎乎、沙朗朗……
　Ⅳ　触覚：干巴巴、涼冰冰、熱乎乎、潮膩膩、湿漉漉、粗拉拉、軟綿綿、

硬邦邦、粘糊糊……

　ABBにおけるAは、視覚を筆頭に、聴覚以外の感覚器官から得られる感覚に関わる意味領域を表現するものである。"多""少""远""近"はAに充当することができないが、それはこれらが五感を対象に客観的に描写するものではなく、"多"か"少"か、"远"か"近"か、いずれも相対的な概念で、言語主体の主観的判断によるものだからである。Aとして使用頻度が最も高いのは色彩を表す意味領域で、相原・韓（1990）に収録された"红BB"は28例あり、"黑BB"は実に43例に達する。色彩は他の感覚よりも強烈な刺激力をもっており、感受性の代表と見なすことができる。

　次に、ABBにおける名詞性と動詞性のAの選択傾向について観察すると、そこにも規則性が見られる。名詞性のAの例として、"水叽叽""泪汪汪""血淋淋""油乎乎""汗津津""毛烘烘"などが挙げられるが、その特徴は、ものの表面を広く覆うことができる付着力をもったものであることである。また、動詞性のAの例には、"笑眯眯""哭啼啼""气哼哼""醉醺醺"などがあるが、その特徴は人の一時的な動作や様態を表すことである。このように、名詞性と動詞性のAはどちらも視覚的顕著性が高く、その認知と解釈も五感の範囲内でなされるものである。

　『広辞苑（第六版）』（今村出編、岩波書店、2008年）は「擬態語」について以下のように定義している。

　視覚・触覚など聴覚以外の感覚印象を言語音で表現した語。

　これまで行ってきた分析から分かるように、ABBにおけるAの選択傾向はまさにここに定義された「擬態語」の特徴そのものである。したがって、ABBが擬態語に通じるという先行研究の指摘はまず意味的な裏付けが得られたと言える。また、"乎乎"などのような表音的BBが大量に存在していることも、概念ではなく言語音で感覚印象を表現する擬態語の特質の表れだと考えられる。

　しかし、表音的BBそれ自体に擬態機能があるとは言い難い。日本語には「つるつる」や「ほかほか」のように表音的形態素のみによって構成される擬態語が存在するが、中国語の"溜溜"や"乎乎"などはAから切り離されると、独立して具体的な意味を表すことはできない。BBはAに依存して

初めて存在しえるのである。BBのこうしたAへの依存性は本質的にABの認知的一体性に由来していると思われる。たとえば、"滑溜"は触覚を表すが、"細溜"は視覚的な印象を伝える。また、"粘乎"と"热乎"はともに触覚を表すが、どこでどのように感じるかが全く異なっている。このように、ABが結合することによって具体的な擬態機能が生まれるのである。

王国璋等（1996）は"热乎乎"と"热热乎乎"を同一視するが、以上の考察を踏まえ、本書は両者を同一視することはできないと考える。

⑸ 曾令超刚一跨进教室，一双热乎乎（*热热乎乎）的大手便紧紧地握住了他的手。
（曾令超が教室に足を踏み入れるや、暖かくて大きな二つの手がしっかりと彼の手を握りしめた。）

⑻ 还有半地窖萝卜、白菜、土豆，再蒸些年糕，做罐米酒，这年也就热热乎乎（?热乎乎）地过了，用不着犯大心思。
（まだ穴蔵の半分ぐらいの大根と白菜とジャガイモがあるので、あと少しお餅と甘酒を作れば、このお正月はにぎやかに過ごせるだろう。特に心配することはない。）

⑸の"热乎乎"を"热热乎乎"に置き換えることはできない。手の温度というのは、接触するまで感じられず、実際に握手した瞬間が起点となって"热乎"[9]を感じ始めるからである。つまり、認知の始まりが最もプロファイルされる部分であるため、始動型高速離散認知のモードに対応するABBを採用する必要があるのである。一方、⑻では逆に"热热乎乎"を"热乎乎"に置き換えると、不自然になる。"过年"は正月を迎えて美味しいものを食べたり酒を飲んだりして楽しく過ごす、一連の活動からなる時間幅のあるプロセスであり、その始めから終わりまでの全過程において活気にあふれる"热乎"の状態が続くため、ABBではなくAABBのほうが文脈によりふさわしい。要するに、起点も終点もプロファイルされない"热热乎乎"に対して、"热乎乎"では起点がアクティヴ・ゾーンとなってプロファイルされるのである。

以上述べてきたことを総合すれば、形容詞重ね型ABBを擬声語重ね型ABBの認知モードに基づいて説明しても十分成立すると言える。これは両

者が同じ認知モード——始動型高速離散認知——を共有していることを物語っている。違いは、前者が聴覚以外の身体感覚を表すのに対し[10]、後者は聴覚のみを対象とすることである[11]。従来の研究はこの点を見落としていたため、擬声語重ね型 ABB と関連づけて形容詞重ね型 ABB の本質的特徴を捉えるというアプローチに思い到らなかったのである。

4　文法的考察

石毓智（2001：120-126）は、程度副詞（"有点儿" "很" "最" など）の修飾を受ける形容詞が量的な幅をもち、程度副詞の修飾を受けることにより、それぞれ異なる「量点」に切り分けられるという。この主張が妥当であれば、"很 A" のような「程度副詞＋形容詞」構造こそ形容詞の程度を定める表現形式となる。筆者による図1が示すように、"有点儿 A" "很 A" "最 A" はいずれも話者が主観的判断に基づき形容詞の程度を垂直に切り分けた結果であり、その認知プロセスは主観的判断という抽象度の高い思惟活動である。よって、視聴覚等の身体感覚を総動員し、時間軸に沿って展開していく ABB 型の認知モードとは大きく異なる。

朱德熙（1982b）によれば、「状態形容詞」は「性質形容詞」と異なり、程度副詞の修飾を受けられないことが文法上の最大の特色である。では、その理由は何であろうか。Chao（1968：677-678）は、それを状態形容詞自体

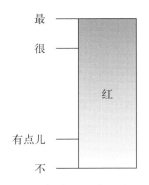

図1：程度副詞の認知スキーマ

すでに程度を内包しているためだとする。刘月华等（1983：122）と徐枢・谭景春（2006）においても同様な見解が示されている。しかし、ABBのような状態形容詞が一体どのようなプロセスを経て「程度」の意味を獲得したのかについては、まったく論じられていない。

筆者の考えでは、"*很红形形"や"*不太热乎乎"のような「程度副詞＋ABB」が成立しないのは、ABB自体に程度の意味があるためではなく、それが擬声語重ね型ABBと同じく、身体感覚によって捉えられた状態や様子を客観的に模写し、主観的な判断を排除するためである。程度副詞と共起しない擬声語重ね型ABB（"*河水很哗啦啦地流着"）と同じ認知モードを有する以上、形容詞重ね型ABBも程度副詞の修飾を受けないのは自然の成り行きである。

状態形容詞ABBにはもう一つ性質形容詞Aと異なる特徴がある。それは、疑問形にも否定形にもなりにくいということである。述語がAである(27a)(27b)はそれぞれ疑問文、否定文として成立しているのに対し、AをABBに換えた(28a)(28b)は成立しない。

(27) a. 饭热吗？（ご飯は熱いか。）

(27) b. 饭不热。（ご飯は熱くない。）

(28) a. *饭热乎乎吗？（*ご飯は熱々か。）

(28) b. *饭不热乎乎。（*ご飯は熱々ではない。）

ここで、(27a)(27b)のAに程度副詞"很"、また"不太"の修飾を加えてみると、次の例(29a)(29b)はともに自然な文である。

(29) a. 饭很热吗？（ご飯はとても熱いか。）

(29) b. 饭不太热。（ご飯はあまり熱くない。）

ここから、述語が「程度」を含んでいても疑問形や否定形への変換を妨げないことが分かり、よって、ABB自体が「程度」を含むとした先行研究の主張は成り立たない。

続いて、擬声語重ね型ABBの場合を見てみると、(28a)(28b)と同じく、(30a)(30b)も疑問形と否定形が成立しない。

(30) a. *河水哗啦啦吗？（*川の水がさらさら流れているか。）

(30) b. *河水不哗啦啦。（*川の水がさらさら流れていない。）

擬声にせよ、擬態にせよ、外界に客観的に存在する様態を言語主体が感覚的に捉え、あるがままに描写する認知・言語行動である。よって、この行動レベルにおいては「肯定＝様態が客観的に存在する」のみがあり、否定や疑問という心理プロセスは一切関与してこない。対応する言語形式に疑問形や否定形が成立しないのは当然であると言えよう。

『現代汉语词典』は形容詞重ね型 ABB に対し、一律に"〜（的）"のように（）つきで"的"を付加している。そこから ABB が A と異なる三つ目の特徴、即ち述語と補語の位置においても"的"共起することが析出できる。そして実際のところ、このことは擬声語重ね型 ABB にも当てはまる。

(31) a.　他的脸很红。（彼の顔はとても赤い。）
(31) b.　[?]他的脸很红的。
(32) a.　脸上皮肤晒得很红。（顔は真っ赤に日焼けしている。）
(32) b.　[?]脸上皮肤晒得很红的。
(33) a.　他的脸红彤彤的。（彼の顔は真っ赤である。）
(33) b.　[?]他的脸红彤彤。
(34) a.　他的脸晒得红彤彤的。（彼の顔は日焼けして真っ赤である。）
(34) b.　[?]他的脸晒得红彤彤。
(35) a.　小河水哗啦啦的。（小川の水がさらさら流れている。）
(35) b.　[?]小河水哗啦啦。
(36) a.　血流得哗啦啦的。（血がドクドク流れている。）
(36) b.　[?]血流得哗啦啦。

(31a)(32a) は自然な文であるが、"很A"に"的"を付加した (31b)(32b) は不自然である。それとは対照的に、形容詞重ね型 ABB と擬声語重ね型に"的"を付加した (33a)(34a)(35a)(36a) は自然であるが、"的"を付加しない (33b)(34b)(35b)(36b) は不自然になる。よって、"的"の付加に関して言えば、形容詞重ね型 ABB と擬声語重ね型 ABB の間に見られるこの類似性は偶然ではなく、その意味的特徴を反映する形式的マーカーと言ってよい。

形容詞重ね型 ABB が A と異なり、擬声語重ね型 ABB と共通する文法的特徴をまとめると、以下の三点になる。

Ⅰ　程度副詞の修飾を受けない。

Ⅱ　疑問形も否定形も成立しない。

Ⅲ　述語と補語の位置においても助詞"的"と共起する。

こうした傾向は中国語に限らず、CVCV の反復型をメインとする日本語の擬声語・擬態語においても確認できる[12]。

(37) a.　台車をごろごろと引く。　　　　　　　　　　　　　　（『広辞苑』）
　　　　（咕噜咕噜地拉平板车。）

(37) b.　*台車を大変ごろごろと引く。
　　　　（*非常咕噜咕噜地拉平板车。）

(38) a.　春風がそよそよと吹いている。　　　　　　　　　　　（『日中辞典』）
　　　　（春风在轻轻地吹。）

(38) b.　*春風がそよそよと吹いているか。
　　　　（*春风在轻轻地吹吗？）

(39) a.　炎がゆらゆらと揺れる。　　　　　　　　　　　　　　（『日中辞典』）
　　　　（火苗摇摇曳曳地晃动。）

(39) b.　*炎がゆらゆらと揺れない。
　　　　（*火苗不摇摇曳曳地晃动。）

(37 b) は程度副詞「大変」が付加され、(38 b) と (39 b) は疑問文と否定文で、いずれも不自然な文である。また、CVCV の反復型は、擬声語であろうが、擬態語であろうが、助詞「と」と共起する[13]。だとすれば、上述した ABB に見られる三つの特徴は、擬声・擬態という範疇の文法的特徴として、個別言語の枠を越えた普遍的な文法現象である可能性があり、今後のより広範な類型論的研究が待たれるところである。

5　ABB の品詞分類

『現代汉语词典（第 5 版)』は中国大陸におけるオーソドックスな文法体系を反映する形で ABB を"状态词"と呼び、形容詞の下位区分されたものとして位置づけた。徐枢・谭景春（2006）によれば、『現代汉语词典（第 5 版)』の編集にあたり、形容詞の選別・認定には、以下のような四つの基準が設けられた。なお、この基準は、2012 年に発行され、2016 年現在最新の『現代

汉语词典（第6版）』でも同様である。
　Ⅰ　連体修飾語および述語になる。
　Ⅱ　"很""太"などの程度副詞の修飾を受ける。
　Ⅲ　通常、補語は伴うが、目的語は伴わない。
　Ⅳ　人や事物の形状や性質、動作行為の状態を表す。
　Ⅰ、Ⅱ、Ⅲは形式上の基準であり、Ⅳは意味上の基準である。しかし、よく吟味すると、Ⅰは形式的な基準として広すぎる嫌いがあるように思われる。形容詞だけでなく、動詞もこの基準を満たすからである。たとえば、
　来的人（来た人）――人来了（人は来た）
　洗的衣服（洗った服）――衣服洗了（服は洗った）
　また、ⅡはAには適用できるが、ABBには無効である。Ⅲに関して言うと、AもABBも目的語を伴わない点では共通しているが、Aは補語を伴うことができ、ABBは補語を伴うことができない。

　红得厉害（赤いこと甚だしい）
　*红彤彤得厉害（真っ赤なこと甚だしい）

　以上のように、形式上の三基準のいずれによっても、ABBを厳密に形容詞であると規定することが難しい。よって、実質的に意味上の基準Ⅳにのみ基づいてABBを形容詞とした『現代汉语词典』の品詞分類は根拠薄弱で説得力に欠ける。さらに、既述の通り、そもそもABBとAの間には根本的な認知的相違が存在する。以上を考え合わせれば、ABBとAを同じ品詞に分類した『現代汉语词典』の処理は科学的とは言い難い。
　Abbi（1992：29）は、文法についての記述はたいてい欧米言語のモデルにしたがって行われてきたが、reduplication（重畳。重ね型）という文法現象は欧米言語に乏しく、それがたまたま出現しても文法研究者の注意を引くことはほとんどなかった、と指摘している。だとすると、基本的に欧米言語の文法体系をベースとして構築された中国語の文法体系においても、reduplicationに対してふさわしい位置づけが与えられていない可能性は大である。よって、reduplicationの本質を理解しようと思えば、既成の文法体系の観念に束縛されず、従来とは異なる視点による模索が必要となってくる。
　たとえば、ABBを形容詞の下位区分と見なした『現代汉语词典』の処理

方法は既成の文法体系の中でのある種の間に合わせに過ぎず、新しい視点や発見に基づく科学的処理方法ではない。その結果として、前述したような内的矛盾を抱えてしまったのである。

周知の如く、擬声語・擬態語に関する研究は日本語の重要な研究分野の一つとなっている。しかし、鈴木（雅）(2007) を読めば、日本語の「擬態語」という専門用語は決して近代言語学が誕生した初期に生まれたものではないことが分かる。同書によると、1915 年（大正 4 年）の『大日本国辞典』、1922 年（大正 11 年）の『言泉』および 1932 年（昭和 7 年）の『大言海』、そのいずれにおいても「擬声語」は収録されているが、「擬態語」は見当たらない。「擬態語」の登場は 1935 年（昭和 10 年）に出版された『大辞典』まで待たなければならなかったのである。

こうした事実を踏まえて考えると、「擬態語」というのは日本語の独自なところを発見したことにより考案された文法用語であると言える。一見して分かるように、「擬態語」という命名は、擬声語との相違を示す一方で、擬声語との関連性をも示唆し、欧米言語からの翻訳に基づく他の抽象的品詞名とははっきり区別される即物的な命名となっている。英語には「擬態語」に対応する用語がなく、英訳しようとすれば、「擬声語」と同じく、onomatopoeia を用いなければならない。このように欧米言語の文法体系に収まりきらないものであるからこそ、擬態語は人類言語の研究において重要な意味をもつ。「擬態語」というのは、擬声語との相違を示す一方、擬声語との関連性をも示唆し、もっぱら抽象的な概念を表す他の品詞とは区別しうる用語である。このような補完関係にある擬声語・擬態語というカテゴリーは、日本語研究のみならず、日本語教育においても、重要な役割を果たしているのである。

筆者による調査では、ほとんどの文法書が ABB を A と同じく形容詞という品詞の中に収めている中で、北京大学中文系現代汉语教研室 (1993) と郭锐 (2002) のみが ABB を含む「状態詞」を独立した一品詞として立て、もっぱら A を指す「形容詞」と同格に扱っている。しかし、両者が状態詞を独立させた根拠は主として形容詞との文法的な差異であり、擬声語と関連づけてその本質まで考察するに至らなかった。本書は、先行研究とは異なり、形

容詞重ね型 ABB が有する意味的、文法的特徴を擬声語との関連性から考察し、その由来の解明を試みた。その結果、形容詞重ね型 ABB と擬声語重ね型 ABB の類似性は、擬声・擬態という文法範疇の投影であるという結論を得た。この結論を踏まえて、本書は中国語の品詞分類に「擬態詞」というカテゴリーを導入すべきであると主張したい。「擬態詞」というカテゴリーを導入することによって、中国語における品詞研究の理論的発展のみならず、非母語話者への中国語教育にも寄与することができると考えられるからである。

注

1) 本節で言う形容詞重ね型 ABB は、主として二音節形容詞 AB を基式とする ABB を指し、構成過程を問わず ABB 全体を指して言う従来の「ABB 型形容詞」とは異なる。
2) この三冊の辞書の ABB に関する説明は酷似する。恐らく『現代汉语词典』に遅れて出版された後の二冊が権威性のある前者にならって釈義を行った結果であろう。だが、ならうことはその主張に賛同することが前提となる。この意味で、日中両国において大きな影響力をもつこの三冊の辞書が同様な解釈をしていること自体は大変興味深い。
3) 相原茂・韓秀英著、くろしお出版、1990 年。
4) 王国璋・呉淑春・王干楨・鲁善夫著、商务印书馆、1996 年。
5) 朱德熙（1982b）は基本的に朱德熙（1956）を継承したものであるが、後者では「状態形容詞」という用語が明確に提示されていなかった。
6) 饶长溶（1999）は BB を一律に接尾辞として取り扱うことに対して異を唱えたが、残念ながら主張は略述にとどまり、具体的な論の展開は見られない。
7) 『中日辞典』に挙がっている"A 乎乎"は以下の通りである。"A 乎"が単語として成立可能なものは括弧で括って示した。

黏乎乎（黏乎）	软乎乎（软乎）	烂乎乎（烂乎）
稠乎乎（稠乎）	稀乎乎（稀乎）	匀乎乎（匀乎）
潮乎乎（潮乎）	热乎乎（热乎）	晕乎乎（晕乎）
圆乎乎（圆乎）	胖乎乎（胖乎）	毛乎乎（乎乎）
油乎乎	血乎乎	湿乎乎
醉乎乎	臊乎乎	酸乎乎
甜乎乎	咸乎乎	香乎乎

气乎乎	急乎乎	傻乎乎
笑乎乎	脏乎乎	红乎乎
黄乎乎	白乎乎	灰乎乎
粉乎乎		

8) 呂叔湘主編（1980）はABBについて"为了修辞的需要，偶尔还可以自造"（修辞を凝らすために、たまに自作してもよい）と述べている。これによって、ABBが開かれた範疇であり、生産性を有していることが裏付けられる。

9) "热"は"热乎"と意味的に等価なものではない。"热"は、温度が著しく高く、触れにくい状態であるのに対して、"热乎"は、体温より少し高く心地よい温感を表す。そのため、次の二例（自作）において"热"を"热乎"に換えることはできない。"别喝！水热（*热乎）！"（飲んじゃだめ、熱いよ）、"这孩子头热（*热乎），是不是感冒了？"（この子、頭が熱い、風邪を引いたんじゃないの）。したがって、⑳の"热乎乎"における認知の起点は"热"ではなく、"热乎"なのである。

10) 谢自立・刘丹青（1995）は、蘇州方言におけるABBについて以下のように指摘している。

 带有很强的形象描摹作用。例如，"白皭皭"向人再现脸色苍白的形象，"白满满"描写白气弥漫的形象；"白"虽指同一种颜色，却只是抽象地指出这种性质，用于给事物分类。

 （〔ABBには〕生き生きとした情景描写の働きがある。たとえば、"白皭皭"は顔色が青白い様を再現し、"白满满"は白っぽい煙、霧、水蒸気などが一面に広がるイメージを描き出す。これに対し、"白"は同じく白色を表すが、抽象的にその性質を説明するもので、事物を分類するのに使われる。）

 また、孙景涛（2008）は自ら珠江デルタの奥地にある順徳（大良）で実施した調査から得た一次資料を根拠に、広東方言のABB（たとえば"短切切"[tyn²⁴ tsʰit³³ tsʰit³³]は、きれいに切り揃えた様を表す）は「もっぱら情景や状態を描写するのに用いられ、生き生きとしたイメージを喚起する表現効果を狙っている」と述べている。以上の指摘から、ABBが各種の感覚的印象を描写しうるのは標準語だけでなく、多くの方言においてもであることが窺える。

11) 通時的考察を行えば、形容詞からなる重ね型は、擬声語からなる重ね型とほぼ同時期に出現し、似たような歴史的変遷をたどってきたことがはっきりする。『詩経』に代表される上古中国語には、すでに「小雅・伐木」に"伐木丁丁"（木を伐ること丁丁たり）や「鄭風・子衿」に"青青子衿"（青青たる子が衿）などの用例が存在していた。唐代前後の中古時代では、基本語彙の二音節化が定着するにつ

れ、形容詞重ね型と擬声語重ね型はどちらも著しく多様化し、新しいタイプの形式を生み出した。中でもABB型の形式が唐代から宋代までの間に定着し、元代に入ってから最盛期を迎えたという（徐浩1998、张美兰2001）。その元代の言語実態を如実に記録した雑劇（『新校元刊杂剧三十种』徐沁君校訂、中华书局、1982年）を調べると、同じ場面や情景の描写に形容詞重ね型ABBと擬声語重ね型ABBがよく併用されている。たとえば「西蜀梦・第四折」に"碧粼粼绿水波纹皱，疏剌剌玉殿金风透"（碧々たる緑水にさざ波が立ち、ヒューヒューと金風が玉殿を吹き抜ける）や「七里灘・第三折」に"香馥馥暗香浮动梅摇影，疏刺刺翠色相交竹弄声"（馥郁たる香気を放つ梅が影をも揺らし、翠色の乱立する竹がさらさらと音を立てる）など。ここから、視覚、聴覚、嗅覚などの身体感覚をフルに活用し、臨場感あふれるイメージ作りを主な機能としていたABBの姿が窺え、それは現代中国語におけるABBの役割となんら変わりはない。

12）日本語の擬声語・擬態語は多様な形態をもっているが、その最も典型的な形式はCVCVの反復型である。田守・スコウラップ（1999：167）を参照。

13）日本語では、擬声語・擬態語と共起する助詞は「と」のほか、「に」もある。また、助詞の付加が単純ではなく、複雑な制約条件が関わっている（田守・スコウラップ1999：64-73）。それと同様、中国語の形容詞重ね型ABBと擬声語重ね型ABBにおける"的"との共起についても一概には言えない。本書は、そのおおよその傾向を指摘するにとどまり、詳しい考察を別稿に譲る。

インフォーマント
A：男性、46歳、河南省出身。B：女性、51歳、北京出身。C：男性、26歳、河北省出身。D：女性、24歳、湖南省出身（北京在住）。

第二節　AABB型重ね型における認知モードとその生産性について

1　はじめに

　AABB型重ね型は現代中国語における最も基本的な重ね型の一つであり、その特徴として次の二点を指摘することができる。

Ⅰ AABB の基式である AB は特別な品詞に限定されることなく、機能語以外の品詞（形容詞、動詞、名詞、数詞、量詞、擬声語）のいずれもが AABB を構成することができる。

　　　干净→干干净净　　　说笑→说说笑笑　　　山水→山山水水
　　　三、五→三三五五　　双、对→双双对对　　哗啦→哗哗啦啦

　Ⅱ AABB は高い生産性を有する。

　生産性に関して言うと、任海波（2001）が約 1 億語規模のコーパスを対象として調査した結果、AABB は出現率が非常に高く、即興で創作された AABB も大量に存在し、総数の把握は極めて難しいことが判明した。

　従来、AABB に関する研究が盛んに行われ、多くの成果が蓄積されてきた。しかし、そのほとんどは AB の品詞性を基準に研究範囲を限定している。たとえば、朱德熙（1956）、吕叔湘主编（1980）、邢福义等（1993）などは、形容詞 AB からなる AABB のみを研究の対象とし、储泽祥（2000a）は動詞の AB、张谊生（1999）は名詞の AB からなる AABB しか取り上げていない。その結果、所定の範囲内の AABB について細かく記述することができたものの、異なる品詞からなる AABB がどういう関係にあるのかについての考察がおろそかになってしまった。

　『现代汉语词典』では、使用頻度の高い AABB を省き、成語になった AABB の一部のみを収録するという編集方針が取られている。『现代汉语词典』が AABB を網羅的に収集しなかった理由は、単に紙幅の関係だけというより、おそらく中国語母語話者には AABB を作り出す潜在的能力が十分にあることを確信しているため、いちいち辞書で取り上げなくてもよいと判断したからであろう。任海波（2001）の統計調査からも、中国語母語話者に間違いなく AABB を生成する能力が備わっていることが窺える。しかしその一方で、李大忠（1984）により、AABB への生成は決して自由ではなく、厳しい制限を受けていることも明らかになっている。

　では、何が AABB の生成を促しているのだろうか。また、何が AABB の生成に制限を課しているのだろうか。本書はそのどちらもが AABB に対応する認知のモードに起因すると考える。このような認識のもと、この節では张恒悦（2008）を踏まえつつ、AABB に対する品詞横断的な研究を試み、

AABBは基式の品詞性とは関係なく、同じ認知モード「交錯型離散認知」を共有していることを実証する。さらに、五感とメタファーの関係という新しい視点から、AABBの生産的な生成メカニズムを解明する。

2 AABB型重ね型に対する立場

2.1 品詞横断的研究の可能性

　上述の通り、AABB型重ね型に対する従来の研究は基式の品詞を基準に重ね型を分類し、考察を行う傾向にあった。その中で、刘月华等（1983）、李宇明（1996b）、陈光（2000）はAABBとABABをそれぞれ形容詞重ね型、動詞重ね型と呼んで論を展開している点においては、基式の品詞にこだわる方向を維持しているが、異なる品詞間の比較対照を行った点において他の先行研究とは異なる。

　刘月华等（1983）と李宇明（1996b）は、一部の二音節形容詞はAABB型（"痛痛快快"）のみならず、ABAB型（"痛快痛快"）重ね型も作ることができると指摘し、ABAB型は"尝试"（試み）および"短时"（短時間）の意味を獲得すると同時に、文法的振る舞いも動詞からなるABAB型と一致すると述べる。一方、陈光（2000）は、それとは反対のケースを取り上げている。つまり、一部の二音節動詞がAABB型（"凑凑合合"）とABAB型（"凑合凑合"）の重ね型を構成し、AABB型の文法機能と意味的特徴はともに形容詞からなるAABB型に近似するようになると述べている。

　以上のような、異なる品詞間の比較により、AABBに関し、次のような事実が浮き彫りになっている。即ち、同一基式であっても、重ね型の形式が異なると、文法機能も意味機能も相互に分かれていく。逆に、異なる基式であっても、重ね型が同じ形式をとれば、文法機能も意味機能も同一化する。つまり、重ね型の性質は、基式の品詞性から制約を受けないのである。このことから、重ね型の構成原理はイコン性にあり、その文法的振る舞いは意味的変化によって動機づけられていることが分かる。

　重ね型は、構成上、イコン性が第一義的構成原理となっているため、基式

の品詞性はむしろ解消されてしまうといってよい。こうした側面をもつ重ね型の本質を明らかにするには、基式の品詞性よりも各種の重ね型が対応する認知モードのほうが重視されるべきだと思われる。なぜなら異なる品詞の基式であっても同じ重ね型形式をとれば、意味機能も文法機能も同一化するからである。現に、朱德熙（1982b）は、二音節擬声語からなる AABB（"叮叮当当"）と二音節形容詞からなる AABB（"干干净净"）をともに状態形容詞に帰属させている。また、呂叔湘主編（1980）は「形容词生动形式表」に、形容詞のみならず、動詞と名詞からなる AABB も採録している。したがって、AABB の意味機能と文法機能に対する考察においては、基式の品詞性に拘泥せず、品詞横断的な視点からのアプローチが不可欠であると考える。

2.2　交錯型離散認知

张恒悦（2008）は、擬声語重ね型 AABB の認知モードを分析するにあたり、他のタイプの擬声語重ね型、とりわけ ABAB との比較を通して、AABB に対応する認知モードは「交錯型離散認知」であるという結論を導き、AABB に以下のような三つの特徴があることを指摘した。

Ⅰ　動的持続性

　擬声語重ね型 AABB と ABAB は動的持続性という共通点を有する。これは(1)の置き換えによって証明できる。

(1) 灯火辉煌中，还有轻音乐伴奏，叮当叮当（叮叮当当／*叮当），很好听。

（第四章第一節(12)再掲）

　（明かりが光り輝く中、軽音楽の演奏もあり、ポロンポロンと響く音色は、聞いていて気持ちがとてもよい。）

　重ね型となっていない"叮当"は一過性の音を表すだけで、持続性をもたないため、音楽の流れていくイメージを表現する"叮当叮当"の代役を務めることはできないが、"叮叮当当"には可能である。なぜなら、"叮叮当当"は"叮当叮当"と同じく離散的認知モードに属し、ともに話者が時間軸に沿って認知焦点を移動させる認知モードとなっているからである。

Ⅱ　AB における意味的一体性

　王了一（1982）や孟琮（1983）など先行研究の多くは、AABB におけ

るABは二つの音を表すものとしているが、第四章第一節第2項で論じたように、ABは分割不可能の意味的一体性をもっている。無標の場合、ABは二つの音ではなく、一つの複雑な音を表し、それが重ね型に現れても一つの音声単位として捉えられることに変わりはない。AABBもABABも同じくABを基式にして構成された重ね型の擬声語である。

Ⅲ 内部の無界性

　AABBとABABの間に相違点もある。ABABは有界のABを並置することによって構成されているため、内部構造に切れ目がある。一方、AABBはABとABを咬み合わせることによって構成されているため、内部構造に切れ目がない。こうした相違は、基式の配置順序がその認知順序と一致するというイコン性によるものと考えられる。基式が順次に配置されているABABと違って、AABBは基式のABを交錯させてできた重ね型である。それゆえ、基式と基式の間に隙間や間隔がなくなり、渾然一体とした無界的音声を表す構造となっているのである（第四章第一節第5項を参照）。

本節2.1で論じた、基式の品詞性が構造のイコン性によって解消されることを勘案すれば、AABBに対応する「交錯型離散認知」という認知モードが、擬声語のAABBにしか適用できないとは考えにくい。換言すれば、交錯型離散認知は擬声語以外の基式からなるAABBにも対応しているはずである。

2.3　歴史的変遷

　交錯型離散認知モードは擬声語のAABBにだけでなく他の品詞の基式からなるAABBにまで拡大することが可能であるという本書の主張は、通時的な角度からも支持される。

　現代中国語において高い使用頻度が確認されたAABBに"战战兢兢"と"战战栗栗"があるが、両者はそれぞれ『诗经・小雅・小旻』と『韩非子・初见秦』が初出である。AABBの淵源は遥か遠い先秦時代まで遡ることができるのである。しかし、AABBの内部構造が昔から一貫して変わらないとは限らない。基式が形容詞からなるAABBについて、石锓（2007）は、唐代までは「畳加式AA＋BB」という構造しかなく、唐代に入ってようや

く重ね型 AABB が生まれたという。また、太田（1957）は、基式が二音節形容詞 AB からなる AABB について次のように述べている。

　AABB：" 冷冷清清 " " 平平淡淡 " " 明明白白 " など。古代にも少しあるがふえたのは唐以後。

　石锓（2007）も太田（1957）も AABB における構造変化の転換点を唐代としているが、中国語史と照らし合わせれば当を得ている。周知の通り、中国語の基礎語彙の単音節から二音節へのシフトはまさに唐代において起こった（朱庆之 1992、董秀芳 2002）。AABB の構造も、基礎語彙の構造変化に伴い変化が起こったのである。よって、唐代を境目にし、再分析（reanalysis）や類推（analogy）を経て、AABB の構造が「畳加」から「重畳」へ変化したとする石锓（2007）の主張には根拠がある。

　さて、擬声語からなる AABB の場合はどうだったのか。これについて通時的な先行研究は見当たらないが、筆者が北京大学中国言語学研究センターのコーパスで検索したところ、最も古くは元代においてその用例が見られ、明代以後になると、それが多用されるようになったことが判明した。また、同コーパスでの検索によって、現代中国語で " 高频词 "（使用頻度の高い言葉）となっている " 干干净净 "（基式が形容詞 AB）、" 说说笑笑 "（基式が動詞 AB）、" 男男女女 "（基式が名詞 AB）などは、すべて元代に出現していることが分かった。こうしたことから、擬声語 AABB の出現は決して孤立した現象ではなく、形容詞、動詞、名詞などの他の品詞からなる AABB と連動して発生した体系的現象であることが推測される。

　以上のような歴史的変遷をたどってきた AABB であるが、全体的に見た場合、先秦時代に出現した AABB で今日までその痕跡をとどめているものは極めて少ない[1]。現代中国語に多く見られる AABB のほとんどは唐代以後に現れたものである。よって、現代中国語における AABB の大部分は同じ認知メカニズム――交錯型離散認知――を共有していると見て大差ないであろう。

　以下、「動的持続性」「A と B の意味関係」「内部構造の無界化」という三つの角度から、現代中国語における AABB が交錯型離散認知モードに対応していることを検証していく。

3 動的持続性

擬声語以外に、基式が動詞からなる AABB もしばしば見られる。

(2) 年前的这些天很冷，看着侄儿他们一帮人蹦蹦跳跳，我心里也感到热乎。
 （お正月前の数日はとても寒かったが、おいたちが飛んだり跳ねたりする光景を見ていると、私の心も温まった。）

(3) 大街上，公共汽车依然来来往往，但许多汽车内，乘客稀落。
 （大通りでは、バスは依然として行き来していたが、多くは乗客もまばらだった。）

(4) 就这样，躲躲藏藏，大约过了半个月时间，那几名干部见平安无事，满以为风头已过，便有些放松警惕了。
 （このように、逃げたり隠れたりして半月ぐらいが過ぎた。その数名の幹部は、何事もなく毎日を過ごしているうちに、危険はもう過ぎ去ったと思い込み、少し油断してしまった。）

動詞 AB からなる AABB の意味的特徴について、先行研究は"绵延"（何融 1962）、"反复"（吴洁敏 1986）、"交替反复""不断再现"（张谊生 2000）、"绵延和反复"（李珊 2003）などと解釈している。"绵延"（持続する）、"交替反复"（交互に反復する）、"不断再现"（絶えず再現される）という意味記述は、言うまでもなく AABB を持続性を伴った動的事象として捉えている証拠である。動詞からなる AABB は擬声語重ね型 AABB と同じく「動的持続性」をもっていると言えよう。

だが、こうした「動的持続性」は動詞からなる AABB に限らず、形容詞、名詞、数詞、量詞からなる AABB においても観察できる。

(5) 路面高高低低，崎岖难走。
 （路面はでこぼこで、歩きにくい。）

(6) 记者乘车从金边到茶胶省采访，沿途道路年久失修，坑坑洼洼。
 （記者は車でプノンペンからタケオ州へ取材に行ったが、沿道は長年修理されず、穴ぼこだらけであった。）

(7) 人们三三五五，都往小学校的操场走。

（人々は三々五々小学校のグラウンドへ向かった。）
(8)　他们双双对对、出出进进、十分快活。
　（彼らは二人ずつペアになり、出たり入ったり、とても楽しそうだった。）
(9)　这个国家总是刮风，窗钩子摇来晃去，碰在墙上丁丁当当。
　（この国ではいつも風が吹いているため、窓のフックがゆらゆら揺れ、壁にぶつかるとガチャガチャ音を立てる。）

　(5)の"高高低低"は、形容詞の基式から構成されているが、それは決して静的な状態を表すものではない。インフォーマントによれば、"高高低低"が述語に充当しているからこそ、路面が起伏しながら遠くへ伸びていくイメージが形成されるという。(6)の"坑坑注注"は名詞の基式からなるにもかかわらず、穴だらけの道が延々と続いているイメージを描き出している。(7)の数詞からなる"三三五五"も人々が小人数のまとまりになって、続々と小学校へ移動している場面を描写する。同様なことは(8)の"双双对对"にも当てはまる。"双双对对"によって、大勢の人が二人ずつ移動している情景が描かれる。これらの用例と(2)～(4)の動詞からなるものや(9)の擬声語からなる"丁丁当当"を考え合わせれば、異なる品詞の基式で構成されるAABBが動的持続性という特徴で一つの範疇を構成していると断言することができる。

　刘叔新（1983、1984、1997）は形容詞、動詞、擬声語からなるAABBについて詳細な考察を行い、それらが"不断地出現或継続存在下去"（絶えず出現する、あるいは存在し続ける）という意味で共通しており、どれもが継続を表す範疇に属するとしている。この結論は上述の筆者によるインフォーマント調査の結果と一致し、本書の主張を支持する。ただ、刘氏の三つの論文は形容詞からなるAABBを取り上げた際、"高高低低"のようなAとBがそれぞれ単独で語として成立可能なもののみを対象とし、"热热闹闹"のような分割不可能なABからなるものを対象から外している。同じ方法は邢福义等（1993）においても用いられている。では、二音節形容詞を基式とするAABBと、それぞれ語として独立しうるA、Bを基式とするAABBはどのような関係にあるのか。

(10)　11月10日，浙江省萧山市临浦镇通二村里热热闹闹（很热闹）。
　（11月10日、浙江省蕭山市臨浦鎮の通二村はとてもにぎわっていた。）

⑾ 妯娌之间和和气气（很和气），互助互爱，对老的，一个比一个孝顺。
（嫁どうしはとても仲よく暮らし、互いに助け合い慈しみ合い、舅姑に対しても孝行を尽くした。）

⑿ 秀莲高高兴兴（很高兴），唱着歌儿回到自己的屋里。
（秀蓮はうきうきとして、歌を歌いながら自分の部屋に戻った。）

　インフォーマントによれば、二音節形容詞からなるAABBも動的持続性をもっており、その点で単独で語になるA、Bから構成されるAABBとまったく変わらない。⑽の"热热闹闹"を"很热闹"に換えても文は成立する。しかし、両者が喚起する事象のイメージは異なる。"很热闹"がにぎやかな状態の存在を概念的に伝えるのに対し、"热热闹闹"はがやがやと騒がしい情景が持続する様を臨場感をもって伝える。⑾も"和和气气"を"很和气"に置き換えることができる。しかし、"很和气"であれば嫁どうしの付合いを概念的に指すにすぎないが、"和和气气"と表現すると、仲よく暮らす状態が持続していく様を表す。⑿の"很高兴"と"高高兴兴"にも同じ対立が見られる。

　以上の事実は本書の仮説に合致している。つまり、AABB型の重ね型に見られる動的持続性はABの語彙的意味に由来するのではなく、AABBという形式から生じたものである。擬声語のAABBでは、話者は認知の焦点を移動させながら対象の音を捉えていく。それと同じく、非擬声語からなるAABBも、話者の認知の焦点が移動し持続する状態を伝える。それゆえ、基式ABの性質がどうであろうと、いったんAABBの形をとれば、すべて動的持続性をもつようになるのである。

　続いて、AABBの文法機能を見てみよう。

⒀ 早上8时不到，这家酒楼门前就噼噼啪啪（*噼啪）地热闹起来。
（朝8時前から、このレストランの前はパチパチと爆竹の音がして、にぎやかになり始めた。）

⒁ 市子又想起了阿荣刚来东京时对自己说过的话，"我想干干净净（*干净）地去您家。"
（市子は栄さんが東京に来たばかりのときに自分に言った言葉をまた思い出した。「私はきれいさっぱりと身なりを整えてお宅に伺いたいと思います。」）

⒂ 两人说说笑笑（*说笑）地上工去了。
　（二人はうちとけて談笑しながら、仕事に出かけて行った。）
⒃ 郊游的时候尽可以瓶瓶罐罐（*瓶罐）地带上一大堆；轿车使我们的空间与地理的概念发生根本的改变……
　（遠足に行くとき、瓶やら缶やらたくさんもって行ってもいい。乗用車は私たちの空間や地理の概念に根本的な変化をもたらした…）
⒄ 散会了，大家三三五五（*三五）地一边说着话，一边往外走。
　（会議が終わったので、人々は三々五々おしゃべりしながら外へ向かった。）
⒅ 溥仪在分分秒秒（*分秒）地盼望着她的回音，在猜测着回信的内容。
　（溥儀は一分一秒を惜しんで彼女からの返事を今か今かと待ちわび、返信の内容を推測していた。）

陈光（2000）は、動詞からなる AABB は連用修飾語になれるが、基式の AB にその機能はないことを指摘した。この指摘は⒂によって裏付けが得られる。しかし、このような現象は動詞を基式とする AABB に限らない。⒃の AB は名詞であり、⒄の AB と⒅の AB はそれぞれ数詞と量詞である。いずれも AB のままでは連用修飾語になることができないが、重ねられた AABB の形式になると、連用修飾語になることができるようになり、形容詞や擬声語を基式とする AABB と完全に同調するのである。

⒆〜㉔の各例は、基式が擬声語、形容詞、名詞、動詞、数詞、量詞のいずれであっても、重ね型 AABB が連体修飾語になることを示す。

⒆ 轰轰隆隆的声音越来越大了，震得天摇地动。
　（ドドーンという音がますます大きくなって、天地を揺るがすほどとどろいた。）
⒇ 城市里远远近近的灯光，都迷失在飞舞的雪花之中。
　（都会のあちらこちらの灯火は、すべて降りしきる雪の中にまぎれ込んだ。）
㉑ 这平时蹦蹦跳跳的秀气姑娘，那天却不爱说话，老扁着嘴想哭。
　（この普段は飛んだり跳ねたりしているきれいな女の子は、その日は話をしたがらず、ずっと口をへの字に結んだままで泣き出しそうな様子だった。）
㉒ 一张斑斑点点的旧桌子上乱堆着一些文件。
　（しみだらけの古い机の上にいくつかの文書が雑然と積まれている。）

⑶ 千千万万的人，像潮水一样流向延安，寻求救国的道理。
（何千何万もの人が、救国の方途を求め、潮流のごとく延安へと向かった。）
⑷ 醒来看见衣服上点点滴滴的白色鸟粪，竟不知自己置身何处。
（目が覚めて、服にぽつぽつと付いた鳥の白い糞を見ていると、自分はどこにいるのか分からなかった。）

上記各類のAABBは述語にもなれる。

⑸ 窗外滴滴答答，雨还没有停。
（窓の外では、ぽたぽたという音がしている。まだ雨がやんでいない。）
⑹ 家电如此，服装、鞋帽销售也平平稳稳，不见往年的大幅度上升。
（家電はこのような調子であり、服や靴や帽子の販売量も変動なく、例年のような大幅な上昇は見られない。）
⑺ 两口子经常打打闹闹。
（夫婦はよく喧嘩したり騒いだりしている。）
⑻ 有些接缝处麻绳疙疙瘩瘩，他们再爬进去用喷灯烧化再烫平。
（一部の継ぎ目のところに麻縄の塊がぼこぼこかたまっていた。彼らは再び四つん這いになって中へ入り、バーナーでそれを焼いて平らにした。）
⑼ 人们三三两两，来到这座雕像前参观、合影。
（人々は二人三人と連れ立ってこの彫像の前にやって来て、見学したり記念写真を撮ったりしていた。）
⑽ 所有种类的交通工具宛如鱼市上的鱼贩子团团簇簇，焦急地等候栏杆升起。
（すべての乗り物はまるで魚市場での魚商人のように群がっていて、いらいらしながら遮断機が上がるのを待っていた。）

このほか、上記各類のAABBは様態補語としても用いられる。

⑴ 碟子碗碰得丁丁当当的。
（お皿とお碗がぶつかってガチャンガチャンと音を立てている。）
⑵ 只要使用这种洗涤剂，便可洗得干干净净。
（この洗剤を使いさえすれば、ぴかぴかに洗うことができる。）
⑶ 何大拿打着手电也是吓得哆哆嗦嗦。
（何大拿は懐中電灯をつけているにもかかわらず、怖くてぶるぶる震えて

㉞ 利芡利汁的"爆炒菜"，又做得汤汤水水，不成样子。　　　（Yahoo!）
（あんかけにしても、汁を加えてもよい「炒め物料理」は、また煮汁だらけになってしまい、ぐちゃぐちゃだ。）

㉟ 进来的人语带醉意，话说得三三两两，还频频穿插酒嗝。　　　（Yahoo!）
（入ってきた人は酔いの回った言い方をする。ろれつがあやしいばかりか、しきりに酒気を帯びたげっぷも入りまじる。）

㊱ 她真的像猫被姜龙挟在臂弯里，白色绸袍在挣扎中撕得丝丝缕缕。
（彼女はまるで猫が姜竜の腕の中に抱えこまれてしまったようで、もがいているうちに白い絹の長衣がずたずたに裂けた。）

　以上の観察から、AABBが基式の品詞性とは関係なく文法機能の統一性を保っていることが分かった。この統一性は「交錯型離散認知」、即ち観察された事象を持続性を伴って離散的に描くというAABBの意味の統一性に由来していると考えられる。

4　AとBの関係

　従来の研究の多くは、AABBに統一した内部構造を認めず、「重畳」と「畳結」の二タイプに分かれると主張する（邢福义等1993、张谊生1999、张谊生2000、储泽祥2000a）。この二タイプを分類する基準はAとBの関係である。もしABが分割不可能な二音節語であれば、AABBはABを基式とする「重畳」と見なし、もしAとBがそれぞれ独立した成分であるなら、AABBは単音節語の重ね型を二つ合わせた「畳結」（筆者注：AA＋BB）と見なす。たとえば、"清清楚楚"や"犹犹豫豫"が「重畳」であるのに対して、"高高低低"や"说说笑笑"は「畳結」に属するという[2]。しかし、このような二分法、特に「畳結」説は様々な不合理を抱えている。

　まず、AとBが単独で用いられるからと言って、ABが二音節語として成立している可能性がないとは限らない。たとえば、"高"と"低"はどちらも単音節語として使用することができるが、"高低"で一つの二音節語として使われることも少なくない。たとえば、『现代汉语词典』は次の"高低"

を一つの二音節語として扱っている。

(37) 朗诵时声音的高低要掌握好。
　　（朗読するとき、声の高さをうまく調節する必要がある。）

「畳結」はA、Bの分離性のみに着目した分類であり、単純にそれに従えば、AB間の意味関係がないがしろにされてしまう恐れがある。既述のように、AABBは極めて生産性の高い形式であるが、AとBの組み合わせには自ずとルールが存在する。たとえば、"说说笑笑"は成立するが、"*说说睡睡"は成立しない。"说"と"睡"はどちらも単独使用が可能であり、相互に分離性をもつ点においては"说""笑"とまったく違わない。この意味で、「畳結」という分類はAABBにおけるABの成立条件の解釈には有効とは言えない。

次に「畳結」の定義は、AABB = AA + BBと見なしているが、この構造分析にも問題がある。そもそも多くのAとBは単独の使用は可能でも重畳することはできない。その典型例として名詞の一種である方位詞が挙げられる。たとえば、"前前后后""左左右右""里里外外"はすべて成立するが、"*前前""*后后""*左左""*右右""*里里""*外外"はすべて成立しない。ここから、AABB = AA + BBという分析が不合理であることが分かる。さらに、たとえAAとBBが単独で重畳できたとしても、AABB = AA + BBと分析するのが適切であるとは言い難い。動詞の例で見てみよう。

(38) 总理，我有一件事情想跟你说说。
　　（総理、申し上げたいことがございます。）

(39) 他很了解我，他知道我就是这么说说也就算了。
　　（彼は私のことをよく知っている。彼は私がこのように言ってみたところで口先だけのことだと分かっている。）

(40) 照一个吧。大家笑笑，可不要眨眼。
　　（写真を撮ろう。みんなちょっと笑って、まばたきしちゃだめだよ。）

(41) 母亲笑笑，摇了摇头。
　　（母はちょっと笑って、首を横に振った。）

(42) 大家聚在一起说说笑笑十分热闹。
　　（みんな集まって、しゃべったり笑ったりして、とてもにぎやかだ。）

(38)～(41)の用例から分かるように、単独で用いられる"说说"と"笑笑"は"尝试"（試み。(38)(40)）か"短时"（短時間。(39)(41)）のいずれかを表す。そうすると、"说说笑笑"も「試み（一つ話し笑ってみる）」あるいは「短時間（ちょっと話し笑う）」を表すことになるはずだが、(42)が示すように、"说说笑笑"は談笑が無界的に持続する状態を表す。AABB＝AA＋BBと分析して、この矛盾を説明することは不可能である。

　AとBの間には認知的一体性があり、それこそがAABBを考察するのにあたり見逃すことのできないポイントであると筆者は考えている。

(43) a. 他眯起眼睛，上上下下地打量着小芹，乐呵呵地直点头。
　　　（彼は目を細めて、上から下まで小芹をじろじろと見つめ、微笑んでしきりにうなずいた。）
　　b. 医生的小媳妇儿，上下打量着春儿。
　　　（医者の若奥さんは上から下までじろじろと春児を見ていた。）

(44) a. 县城瓷厂密布，大大小小有六百多家。
　　　（市街地に陶磁器工場が密集していて、大小合わせて六百以上ある。）
　　b. "文革"后期却已发还给了他们一座小小的独门独院，大小有五间房子。
　　　（"文革"の後期には小さな一軒家が彼らに返還された。大小五つの部屋があるものだった。）

(45) a. 冰冷的小屋里摆满了瓶瓶罐罐和书籍资料。
　　　（氷のように冷えきった小屋には、瓶、缶、書籍、資料などがたくさん並べられている。）
　　b. 待冷，放入瓶罐中贮存备用。
　　　（冷たくなったら瓶や缶に入れて貯蔵し、必要に備える。）

(43a)(44a)(45a)のAABBは、いずれも「畳結」の基準を満たしており、AもBも単独で使用が可能なものである。しかし、ABが一つの構造体になっている可能性も考えられる。まず、(43b)を見てみよう。(43b)の"上下"は果たして"上"と"下"の並列、つまり「上と下」の意味を表すのだろうか。答えは否である。医者の若奥さんは春児をじっくりと見つめたのだが、視線が春児の胴体を飛ばして頭と足にのみ向けられたことは考えにくい。こ

の"上下"は「上から下まで」を意味する。即ち"上下"は認知的に互いに分離している両端ではなく、渾然一体となった「上から下まで」である。(44b) の"大小"も (43b) の"上下"と同じく一体化し、大きい部屋と小さい部屋のみを指すわけではない。様々な広さの部屋すべてが含まれる。そして、こうした現象の延長線上に (45b) の"瓶罐"がある。"瓶罐"は実際は容積の小さい器物の総称のようなものであり、瓶と缶だけではなく、密封できる器物であれば何であってもかまわないのである。

このように認知的一体性を有する AB は、A と B を両極とする中間状態をも含むものであるが、この特徴は実は AABB においても観察できる。(43a) の"上上下下"は視線を上から下まで連続的に移動させるプロセスを描いたものであり、(43b) の"上下"と比べると、視線をより頻繁に上下に動かしている様子が強調されている。(44a) の"大大小小"は中規模の陶磁器工場を排除しないし、(45a) の"瓶瓶罐罐"は瓶と缶以外の容器も含む。邢福義等（1993）が、反義形容詞の対からなる AABB の意味を"表示对立性状的兼容"（対立した状態の相互融合を表す）とし、"远远近近"や"大大小小"は"不远不近"や"不大不小"のような中間状態をも包含するとわざわざ指摘したのはそのためであろう。よって、「畳結」に属す AABB の意味も、分離した A と B の重ね型の加法に由来するというより、一体化した AB の交錯した重ね型に由来すると理解したほうが、実態に即していよう。

認知的一体性について、続いて、動詞からなる AB について考えてみよう。

(46) a. 大家聚在一起说说笑笑十分热闹。　　　　　　　　　　(42)再揭)
　　　（みんな集まって、しゃべったり笑ったりして、とてもにぎやかだ。）

　　b. 当孩子们得知很快就可以回家时，都高兴地说笑起来。
　　　（子供たちは早く家に帰れることを知って、楽しく談笑し始めた。）

(47) a. 当我们有天去看他，他正拿起儿子的衣服缝缝补补。
　　　（私たちがある日彼を訪ねると、彼はちょうど息子の服を縫ったり繕ったりしているところだった。）

　　b. 母亲还没睡下，正在给德强缝补衣裳。
　　　（母親はまだ寝ておらず、徳強の服を縫い繕っていた。）

中国語において二つの動詞が並び連なった場合、全体的に見れば、「時間

的イコン性」原則が働いていることが多い。たとえば"来买"（買いに来る）では、"来"という動作が"买"という動作より先に行われるため、"来"が"买"の前に来ている。"喝醉"（飲んで酔った）でも、後に置かれた"醉"は"喝"の結果であり、時間的に"喝"に遅れて発生する。しかし、"说笑"や"缝补"のようなABを時間的イコン性原則で解釈することはできない。"说笑"という語順だから"说"が"笑"に先行しているとも限らないし、"缝补"から"补"が"缝"より後回しにされると判断することもできない。なぜなら"说笑"や"缝补"は併存関係を構成しており、"说笑"は『现代汉语词典』の注釈通り、"连说带笑；又说又笑"（しゃべりかつ笑う。しゃべったり笑ったりする）の意味である。また、"缝补"において、"缝"は"补"の一環であり、"补"の中に組み込まれた関係にある。このようなABにおいて、時間的イコン性原則が無効となる原因は、AとBが互いに溶け合い、境界がなくなっているところにある。つまり、ABは別々ではなく、認知上一体化したものとなっている。それは(48b)の形容詞からなるAB"酸甜"（甘酸っぱい）が示す甘味と酸味が混ざり合った状態に極めて近いと言えよう。

(48) a. 酸酸甜甜的山楂糖葫芦，总是能让人胃口大开的。
    （甘酸っぱーいさんざし飴は、いつも人々の食欲を大いにそそる。）
  b. 果实圆形，多汁，果皮红黄色，味道酸甜。
    （果実は球形、多汁で、皮は茜色、味は甘酸っぱい。）

ABが一体化した単語と認められるわけではないが、AABBを作る場合もある。

(49) 汽车走走停停，甚至比走路还慢。
    （車は走ったり止まったりで、徒歩よりも遅い。）

(50) 渐渐地，他有点厌倦这收收卖卖的营生。
    （徐々に、彼はこの売ったり買ったりする生活にいささかうんざりしてきた。）

(49)の"走走停停"は使用頻度が高いにもかかわらず、ABに当たる"*走停"は語として成立しない。(50)の"收收卖卖"も自然な表現であるが、"*收卖"が単独で使用されることはない。しかし、認知論的には"走停"や"收卖"を一体化したものとして捉えることが可能である。"走"（進む）と"停"（止まる）は時間軸上において連続し、走っては止まるという現象が繰り返し発

生した結果、"走"と"停"が互いに不可欠な反復単位として認識されるに至っている。似たような近接性は"收"（買い付ける）と"卖"（売る）の間にも存在している。"收"は"卖"するためであり、"卖"するには"收"しなければならない。"收"と"卖"は手段と目的を表す一つの循環単位と見なすことが可能であり、それが"收收卖卖"を成立させる認知的基盤となっているのである。"*收收跳跳"（買い付けたり跳び上がったりする）が成立しないのは、"收跳"に"走停"や"收卖"に見られる認知的基盤が存在せず、"收"と"跳"に認知的一体化が実現しにくいためだと考えられる。

張斌主編（2010：903）は、語彙化されていない AB の意味関係を分析し、以下のような三類に分類している。

反義関係：关关开开、借借还还、哭哭笑笑
近似関係：说说道道、歪歪斜斜、挑挑拣拣
類義関係：跑跑跳跳、说说唱唱、写写画画

この三類における A と B は、認知的一体化によって相互の関係が動機づけられている。反義関係は矛盾や対立の関係を表すが、互いに補い合う補完的な側面もある。"关"（閉じる）と"开"（開ける）で言えば、"关"するには"开"していなければならず、"开"するには"关"していなければならない。"开"と"关"は相互に前提条件として事前に実現していることが求められる。換言すれば、"关"と"开"は相互に依存しており、どちらか一方だけというのはありえない。そのため、"关关开开"において"关"と"开"は認知的に一体化し、反復行動の一単位として捉えられる[3]。同様な説明が"借借还还"（貸し借りの反復状態を言う）と"哭哭笑笑"（泣き笑いの反復状態を言う）にも当てはまる。

近似関係にある AB はどうであろうか。この場合、AB は実質的には同一行為を指している。"说说道道"の"说"と"道"は、位相上の違いはあるが、ともに「言う」を表す。"歪"と"斜"はどちらも「傾いている」であり、"挑"と"拣"はどちらも「選ぶ」を意味する。このように、近似関係にある AB は指示対象が同一であるため、一体化したものとして認知されやすい[4]。

類義関係にある AB は、相互の近接性が一体化を生む要因となっている。"跑"（走る）と"跳"（跳ぶ）、"说"（おしゃべりする）と"唱"（歌う）、"写"（字

を書く）と"画"（絵を描く）、いずれも同一の活動を構成する近接性のある行為として捉えられる。"跑跑跳跳"はスポーツや遊戯の場面、"说说唱唱"は娯楽活動の場面、"写写画画"は創作あるいは学習活動の場面を想起させる。よって、"*跑跑写写"（駆けたり書いたりする）や"*跳跳画画"（跳んだり描いたりする）のように、AとBが近接性をもたず、同一イベントに共存しえない場合、AABB は成り立たない。

以上を総じれば、AABBの成立にはABの一体化が求められ、それが「交錯型離散認知」の特徴と一致する。そのため、"说笑"や"上下"のような、語彙化された二音節語がAABBのABとして選択されやすいが、たとえ語彙化していなくても、同一シーンにおける認知的一体化が可能であれば、AABBを構成する必要条件を満たすことになる。

5 内部構造の無界性

議論をAABBの構造的意味に移そう。まず、先行研究を見る。储泽祥（2000a）は動詞性ABからなるAABBについて以下のように述べる。

念念笑笑，笑够了又回头读一遍，不等天黑，这对联就走进了东京家户。　　　　　　　（阎连科「鲁耀」,『中篇小说选刊』1990年第1期, 186頁）
例中的"念念笑笑"，表示"念"和"笑"的交替反复，相当于说"笑了念，念了笑"。

（読んで笑って、笑い終わるともう一度最初から読む。日が暮れるのを待たずに、この対聯が東京の家々に広まった。
この例にある"念念笑笑"は、"念"と"笑"が交互に反復されることを表し、"笑了念，念了笑"と言うのに等しい。）

刘叔新（1997）は"高高低低"を例に形容詞性ABからなるAABBを以下のように説明する。

如"高高低低"，并非只表示单一的高的性状和低的性状——"高高的、低低的"或"又高又低"，而是表示不断重复的"又高又低，又高又低，又高又低，……"

（たとえば"高高低低"は、決して"高高的、低低的"や"又高又低"のように単

に高い状態だけ、低い状態だけを表すのではなく、何度も繰り返される高低、高低、高低…の状態を表す。)

　この説明で特筆すべき点は、形容詞性 AB からなる AABB も AB が交互に反復することを表すと指摘されたことである。

　呉吟・邵敬敏（2001）は、名詞性 AB からなる AABB は"表夹杂"（物事がまじり合う様を表す）とし、以下のように分析した。

奥康公司在西郊高新技术开发区占着一块很大的地盘，有一幢漂亮的大楼和一片厂房，到处栽着花花草草，弄得像个公园，比位于东郊的老宏达厂阔气多了。　　　　　　　　　（『十月』1999 年第 3 期 14 页）
"花花草草"展现出红花绿草相间、一片草木繁盛的样子来；……
（奥康社は西郊外のハイテク開発区に広大な敷地を占め、一棟のしゃれたビルと一面に広がる工場をもっている。至る所に草花が植えられ、公園のようになっている。東郊外に位置する宏達の古い工場よりずっと立派である。
"花花草草"は、赤い花と緑の芝生が入り混じり、草木の繁茂する様を表現している。）

　"红花绿草相间"は文字通り赤い花と緑の芝生が交互に分布する視覚イメージを喚起する。これに劉叔新（1997）、儲澤祥（2000a）の指摘を加えれば、AABB が基式の品詞性に縛られず、AB が交互に反復する様を描くという構文義を共有していることが判明する。

　AABB に見られる交互反復性は、一見、先に AA 続いて BB と並べられた AABB の形式的特徴に合致しないように見える。上に紹介した先行研究が AB の交互反復性を特に指摘した理由もそこにあるのだろう。しかし、すでに論証を繰り返してきたように、AABB は認知的一体性を有する AB を基式として重ねられたものである。AB が一つの単位として交互に反復される以上、AB の交互反復と AABB の形式的特徴は決して矛盾しない。

　ただし、交互反復性は AABB 型重ね型を選択する必要条件であっても、十分条件ではない。なぜなら、単に AB の交互反復を求めるならば、ABAB 型も選択肢となりうるからである。しかし、以下の諸例が示すように、AABB と ABAB にも違いが存在する。

⑸1 我们要孩子，当然不是为了热闹。你看他们满屋子吵吵闹闹（*吵闹吵

闹），真是不可开交。

（私たちが子供を欲しがるのは、もちろんにぎやかさが欲しいからではない。ほら、見てごらん、彼らは家じゅうガヤガヤ大騒ぎして、本当にどうしようもない。）

(52) 严冬的运河上漂浮着大大小小（*大小大小）的冰块。

（厳冬の運河には大小様々な氷の塊がぷかぷか浮いている。）

(53) 她那白麻纱的洋装上沾了无数的血迹，斑斑点点（*斑点斑点），鲜红刺目，她觉得头晕目眩而心慌意乱起来。

（彼女の白い麻の洋服に無数の血痕が付き、一面に散らばった、真っ赤な血の色は目に突き刺さった。彼女はめまいを覚え、心まで落ち着かなくなった。）

(54) 桥两边站满了男男女女（*男女男女），都是来观奇景的市民。

（橋の両側は、大勢の男女で埋め尽くされている。みな奇観を見に来た市民である。）

(55) 所谓程式化，就是 ABA 的模式，A 是男女两人在慢板的音乐中翩翩起舞，所谓第二个 B 是什么呢？男女男女（*男男女女）各变奏两次，变奏就是像拉小提琴，比如说那种华彩部分，炫耀技巧的东西，男女男女各两次；再一个 A 呢，就是在辉煌的快板中，双人合舞，最后戛然而止。

（定式化とは即ち ABA モデルである。A は男女二人がゆったりした音楽の中でひらひらと踊り始めることだが、二つ目の B とは何だろうか。それは、男女交互にそれぞれ二回変奏することである。変奏とは、ちょうどバイオリンを弾くのに似ていて、カデンツァのようなテクニックを誇示する部分であり、男女交互にそれぞれ二回踊ることである。そしてもう一つの A はというと、華麗なるアレグロの中で、二人が一緒に踊り、最後にぴたりと止まるということである。）

(51)～(54)において ABAB と AABB は置換不可能である。原因は意味の違いにある。(51)の"吵吵闹闹"は幼い子供たちの大騒ぎが間断なく続く様を描写している。これを"吵闹吵闹"とすると、子供たちは一定の間隔をとって騒ぐことになる。よって、(51)のような間断のない大騒ぎを描く文脈には、"吵闹吵闹"より"吵吵闹闹"のほうがふさわしい。(52)の"大大小小"と"大小大小"にも違いがある。"大大小小"は大小様々な氷の塊が混在していて一

面に広がっている場面を喚起するが、"大小大小"は大きい氷と小さい氷が別々にあるいはペアで視野に入っては消えるという、規則的かつ不連続的な動的イメージを喚起する。しかし、冬の運河に浮かび漂う氷が規則的に流動する可能性は低く、文脈上"大大小小"を選択せざるを得ない。(53)の"斑斑点点"は服についた無数の血痕が一面に広がる様子を表現している。それを"斑点斑点"とすると、個々の"斑点"を一つずつ順を追ってスキャニングする、断続的なイメージしか喚起しない。(54)の"男男女女"は、大勢の人々が橋の両側に集まっている光景を描いたものであり、老若男女が混在している。それに対して、"男女男女"は(55)が示すように、"男女"が一単位として順次繰り返されることを表す。

以上をまとめると、ABABは有界のABが順次に連なって、内部構造に切れ目のある、断続的イメージを反映した形式であるが、AABBは有界のABが相互に重なり合った、内部構造に切れ目のない、連続的イメージを反映した形式である。

では、AABBはなぜこのような性質をもっているのか。交錯型離散認知モードという発想を採用すれば、その理由を説明することができる。本節2.2でも触れたように、擬声語AABBは内部構造に切れ目のない無界性をもっていた。ABとABが咬み合わさったAABBという形式が示すように、先行の認知単位ABへの認知が完了しないうちに後続の認知単位ABへの認知が始まり、先行認知単位と後続認知単位の間に切れ目がなくなるからである。それと同じことが、非擬声語のABを基式とするAABBについても成立し、擬声語AABBと同様、内部構造に無界性をもつのである。

交錯型離散認知モードに基づけば、以下に示す三つの現象の原因を説明することが可能になる。

Ⅰ ABが均質（homogeneous）であればAABBも均質性を維持し、ABが異質（heterogeneous）であればAABBも異質性を帯びる。张谊生（2000）の用語を借りれば、異質性は"纷繁复现态"（入り乱れ繰り返される様）と表現できる。

均質的AABB：

　干净→干干净净　　　安静→安安静静

清楚→清清楚楚　　　　稀拉→稀稀拉拉
　異質的 AABB：
　　　说笑→说说笑笑　　　　打闹→打打闹闹
　　　山水→山山水水　　　　高低→高高低低
　交錯型離散認知モードでは、基式である AB が蝶つがいのように入り混じって認知されるため、AB が均質であれば、AABB も均質性を維持することができるが、異質な AB から構成される場合、入り混じって重なることにより、AB の異質性がいっそう強化され、"紛繁复现态"が生成されるのである。
Ⅱ　AABB は、通常、語と見なされるが、ABAB は語と認められない。周知の如く、AABB は、従来、状態形容詞として処理されてきた。この処理が AABB における内部構造の均質性、無界性に依拠していることは論を俟たないだろう。交錯型離散認知モードがもつ均質性、無界性が AABB に一つの意味単位として成立する認知基盤を提供しているのである。それとは逆に、内部構造に切れ目があり一体感に欠ける ABAB は、一語として認知しにくい。
Ⅲ　二音節性質形容詞は AABB という重ね型しかもたない[5]。たとえば、"老实"の重ね型は"老老实实"のみであり、"*老实老实"という重ね型は存在しない。同じく、"整齐"の重ね型にも"整整齐齐"しか存在しない。このように、二音節性質形容詞が ABAB 型重ね型をもたない理由は、ABAB は内部構造に切れ目があり、断続的であるからだと考えられる。均質性、無界性を特徴とする性質形容詞に断続的という特徴は馴染まない。このため、二音節性質形容詞が重ね型によって性質の状態化を実現しようとすれば、AABB を選択するしかないのである。

　以上、要するに、AABB は内部構造に切れ目をもたない点において ABAB と対立する。この対立は擬声語の AABB と ABAB からだけでなく、基式が他の品詞からなる AABB への考察からも裏付けられる。したがって、交錯型離散認知モードは、擬声語の AABB はもとより、擬声語以外の AABB にも対応する認知モードであると言える。

6　生産性のメカニズム

　本節第3～5項では、品詞横断的な視点からAABBの認知的仕組みを分析し、それが交錯型離散認知モードに対応していることを明らかにした。これによって、AABBの意味機能を一元的に解釈することが可能になったばかりでなく、AABBの生産的メカニズムを考察する手がかりも得られた。

　AABBは高い生産性を有する形式である。陸志韋（1956）はこの現象に注目し、品詞の異なるABを基式とするAABBを詳述し、さらに語彙化されていないABの存在にも言及した。任海波（2001）は、統計学的な調査を通して、AABBの生産性を論証した。

　では、AABBの基式となる非語彙的なABにはどのような特徴があるのだろうか。任海波（2001）は、ABが並列関係にあることをAABBの成立条件として、以下のような例を挙げている。

(56) 小时候，我喜欢听涛声，看河漩儿，踩岸边儿那平平坦坦、软软颤颤的河泥儿，直到溅得全身都是泥点儿……　　（电子版『人民日报』1995年5月）
　　（子供のとき、私は波の音を聞き、川の渦巻を見、川辺の平坦で、ぷよぷよぴくぴくした泥を全身泥だらけになるまで踏むのが好きだった…）

　確かに"软软颤颤"の基式となる"软颤"は語彙化しておらず、"软"と"颤"は並列関係にある。しかし、"软"を"黑"に換えた"*黑黑颤颤"は成立しない。意味的には(56)の文脈に抵触しないし、"黑颤"でも同様に語彙化しておらず、"黑"と"颤"で並列関係を構成することがあってもよいように思われるのだが、"*黑黑颤颤"は成立しないのである。この現象は並列関係にさらなる制限を加える必要を示唆している。

　本節第4項「AとBの関係」で論じたように、交錯型離散認知AABBにおけるABは一つの単位として捉えられる。換言すれば、ABが一体化したものとして認知されていることがポイントである。ABの一体化こそ、語彙化されていないABがAABBを構成しうるかどうかの決め手である。"软软颤颤"と"*黑黑颤颤"に話を戻すと、"软"（やわらかい）は物に触れたときに覚える感覚であり、"颤"（震える）も、泥に埋まった足が感じ取る"颤"

である以上、同じく触覚を通して得られる感覚である。(56)において、"软"と"颤"は川辺の泥に足を踏み入れた瞬間という同一シーンにあり、触覚を表すという同一範疇に属している。これによって、"软"と"颤"の同時共存と認知的一体化が可能となり、即興で創られたものであるにもかかわらず、"软软颤颤"は中国語母語話者に許容される表現となるのである。AとBが意味的に同一シーンの同一範疇にあることを条件に、言語主体による創造的使用を許容することで、AABBは開かれた表現形式となり、高度な生産性をもつようになっている。

一方、(56)と同じ文脈において、"黑"と"颤"の認知的一体化が困難であることは否めない。"黑"は視覚情報であり随時に捕捉しうるが、"颤"は足を泥に踏み入れて初めて感じる触覚である。よって、両者にはタイムラグと意味範疇における相違がある。さらに、両者が関わる身体部位も異なっている。よって、"黑"と"颤"には同一シーンにおける認知的一体化が望めず、その結果"*黑黑颤颤"は不成立になるのである[6]。任海波（2001）の「ABが並列関係にある」という条件は、「AとBが認知的に同一シーンの同一範疇に属す」と言い換えるべきであろう。

李大忠（1984）は形容詞重ね型に対する考察を通じて、語彙化しているABにもAABBが成立しないものがあることを明らかにした。"高大"から"高高大大"を作ることができるが、"伟大"から"*伟伟大大"を作ることができないという現象が存在するのである。だが、よく観察してみると、この現象は動詞や名詞の重ね型においても存在する。たとえば、"敲打"から"敲敲打打"を作れても、"研究"から"*研研究究"を作ることはできない。同じく、"村寨"には"村村寨寨"という重ね型があるが、"国家"に"*国国家家"という重ね型は存在しない。

この現象に関して、李大忠（1984）は「文体制限説」を唱えた。ABが話し言葉に属する語彙であれば、AABBが存在し、書き言葉に属する語彙であれば、AABBは存在しないというのである。しかし、この文体制限説には曖昧な部分があり、崔建新（1995）は以下のような問題点を指摘している。

Ⅰ　話し言葉と書き言葉に明確な境界がなく、区別の困難な状況がある。
Ⅱ　AABBは詩・詞・小説などの文学作品に多く現れ、話し言葉的だとは

言い難い。

　本書は、メタファーによる五感の相互間の意味拡張という言語普遍性に基づき、交錯型離散認知モードの適用範囲を聴覚的な擬声語から、視覚・嗅覚・味覚・触覚にまで拡げ、AABB の生成に関して、「五感生成制限説」を提案したい。具体的に言うと、AB が五感で認知できる範囲内にあれば AABB が成立し、それ以外の場合は成立困難であるという主張である。

　擬声語は五感の一つである聴覚が主導する言語活動であるため、AABB が極めて発達している。また、嗅覚・味覚・触覚に関わる AB も AABB を作りやすい。ところが、全体的に見ると、AABB の成立に最も大きな影響を与えるのは視覚による制限である。視覚に関わる AB は具象性が強く、他の意味領域に比べ、AABB を作るのが容易になっている。二音節形容詞"高大"と"偉大"を例にとって考えてみよう。

　"高大"は明晰な形状を具え、一定の空間を占める具象的事物を形容する。たとえば、

　　高大的樹木（高くて大きな樹木）　　*高大的思想（*高くて大きな思想）
　　高大的岩石（高くて大きな岩）　　　*高大的復興（*高くて大きな復興）
　　高大的房屋（高くて大きな家屋）　　*高大的力量（*高くて大きな力）
　　高大的身材（高くて大きな体つき）　*高大的改革（*高くて大きな改革）

　ここから、"高大"は具象性の強い AB であり、それが"高高大大"を成立させる動機となっていることが分かる。一方、"偉大"は抽象的な性質を表す。たとえば、

　　偉大的思想（偉大な思想）　　　*偉大的樹木（*偉大な樹木）
　　偉大的復興（偉大な復興）　　　*偉大的岩石（*偉大な岩）
　　偉大的力量（偉大な力）　　　　*偉大的房屋（*偉大な家屋）
　　偉大的改革（偉大な改革）　　　*偉大的身材（*偉大な体つき）

　"偉大"は具象性を欠き、具体的な形状を喚起することができない。この意味的特徴と"*偉偉大大"が成立しないことは密接に関係する。この視点から、動詞や名詞からなる AABB の状況についても見てみよう。

　"敲打"と"研究"はともに二音節動詞であるが、"敲敲打打"は成立し、"*研研究究"は成立しない。同じく、"村寨"と"国家"はともに二音節名

詞であるが、"村村寨寨"は成立し、"*国国家家"は成立しない。これらの成否が具象と抽象の対立の結果であることは明白であろう。"敲打"は視覚的な手の動作を表し、"村寨"も視野に収まる小規模な集落を表す。

　また、形容詞には「美しい」を表す"漂亮"と"美丽"や、「清潔である」を表す"干净"と"清洁"のように類義語のペアが数多く存在している。しかし、ペアを構成する二つの語が同じようにAABBを構成するとは限らない。実際、"漂漂亮亮"はあるが、"*美美丽丽"はない。また、"干干净净"は自然に成立するが、"?清清洁洁"の許容度は低い。理由はやはり具象と抽象の対立に帰す。"美丽"は"漂亮"と比べて抽象度が高く、しばしば"心灵"（心）や"传说"（伝説）のような非可視性名詞を修飾して、"美丽的心灵"や"美丽的传说"のような表現を作る。一方、"漂亮"は具象性が強く、被修飾語は視覚的に捉えられるものでなければならない。よって、"漂亮的姑娘"（きれいな女の子）や"漂亮的衣服"（きれいな服）は自然な表現であるが、"*漂亮的心灵"や"*漂亮的传说"は不自然である。"干净"と"清洁"の相違についても同様な視点から分析することができる。具象性をもつ"干净"に対し、"清洁"は具象性を欠く。よって、きれいに清掃された部屋を目にして発するのは、"真干净！"（本当にきれいですね！）であって"真清洁！"ではない。逆に、視覚的感知とは関係の薄い抽象的な表現になると、"清洁"のほうが優位に立つ。たとえば、"清洁能源"（クリーンエネルギー）を"*干净能源"に言い換えることはできないし、"提高市民清洁意识"（市民の清潔意識を高める）も"*提高市民干净意识"と表現することはできない[7]。

　さらに、同じABであっても、意味によってAABBを構成できる場合とできない場合がある。『現代汉语词典』によると、"宽大"は以下のような三つの意味をもつ。

Ⅰ　面积或容积大（面積あるいは容積が大きい）：衣袖～（袖がゆったりしている）｜～豁亮的客厅（明るくて広々としたリビングルーム）。

Ⅱ　対人宽容厚道（人に対して寛容で親切である）：襟怀～（心が広い）

Ⅲ　対犯错误或犯罪的人从宽处理（過ちあるいは罪を犯した人に対し寛大に対処する）：～政策（寛容な政策）｜～处理（寛大に対処する）。

　しかし、以上の"宽大"すべてにAABB形式が成立するわけでもない。

Ⅰの意味では"宽宽大大"が成立する。たとえば"衣袖宽宽大大""宽宽大大的、豁亮的客厅"。これに対して、ⅡとⅢの意味だと、"宽宽大大"の成立は難しい。"*襟怀宽宽大大""*宽宽大大的政策""*宽宽大大地処理"はいずれも不自然である。Ⅰに比べ、ⅡとⅢが具象性に欠けることは明らかであり、それがAABBへの生成を阻止する原因になっていると考えられる。

7 結 び

　以上、AABBの生産性についていろいろな角度から考察してきたが、考察を通して、交錯型離散認知モードが品詞性の違いを越えた、各種のAABBに共通する認知モードであることを明らかにすることができた。そして、その結果として、AABBの生成に生産性をもたらす要因と制限を加える要因をともに解明することが可能になった。

　AABBを構成する基式ABは一つの品詞に縛られず、多くの品詞に跨っている。陆志韦（1956）によってこの点が指摘されてからすでに半世紀以上たったが、なぜ異なる品詞のABが同じAABBの形に重ねられるのかについては、明らかにされないままできた。本節はそれに対する一つの解答を提示したものである。

　本節の論証は、以下の三例から大きなヒントを受けて出発した。

(57) 路面高高低低，崎岖难走。　　　　　　　　　　　　　　　((5)再掲)

　　（路面はでこぼこで、歩きにくい。）

(58) 涵洞下的路面坑坑洼洼，晴天是路，雨天就积水成河，有时积水达半米多深。

　　（排水路の下の路面は穴ぼこだらけで、晴れる日は道路であるが、雨の日は水がたまって河となり、時にはたまった水が50センチ余りに達することもある。）

(59) 雨越下越大，汽车在泥泞坎坷的道路上颠颠簸簸。

　　（雨は降るほどひどくなり、車はぬかるんででこぼこした道を激しく揺れながら走っていた。）

(57)の"高高低低"は形容詞を基式とし、(58)の"坑坑洼洼"は名詞を基式と

するにもかかわらず、両者によって喚起されるイメージは等しい。即ち、路面にでっぱりやくぼみがあって平らかではないイメージである。さらに、動詞を基式とする(59)の"颠颠簸簸"も路面に起伏が多く、高かったり低かったりする状態を表現するものである。このことは、基式の品詞性の相違は表面的な違いにすぎず、AABB の認知構造はあくまで一つであることを物語っている。

注
1) 陈宝勤（2002）は上古漢語に AABB は多くなかったと指摘している。同書が示した資料を見れば、古典作品が代々受け継がれてきたことによって、"战战兢兢"や"战战栗栗"など上古漢語の AABB は成語となり、今日まで使用され続けていることが分かる。しかし、トータルとして見ると、上古漢語に由来する AABB の数は極めて限られている。"窈窈冥冥""穆穆皇皇""湝湝纷纷"など、上古漢語の AABB の多くはすでに使用されていない。
2) 张斌主编『现代汉语描写语法』（商务印书馆、2010 年）においても「重畳」と「畳結」の分類法がとられている。
3) "高低""多少"のような反義語からなる複合語は中国語だけではなく日本語にも数多く見られる。また、日本語において「開閉―開け閉め」「売買―売り買い」「往来―行き来」「送迎―送り迎え」のように、漢字熟語と和語熟語が併存する現象は特に興味深い。こうした現象からも、反義語は対立の両極として認知されるだけでなく、一まとまりとして把握される場合もあることが窺える。
4) 近似関係にある AB は一見言語の経済性原則に違反するように見えるが、交錯型離散認知を構成する要素になることを考えれば、冗余性（redundancy）が無意味であるとは言えない。
5) 2.1 でも触れたように、二音節形容詞の中には AABB と ABAB の二形式をとれるものもある。たとえば、"凉快"は"凉凉快快"と"凉快凉快"が可能である。ただし、ABAB は「試み」ムードや「短時間」アスペクトを表し、意味的にも文法的にも動詞の重ね型と一致するため、形容詞の重ね型と見なすべきではない。
6) インフォーマントによれば、"黑黑颤颤"ではなく"黑黑的颤颤的"とすると成立しやすくなるという。同様な見解は崔建新（1995）においても示されている。崔建新（1995）は"*甜甜柔柔""*高高亮亮""*红红甜甜"などを不自然な表現とし、"甜甜的柔柔的""红红的甜甜的""高高的亮亮的"であれば許容できるという。こ

れらの AB からも分かるように、味覚と触覚（「甘い」「柔らかい」〔食物の「歯ごたえ、舌ざわり」を除く〕）、高度と明度（「高い」「明るい」）、視覚と味覚（「赤い」「甘い」）は同一の認知領域になく、認知的に一体化することが困難なため、AABB が成立しにくい。

7) "干净"をベースとして作られた四音節語には"干干净净"と"一干二净"がある。"一干二净"はもっぱら分離義動詞（"忘""丢""扔""割"など）の補語として機能し、「あとに何も残らない」という結果を表す。

(1) 他把那点《三字经》忘得一干二净。
（彼は少しだけ覚えていた『三字経』の文句をきれいさっぱりと忘れてしまった。）
(2) 把责任推得一干二净。
（責任をすっかり人に押しつけた。）

それに対し、"干干净净"は主に清潔感のある視覚的イメージの喚起に用いられ、補語のほか、連体修飾語、連用修飾語、述語も担える。

(3) 衣服洗得干干净净（*一干二净）的。
（服をすっかりきれいに洗った。）
(4) 干干净净（*一干二净）的衣服穿着舒服。
（清潔な服は着ていて心地がよい。）
(5) 被褥干干净净（*一干二净）地摆着。
（掛布団と敷布団はきちんときれいに並べてある。）
(6) 看得出来，围巾已经洗过，干干净净（*一干二净），叠得十分整齐。
（マフラーはもう洗われたことが明らかであり、清潔感が溢れ、非常にきちんと畳んである）。

以上のことから"干干净净"の視覚的描写機能はその形式に由来すると考えられる。

インフォーマント

A：男性、48歳、河南省出身。B：女性、51歳、北京出身。C：男性、26歳、河北省出身。D：女性、40歳、遼寧省出身。E：女性、28歳、天津出身。

第六章

エピローグ

　重ね型という文法範疇は現代中国語において複雑で規模の大きいシステムを形成している。特定の品詞類に限定されることなく、形容詞、動詞、名詞、擬声語、数詞、量詞、代名詞、さらには副詞のような虚詞ですら重ね型を作ることができるのである。現代中国語の文法体系において、重ね型が広く根を張っていることが窺える。また、同一品詞類の内部を観察すると、同じ基式から構成される重ね型が単一ではないことに気づく。たとえば、二音節擬声語"哗啦"は、少なくとも次の四タイプの重ね型を構成することが可能である。ABAB（"哗啦哗啦"）、AABB（"哗哗啦啦"）、ABB（"哗啦啦"）、ABCD（"稀里哗啦"）。そして、この四者と単音節擬声語の重ね型AA "哗哗"の間には、様々な文法的、意味的な関わりがある。
　このように、重ね型は形式的にも意味的にも極めて多彩で複雑なため、外国人中国語学習者にとって理解しにくく、習得の困難な学習項目の一つとなっている。しかし、中国語母語話者はそうした重ね型のシステムを自由自在に操作することができる。それはなぜだろうか。重ね型の背後には、そのシステムを明快に制御する認知システムが存在しているのではないだろうか。そして、そのような認知システムがあるとすれば、それは中国語のどのような性質と関係しているのだろうか。
　以上のような問題意識から出発した本書は、現代中国語における代表的な十一種の重ね型に対応する認知モードの摘出と分析を通じて、以下のような視点を提示した。
　中国語の重ね型は全体的にイコン性を有しており、その形式的特徴は意味的特徴と表裏一体の関係にある。換言すれば、重ね型における意味的特徴は明晰に形式の上に反映されており、形式的特徴は意味的特徴を理解するうえで重要なポイントとなる。この知見は重ね型を構成する基式の品詞性に束縛

されることなく、種々の品詞を基式とするすべての重ね型に適用される。

　従来の研究では、現代中国語の文法体系における重ね型の位置づけが明らかにされたとは言い難い。重ね型が特定の基式をベースにして構成された拡張形式であるということに異議はないだろう。しかし、この拡張形式はその基式と比べてどのような違いがあるのか。この問題は懸案のまま今日に至り、未解決の状態が続いている。こうした中、朱德熙（1982b）によって提唱された処理法、即ち、形容詞の基式とその重ね型を同じ品詞範疇——形容詞（「性質形容詞」と「状態形容詞」）——に分類するという処理方法が長く中国語研究と中国語教育に大きな影響を及ぼしてきた。

　本書はそれような処理方法とはまったく異なる視点、即ち、重ね型はわれわれの身体経験が言語化したものであるという視点から出発し、視覚、聴覚、嗅覚、味覚、触覚といった五感における意味の相互拡張を検討することで、現代中国語に見られる各種の重ね型の認知的メカニズムを明らかにした。これによって、先行研究においてよく言及される重ね型の"生动性"（ビビッド感）や"描写性"（描写性）の由来が明らかになっただけでなく、重ね型全体の位置づけについても新しい視点を提供することができた。さらに、本書は日本語や朝鮮語において擬声語と並んで存在している擬態語というカテゴリーを参考にして、現代中国語の品詞分類についての提案をも行った。

　言うまでもなく、重ね型に関する認知的研究は単に言語学理論に関連するばかりでなく、中国語教育や辞書編集にとっても重要な意味をもつ。しかし、実際のところ、非母語話者向けの中国語教材の開発および辞書編集において、各種の重ね型に関する適切な意味解釈が与えられていないのが現状である。それゆえ、本書の今後の方向として、新しい研究方法を取り入れつつ研究範囲を広げ、重ね型に関する認知研究の理論的深化を図ると同時に、その成果を非母語話者向けの中国語教育や辞書編纂に活かすべく、応用言語学の分野へも研究を発展させていきたい。

用 例 出 典

日本語

『広辞苑（第六版）』今村出編、岩波書店、2008年。
『中国語擬声語辞典』野口宗親編著、東方書店、1995年。
『中日辞典』北京・商務印書館、小学館編、小学館、2003年。
『日中辞典』北京・対外経済貿易大学、北京・商務印書館、小学館編、小学館、2002年。

現代中国語

『辞海』辞海编辑委员会编、上海辞书出版社、1989年。
『读者』读者杂志社编、甘肃人民出版社、2005年。
『风景』方方、『方方文集』、江苏文艺出版社、1995年。
『汉语大词典』罗竹风主编、上海辞书出版社、1986年。
『红高粱』莫言、『八十年代中国大陆小说选1』、洪范书店、1989年。
『美食家』陆文夫、『陆文夫文集』、海峡文艺出版社、1986年。
『棋王』阿城、『民族文化派小说』、时代文艺出版社、1989年。
『顽主』王朔、『顽主』、香港天地图书、1993年。
『现代汉语词典（第5版）』中国社会科学院语言研究所词典编集室编、商务印书馆、2005年。
『现代汉语词典（第6版）』中国社会科学院语言研究所词典编集室编、商务印书馆、2012年。
『中国，车祸之痛』徐江善、『2005年中国文学最新作品排行榜』、文化艺术出版社、2005年。

（百度）：百度（http://www.baidu.com/）
（Google）：Google（http://www.google.com/intl/zh-CN/）
（Yahoo!）：中国雅虎（http://cn.yahoo.com/）
（自作）：インフォーマントのチェックを経た自作の例文。

　上記のほか、特に明記されていないものは、すべて北京大学中国言語学研究センター（北京大学中国语言学研究中心）のコーパス（http://ccl.pku.edu.cn:8080/ccl_corpus/）より引用した例文である。

参考文献

日本語

相原茂・韓秀英（1990）『現代中国語 ABB 型形容詞逆配列用例辞典』、くろしお出版。
青山秀夫（1986）朝鮮語の擬音語・擬態語、『日本語学』第 5 巻第 7 号。
浅野鶴子（1978）『擬音語・擬態語辞典』、角川書店。
天沼寧（1974）『擬声語・擬態語辞典』。東京堂出版。
池上嘉彦（1981）『「する」と「なる」の言語学』、大修館書店。
池上嘉彦（1984）『記号論への招待』、岩波書店。
池上嘉彦（2000）『日本語論への招待』、講談社。
泉邦寿（1976）擬声語・擬態語の特質、『日本語の語彙と表現』（日本語講座第四巻）、鈴木孝夫編、大修館書店。
大河内康憲（1997）重畳形式と比況性連合構造、『中国語の諸相』、白帝社。
太田辰夫（1957）中国語法の発達、『神戸外大論叢』7 巻 5 号。
太田辰夫（1958）『中国語歴史文法』、江南書院。
筧壽雄・田守育啓編（1993）『オノマトピア』、勁草書房。
角岡賢一（2005）日本語オノマトペの交替形語彙分析、『龍谷大学国際センター年報』第 14 巻。
角岡賢一（2007）『日本語オノマトペ語彙における形態的・音韻的体系性について』、くろしお出版。
河上誓作編著（1996）『認知言語学の基礎』、研究社出版。
金田一春彦（2004）擬音語と擬態語、『金田一春彦著作集』第 3 巻、玉川大学出版部。
香坂順一（1983）『中国語研究学習双書⑦中国語の単語の話——語彙の世界』、光生館。
高増傑（1982）日中両国語擬声語の対照——その構成と文法機能に関する二、三の考察、『中国語研究』第 21 号。
小林英夫（1935）国語象徴音の研究、『言語学方法論考』、三省堂。
杉村博文（1994）『中国語文法教室』、大修館書店。
杉村博文（1997）名詞性連体修飾語と構造助詞"的"、『大河内康憲教授退官記念中国語学論文集』、東方書店。
杉村博文（2003）択一対応と周遍対応および偏向指示、『中国語学』250 号。
鈴木慶夏（2001）対挙形式の意味とシンタクス、『中国語学』248 号。
鈴木雅子（2007）擬声語とは何か、『日本語オノマトペ辞典』、小野正弘編、小学館。

瀬戸口律子（1982）　日中両国語における擬音語・擬態語について、『大東文化大学紀要』第 20 号。
瀬戸口律子（1984）　擬音語・擬態語表現（日本語——中国語）について、『大東文化大学紀要』第 22 号。
瀬戸口律子（1985）　中国語の"象声詞"——日本語の擬音語との比較を中心に、『大東文化大学紀要』第 23 号。
瀬戸口律子（1987）　擬音語・擬態語研究のいくつかの問題点、『大東文化大学紀要』第 25 号。
玉村文郎（1979）　日本語と中国語における音象徴語、『日本語と中国語の対照研究論文集（下）』、くろしお出版、1992 年。
田守育啓、ローレンス・スコウラップ（1999）『オノマトペ——形態と意味——』、くろしお出版。
張恒悦（2006）　量詞の重ね型 CC について、『現代中国語研究』第 8 期。
張恒悦（2007）　数量詞の重ね型"一 CC"と"一 C 一 C"について、『立命館言語文化研究』第 18 巻 4 号。
張恒悦（2011）　AABB タイプ重ね型における認知のモードとその生産性について、『日本中国語学会第 61 回全国大会予稿集』、好文出版。
張恒悦（2013）　ABCD タイプ中国語擬声語重ね型の認知論的分析、『立命館言語文化研究』第 24 巻 3 号。
野口宗親（1995）　中国語擬音語概説、『中国語擬音語辞典』、東方書店。
HANA 韓国語教育研究会（2009）『音で覚える韓国語の擬声語・擬態語』、アルク。
古川裕（1997）　数量詞限定名詞句の認知文法―指示物の〈顕著性〉と名詞句の〈有標性〉―、『大河内康憲教授退官記念中国語学論文集』、東方書店。
古川裕（2009）『新感覚！イメージでスッキリわかる中国語文法　文法の規則を覚える前にネイティブの感覚を身につけよう！』、アルク。
松本昭（1986）　中国語の擬音語・擬態語、『日本語学』第 5 巻第 7 号。
山梨正明（1995）『認知文法論』、ひつじ書房。
山梨正明（2000）『認知言語学原理』、くろしお出版。
山梨正明（2004）『ことばの認知空間』、開拓社。
楊凱栄（2006）　助数詞重ね型構文の認知言語学的考察、『中国語学』253 号。

現代中国語
白一平（1983）　上古汉语 SR- 的发展、『语言研究』第 1 期。

北京大学中文系现代汉语教研室（1993）『现代汉语』、北京：商务印书馆。
陈宝勤（2002）『汉语造词研究』、成都：巴蜀书社。
陈光（2000）　现代汉语双音动词和双音形容词的特别重叠式、『语法研究和探索（九）』、北京：商务印书馆。
储泽祥（2000a）　单音动词的叠结现象、『语法研究和探索（九）』、北京：商务印书馆。
储泽祥（2000b）　单音名词的 AABB 叠结现象、『汉语重叠问题』汪国胜・谢晓明主编、武汉：华中师范大学出版社、2009 年。
崔建新（1995）　可重叠为 AABB 式的形容词的范围、『世界汉语教学』第 4 期。
戴浩一（1988）　时间顺序和汉语的语序、『国外语言学』第 1 期。
戴庆厦・傅爱兰（2000）　从语言系统看景颇语动词的重叠、『汉语重叠问题』汪国胜・谢晓明主编、武汉：华中师范大学出版社、2009 年。
戴庆厦・徐悉艰（1992）『景颇语语法』、北京：中央民族学院出版社。
董秀芳（2002）『词汇化：汉语双音词的衍生和发展』、成都：四川民族出版社。
范方莲（1964）　试论所谓动词重叠、『中国语文』第 4 期。
冯成麟（1954）　现代汉语形容词重叠式的感情作用、『中国语文』第 5 期。
冯胜利（1996）　论汉语的韵律词、『中国社会科学』第 1 期。
冯胜利（1997）『汉语的韵律、词法与句法』、北京：北京大学出版社。
冯胜利（1998）　论汉语的"自然音步"、『中国语文』第 1 期。
冯胜利（2000）『汉语韵律句法学』、上海：上海教育出版社。
高名凯（1957）『汉语语法论（修订本)』、北京：商务印书馆、1986 年。
葛本仪（2003）『汉语词汇学』、济南：山东大学出版社。
耿二岭（1986）『汉语拟声词』、武汉：湖北教育出版社。
郭攀（2001）　古汉语数字重叠、『汉语学报』第 3 期。
郭锐（2002）『现代汉语词类研究』、北京：商务印书馆。
何容（1944）『中国文法论』、南京：独立出版社、1947 年。
何融（1962）　略论汉语动词的重叠法、『中山大学学报』第 1 期。
贺卫国（2009）『动词重叠历史考察与分析』、南宁：广西人民出版社。
侯精一（1988）　平遥方言的重叠式、『语文研究』第 4 期。
胡附（胡裕树）（1957）『数词和量词』、上海：新知识出版社。
胡裕树（1979）『现代汉语』、上海：上海教育出版社。
华玉明（2003）『汉语重叠研究』、长沙：湖南人民出版社。
华玉明（2010）　动词重叠的形态意义——以汉语和民族语言动词重叠为例、『中国语言学报』第 14 期。

金兆梓（1922）『国文法之研究』、上海：中华书局、1936年。
濑户口律子（1990） 汉日拟声词比较研究、『中国语文』第4期。
黎锦熙（1924）『新著国语文法』、上海：商务印书馆、1953年。
李成蹊（1954） 汉语形容词的多样形式、『语文学习』第4期。
李大忠（1984） 不能重叠的双音节形容词、『语法研究和探索（二）』、北京：北京大学出版社。
李劲荣（2006） 形容词重叠式的量性特征、『学术交流』第1期。
李人鉴（1964） 关于动词重叠、『中国语文』第4期。
李珊（2003）『动词重叠式研究』、北京：语文出版社。
李小凡（1998）『苏州方言语法研究』、北京：北京大学出版社。
李宇明（1996a） 论词语重叠的意义、『世界汉语教学』第1期。
李宇明（1996b） 双音性质形容词的ABAB式重叠、『汉语学习』第4期。
李宇明（1998） 动词重叠的若干句法问题、『中国语文』第2期。
李宇明（2000a） 汉语复叠类型综述、『汉语重叠问题』汪国胜・谢晓明主编、武汉：华中师范大学出版社、2009年。
李宇明（2000b）『汉语量范畴研究』。武汉：华中师范大学出版社。
梁玉璋（1983） 福建方言重叠式名词、『中国语文』第3期。
廖化津（1956） 说象声词、『中国语文』9月号。
刘丹青（1986） 苏州方言重叠式研究、『语言研究』第1期。
刘丹青（1988） 汉藏语系重叠形式的分析模式、『语言研究』第1期。
刘丹青（2009） 实词的拟声化重叠及其相关构式、『中国语文』第1期。
刘叔新（1983） 现代汉语句法中的继续范畴、『刘叔新自选集』、郑州：大象出版社、1993年。
刘叔新（1984） 带继续意义的动词性短语、『语法研究和探索（二）』、北京：北京大学出版社。
刘叔新（1990）『汉语描写词汇学』、北京：商务印书馆。
刘叔新（1997） 带性状延续义的形容词性短语、『语法研究和探索（八）』、北京：商务印书馆。
刘月华（1983） 动词重叠的表达功能及可重叠动词的范围、『语法研究和探索（二）』、北京：北京大学出版社、1984年。
刘月华・潘文娱・故铧（1983）『实用现代汉语语法』、北京：外语教学与研究出版社。
刘云（2000） 双音节词重叠类型的功能解释、『汉语重叠问题』汪国胜・谢晓明主编、武汉：华中师范大学出版社、2009年。

卢卓群（2000a）　形容词重叠式的历史发展、『湖北大学学报』第 6 期。

卢卓群（2000b）　名词重叠式的历史发展、『汉语重叠问题』汪国胜・谢晓明主编、武汉：华中师范大学出版社、2009 年。

陆俭明（1986）　周遍性主语句及其他、『中国语文』第 3 期。

陆俭明（1988）　现代汉语中数量词的作用、『语法研究和探索（四）』、北京：北京大学出版社。

陆镜光（2000）　重叠・指大・指小——汉语重叠式既能指大又能指小现象试析、『汉语重叠问题』汪国胜・谢晓明主编、武汉：华中师范大学出版社、2009 年。

陆志韦（1956）　汉语的并立四字格、『语言研究』第 1 期。

陆志韦等（1957）　『汉语的构词法』、北京：科学出版社。

吕叔湘（1941）　『中国文法要略（上卷）』、上海：商务印书馆、1954 年。

吕叔湘主编（1980）　形容词生动形式表、『现代汉语八百词』、北京：商务印书馆。

马彪（2010）　汉语单音节描写性后缀及其构词功能、『中国语言学报』第 14 期。

马庆株（1987）　拟声词研究、『语言研究论丛』第 4 辑。

马学良主编（2003）　『汉藏语概论（第 2 版）』、北京：民族出版社。

孟琮（1983）　北京话的拟声词、『语法研究和探索（一）』、北京：北京大学出版社。

彭小川（2000）　广州话动词重叠的形式与意义、『汉语学报』第 2 期。

齐沪扬（1987）　浅谈单音节副词的重叠、『中国语文』第 4 期。

谯燕（2008）　『现代日语叠音词研究』、北京：学苑出版社。

饶长溶（1999）　说"AXX 的"状态形容词的构成（提纲）——兼评"XX"后缀观、『汉语法特点面面观』邢福义主编、北京：北京语言文化大学出版社。

任海波（2001）　现代汉语 AABB 重叠式词构成基础的统计分析、『中国语文』第 4 期。

汝淑媛（2007）　对外汉语教学中相近表达式的用法研究——以形容词 AABB 重叠式和"很＋形容词"为例、『北京师范大学学报・社会科学版』第 4 期。

尚英（2005）　VV 与 V一V 式动词重叠的特征调查研究、『辞书与数字化研究』张绍麒主编、上海：上海辞书出版社。

邵敬敏（1981）　拟声词初探、『语言教学与研究』第 4 期。

邵敬敏（1990）　ABB 式形容词动态研究、『世界汉语教学』第 1 期。

沈家煊（1993）　句法的象似性问题、『外语教学与研究』第 1 期。

沈家煊（1995）　"有界"与"无界"、『中国语文』第 5 期。

沈家煊（1999）　『不对称和标记论』、南昌：江西教育出版社。

沈家煊（2001）　语言的"主观性"和"主观化"、『外语教学与研究』第 33 卷第 4 期。

沈家煊（2010）　汉语语法研究摆脱印欧语眼光、『中国语文法研究』2012 年、朋友书店。

石锓（2004） 形容词 ABAB 式重叠的种类、形成时间及其他、『广播电视大学学报·哲学社会科学版』第 4 期。

石锓（2005） 论"A 里 AB"重叠形式的历史来源、『中国语文』第 1 期。

石锓（2007） 从叠加到重叠：汉语形容词 AABB 重叠形式的历时演变、『语言研究』第 2 期。

石锓（2010） 『汉语形容词重叠形式的历史发展』、北京：商务印书馆。

石毓智（1995） 论汉语的大音节结构、『中国语文』第 3 期。

石毓智（1996） 试论汉语的句法重叠、『语言研究』第 2 期。

石毓智（2000） 『语法的认知语义基础』、南昌：江西教育出版社。

石毓智（2001） 『肯定和否定的对称与不对称』、北京：北京语言文化大学出版社。

宋玉柱（1978） 关于数词"一"和量词相结合的重迭问题、『南开大学学报·哲社版』第 6 期、『现代汉语语法论集』宋玉柱、北京：北京语言学院出版社、1996 年。

宋玉柱（1980） 关于量词重叠的语法意义、『浙江师院学报』第 1 期、『现代汉语语法论集』宋玉柱、北京：北京语言学院出版社、1996 年。

孙景涛（2008） 『古汉语重叠构词法研究』、上海：上海教育出版社。

索绪尔（F. de Saussure）（1999） 『普通语言学教程』、北京：商务印书馆。

谭傲霜（2000） 汉语重叠现象的类型学特征、『汉语重叠问题』汪国胜·谢晓明主编、武汉：华中师范大学出版社、2009 年。

王国璋·吴淑春·王干桢·鲁善夫（1996） 『现代汉语重叠形容词用法例释』、北京：商务印书馆。

王洪君（1999） 『汉语非线性音系学』、北京：北京大学出版社。

王还（1963） 动词重叠、『中国语文』第 1 期、『门外偶得集』、北京：北京语言学院出版社、1987 年。

王力（1944） 『中国现代语法（下册）』、北京：商务印书馆、1985 年。

王了一（王力）（1982） 『汉语语法纲要』、上海：上海教育出版社。

王松茂（1983） 『汉语语法研究参考资料』、北京：中国社会科学出版社。

王贤钏·张积家（2009） 形容词、动词重叠对语义认知的影响、『语言教学与研究』第 4 期。

王寅（2002） 认知语言学的哲学基础：体验哲学、『外语教学与研究』第 2 期。

王寅（2005） 语言的体验性——从体验哲学和认知语言学看语言体验观、『外语教学与研究』第 1 期。

文炼（张斌）（1991） 与语言符号有关的问题、『中国语文』第 2 期。

吴海波译（2007） 『构式—论元结构的构式语法研究 CONSTRUCTIONS—A Construction

Grammar Approach to Argument Structure』Adele E. Goldberg、北京：北京大学出版社。

吴洁敏（1986）　试论汉语动词的复叠及其语法意义、『杭州大学学报』第3期。

吴吟・邵敬敏（2001）　试论名词重叠AABB式语法意义及其他、『语文研究』第1期。

吴之翰（吕叔湘）（1965）　形容词使用情况的一个考察、『中国语文』第6期。

项梦冰（1998）　连城方言的动词重叠、『语言学论丛』第21期。

谢自立・刘丹青（1995）　苏州方言变形形容词研究、『中国语言学报』第5期。

邢福义・李向农・丁力・储泽祥（1993）　形容词的AABB反义叠结、『中国语文』第5期。

邢福义（2000）　说"V一V"、『中国语文』第5期。

邢红兵（2000）　汉语词语重叠结构统计分析、『语言教学与研究』第1期。

邢向东（2002）　『神木方言研究』、中华书局。

徐浩（1998）　现代汉语ABB词及其历史演变、『语言学论丛』第20辑。

徐连祥（2002）　动词重叠式VV与V一V的语用差别、『中国语文』第2期。

徐枢・谭景春（2006）　关于《现代汉语词典（第5版）词类标注的说明》、『中国语文』第1期。

徐通锵（1997）　『语言论：语义型语言的结构原理和研究方法』、长春：东北师范大学出版社。

徐振邦（1998）　『联绵词概论』、北京：大众文艺出版社。

严学窘（1984）　周秦古音结构体系、『音韵学研究』第一辑（印本）、中国音韵学研究会编、北京：中华书局。

杨凯荣（2003）　"量词重叠+（都）+VP"的句式语义及其动因、『世界汉语教学』第4期。

杨雪梅（2002）　"个个"、"每个"和"一个（一）个"的语法语义分析、『汉语学习』第4期。

袁毓林（2004）　容器隐喻、套件隐喻及相关的语法现象、『中国语文』第3期。

张斌主编（2010）　『现代汉语描写语法』、北京：商务印书馆。

张赪（2000）　现代汉语"V一V"式和"VV"式的来源、『语言教学与研究』第4期。

张拱贵・王聚元主编（1997）　『汉语叠音词词典』、南京：南京大学出版社。

张国宪（2007）　状态形容词的界定和语法特征描述、『语言科学』第6卷第1期。

张恒悦（2008）　拟声词的重叠——以AA、ABAB和AABB为中心、『中国语学』255号。

张恒悦（2009）　关于拟声词重叠式ABB的认知语义分析、『立命館言語文化研究』第

21 巻 1 号。

张恒悦（2010a）　形容词重叠式 ABB 是形容词吗？『中国語教育』第 8 号。
张恒悦（2010b）　数词的重叠形式"一一"、『立命館文学』第 615 号。
张恒悦（2012a）　量词重叠式的语义认知模式、『语言教学与研究』第 4 期。
张恒悦（2012b）　『汉语重叠认知研究』、北京：北京大学出版社。
张静（1980）　『现代汉语（下册）』、上海：上海教育出版社。
张美兰（2001）　『近代汉语语言研究』、天津：天津教育出版社。
张敏（1997）　从类型学和认知语法的角度看汉语重叠现象、『国外语言学』第 2 期。
张敏（1998）　『认知语言学与汉语名词短语』、北京：中国社会科学出版社。
张敏（1999）　汉语方言体词重叠式语义模式的比较研究、『汉语方言共时与历史语法研讨论文集』伍云姬主编、广州：暨南大学出版社。
张敏（2001）　汉语方言重叠语义模式的研究、『中国语文研究』第 1 期。
张旺熹（2006）　『汉语句法的认知结构研究』、北京：北京大学出版社。
张谊生（1997）　副词的重叠形式与基础形式、『世界汉语教学』第 4 期、『汉语法特点面面观』邢福义主编、北京：北京语言文化大学出版社、1999 年。
张谊生（1999）　现代汉语名词的 AABB 复叠式、『徐州师范大学学报』第 25 卷第 1 期。
张谊生（2000）　现代汉语动词 AABB 复叠式的内部差异、『语法研究和探索（九）』、北京：商务印书馆。
赵金铭（1981）　元人杂剧中的象声词、『中国语文』第 2 期。
郑懿德（1983）　福州方言单音动词重叠式、『中国语文』第 1 期。
郑远汉（2001）　数量词复叠、『汉语学报』第 4 期。
朱德熙（1956）　现代汉语形容词研究、『语言研究』第 1 期。
朱德熙（1982a）　潮阳话和北京话重叠式象声词的构造、『方言』第 3 期。
朱德熙（1982b）　『语法讲义』、北京：商务印书馆。
朱德熙（1985）　『语法答问』、北京：商务印书馆。
朱景松（1998）　动词重叠的语法意义、『中国语文』第 5 期。
朱景松（2003）　形容词重叠式的语法意义、『语文研究』第 3 期。
朱庆之（1992）　『佛典与中古汉语词汇研究』、台北：文津出版社。
朱晓农（2004）　亲密与高调、『当代语言学』第 3 期。

古典中国語

『常语寻源』郑志鸿撰、『迩言等五种』、北京：商务印书馆、1959 年。
『叠雅』史梦兰撰、[1864 年（同治 3 年）序]　止園、[出版地不明]、（早稲田大学図

書館古典書籍コーパス〔http://www.wul.waseda.ac.jp/kotenseki/html/ho04/ho04_00798/ index.html〕）。

『尔雅』郭璞注、台北：艺文印书馆、1968 年。

『迩言』钱大昭撰、『迩言等五种』、北京：商务印书馆、1959 年。

『广雅』张揖撰、上海：商务印书馆、1936 年。

『韩非子校注』韩非撰、韩非子校注小组注、南京：江苏人民出版社、1982 年。

『恒言录』钱大昕撰、台北：艺文印书馆、1966 年。

『毛诗』毛氏撰、郑氏笺、济南：山东友谊书社、1990 年。

『埤雅』陆佃撰、王敏红校点、杭州：浙江大学出版社、2008 年。

『骈雅』朱谋㙔撰、台北：艺文印书馆、1964-1966 年。

『诗经』『重刊宋本十三经注疏』、台北：艺文印书馆、1965 年。

『诗经集传』朱熹注、『四书五经』、北京：中国书店、1984 年。

『释常谈』阙名撰、台北：艺文印书馆、1966 年。

『释谚』平步青撰、『迩言等五种』、北京：商务印书馆、1959 年。

『宋词选』柳乃昌・朱德才选注、北京：人民文学出版社、2003 年。

『俗说』罗振玉撰、『迩言等五种』、北京：商务印书馆、1959 年。

『俗言』杨慎撰、台北：艺文印书馆、1968 年。

『唐诗选注』中国社会科学院文学研究所古代组・北京市维尼纶厂选注小组选注、北京：北京出版社、1978 年。

『通雅』方以智撰、『方以智全书』、上海：上海古籍出版社、1988 年。

『小尔雅』孔鲋撰、『小尔雅及其他一种』、上海：商务印书馆、1939 年。

『新校元刊杂剧三十种』徐沁君校订、北京：中华书局、1980 年。

『续释常谈』龚熙正撰、台北：艺文印书馆、1964-1966 年。

『语宝』胡式钰撰、『迩言等五种』、北京：商务印书馆、1959 年。

『昭明文选』萧统编、郑州：中州古籍出版社、1990 年。

英　語

Abbi, Anvita（1992）　*Reduplication in South Asian Languages: an areal, typological, and historical study*. New Delhi: Allied Publishers.

Bolinger, Dwight（1977）　*Meaning and Form*. London: Longman.

Chao, Yuen Ren（1968）　*A Grammar of Spoken Chinese*. Berkeley and Los Angeles: University of California Press.

Chomsky, N.（1957）　*Syntactic Structures*. The Hague: Mouton.

Comrie, Bernard (1989)　*Language Universals and linguistic typology: yntax and morphology*. Oxford: blackwell.

Greenberg, J. H. (ed.) (1963)　*Universals of language*. Cambridge: The MIT Press.

Haiman, John (1980)　The Iconicity of Grammar: Isomorphism and Motivation. *Language* 56: 515-540.

Haiman, John (1983)　Iconic and Economic Motivation. *Language* 59: 781-819.

Haiman, John (1985a)　*Natural Syntax*. Cambridge: Cambridge University Press.

Haiman, John (1985b)　*Iconicity in Syntax*. Philadelphia: Benjamins.

Hamano, Shoko (1998)　*The Sound-Symbolic System of Japanese*. Tokyo: Kurosio.

Hopper and Traugott (1993)　*Grammaticalization*. Cambridge: Cambridge University Press.

Inkelas and Zoll (2005)　*Reduplication: Doubling in Morphology*. Cambridge: Cambridge University Press.

Jakobson, R. (1965)　Quest for the essence of language, *Diogenes*51.

John R. Taylor (1995)　*Linguistic Categorization*(2nd edition). New York: Oxford University Press.

Kita, S. (1997)　Two-Dimensional Semantic Analysis of Japanese Mimetics. *Linguistics* 35(2): 379-415.

Lakoff, G. & Mark Johnson (1980)　*Metaphors we live by*. Chicago: The University of Chicago Press.

Langacker, Ronald W. (1987)　*Foundations of Cognitive Grammar, Vol.*1. Stanford: Stanford University Press.

Langacker, Ronald W. (1991)　*Foundations of Cognitive Grammar, Vol.*2. Stanford: Stanford University Press.

Moravcsik, Edith A. (1978)　Reduplicative Constructions. In Greenberg, Joseph H (ed.). *Universals of Human Language*: 299-334. Stanford: Stanford University Press.

Ohala, J. (1983)　The origin of sound patterns in vocal tract constraints. In P. MacNeilage(ed.). *The Production of Speech*: 189-216. New York：Springer-Verlag.

Ohala, J. (1994)　The frequency codes underlies the sound symbolic use of voice pitch. In Hinton, L., Nichols, J. & Ohala, J.(eds.), *Sound symbolism*: 325-347 Cambridge: Cambridge University Press.

Packard, Jerome L. (2000) *The Morphology of Chinese: A linguistic and Cognitive Approach*. Cambridge: Cambridge University Press.

Rubino, Carl (2005) Reduplication: Form, function and distribution. In Hurch, B. (ed.). *Studies on reduplication*: 9-29. Berlin: Mouton de Gruyter.

Sapir, E. (1929) A study in phonetic symbolism. *Journal of Experimental Psychology*, Vol.12: 225-239.

Tai, James H-Y. (1989) Toward a cognition-based functional grammar of Chinese. *Functionalism and Chinese Grammar*. In Tai, James H-Y. and Fengsheng Xue. South Orange, NJ: Chinese Language Teachers Association.

Tai, James H-Y. (1993) Iconicity: Motivations in Chinese Grammar. In Mushira Eid & Gregory Iverson (eds.) *Principles and Prediction:the Analysis of Natural language*: 153-173. Amsterdam: John. Benjamins.

Talmy, Leonard. (1988) The relation of Grammar to Cognition. In Brygida Rudzka-Ostyn(eds.), *Topics in Cognitive Linguistics*: 165-205. Amsterdam: John Benjamins.

Thun, Nils (1963) *Reduplicative Words in English: A Study of Formations of the Types Tick-tick Hurly-burly and Shilly-shally*. Sweden: Uppsala Carl Bloms Boktryckeri A. -B. Lund Stockholm: AB Studentbook (distributor).

索　引

い
イコン性　6、14、19、24、43、44、45、46、47、49、70、85、97、100、101、102、111、120、121、149、175、177、188、203
一体化　88、89、90、187、188、189、196、201
韻律　28、32、37、79

お
音象徴　111、128、134、140、141、143
音韻構造　127、132、134、135
音韻体系　86、103、104、105

か
概念距離　54、64、71、101、120、148
概念構造　44、49
カテゴリー　43、61、82、110、150、170、171、204

き
擬態語　128、130、131、147、150、163、168、170、173、204
巨視的視点　25、26、31、33、45、48、49
均衡構造　148
均質　110、193、194

く
空間認知　5
具象性　197、198、199

け
経済性原則　200
計数機能　43、61、63
顕著性　125、163

こ
後景　27

交錯型離散認知　110
高速離散型認知　55、57、58、63、71、73、77、78、80、83、102、103、105、120、121、122、127
コーパス　4、14、64、76、83、89、108、123、125、174、178
五感　5、163、175、197、204
語長　72、75、79、109、120、121、128、148

さ
再分析　80、178

し
時間的認知　5、102
始動型高速離散認知　122、128、147、148、164、165
主観化　61、63、77
畳韻　88、89、133、134、135、139、140、143
使用頻度　1、89、115、133、145、158、163、174、177、178、188
身体経験　26、37、83、98、117、204
心的辞書　4、78

せ
生産性　1、22、64、81、158、162、172、173、174、185、195、196、199
前景　26、27、49、69、98、117

そ
双声　88、89、133、134、135、139、140、143

ち
抽象度　63、165、198

と
統合型認知　26、27、31、39、45、46、48、49、51、52、55、57、58、63、69、70、98、117、118

217

動的持続性　29、30、41、42、53、59、69、
　　92、93、95、98、116、117、118、135、
　　136、137、151、155、176、178、179、
　　180、181

に
二音節化　5、67、80、143、172
認知速度　54、56、57、59、63、71、72、75、
　　81、101、103、120、122、127、147
認知メカニズム　65、69、113、132、178

は
配置順序　109、121、139、177
範疇　10、98、146、149、168、171、172、180、
　　196、203、204

ひ
非均質　110
微視的視点　25、26、31、33、34、42、45、
　　49
非対称性　108
ビビッド形式　2
ビビッド性　2、3
描写機能　63、201
描写性　2、3、74、75、76、77、136、137、
　　204
開かれた構造　162

ふ
フット　79、89、90、91、115
プロファイル　34、104、118、122、124、
　　128、147、148、164

む
無界　27、33、34、35、39、40、41、43、52、
　　69、70、98、108、118、138、139、140、
　　141、177、178、186、190、193、194
無標　39、80、89、116、133、177

め
メタファー　156、162、175、197
メトニミー　162

も
モーラ　93、134

ゆ
有界　27、33、34、35、39、40、41、43、52、
　　59、69、70、86、98、104、108、114、
　　118、177、193
有標　38

り
離散型認知　26、27、31、33、37、39、42、
　　45、46、48、49、53、57、58、63、69、
　　70、80、81、102、103、110
離散的認知　33、98

る
類推　178

れ
連続体　160、161
連続不規則型離散認知　140、143
連綿語　88、89、112、133、139、143

著　者

張　恒　悦（ちょう　こうえつ）

1987年，北京大学中国言語文学部中国語専攻卒業。1990年，北京語言大学大学院現代中国語修士課程修了。1992年来日。2011年大阪大学大学院言語文化研究科博士号取得。立命館大学常勤講師などを経て、現在、大阪大学大学院言語文化研究科特任准教授。

現代中国語の重ね型――認知言語学的アプローチ――

2016年10月16日　印刷
2016年10月18日　発行

　　　著　者　　張　恒　悦
　　　発行者　　佐藤康夫
　　　発行所　　白　帝　社

〒171-0014　東京都豊島区池袋2-65-1
TEL 03-3986-3271　FAX 03-3986-3272
info@hakuteisha.co.jp　http://www.hakuteisha.co.jp/

組版・印刷　倉敷印刷㈱　製本　カナメブックス
Ⓒ H・Zhang 2016　Printed in Japan 6914　ISBN 978-4-86398-152-2
造本には十分注意しておりますが落丁乱丁の際はお取り替えいたします。